创新创业指导

主　编　钱长松
副主编　张晓伟　韩廷水

山东人民出版社·济南
国家一级出版社　全国百佳图书出版单位

图书在版编目（CIP）数据

创新创业指导 / 钱长松主编. -- 济南：山东人民出版社，2020.10（2022.8 重印）
ISBN 978-7-209-12784-4

Ⅰ.①创… Ⅱ.①钱… Ⅲ.①创业—研究
Ⅳ.①F241.4

中国版本图书馆 CIP 数据核字(2020)第 173993 号

创新创业指导
CHUANGXIN CHUANGYE ZHIDAO
钱长松　主编

主管单位　山东出版传媒股份有限公司
出版发行　山东人民出版社
出 版 人　胡长青
社　　址　济南市市中区舜耕路 517 号
邮　　编　250003
电　　话　总编室（0531）82098914
　　　　　市场部（0531）82098027
网　　址　http://www.sd-book.com.cn
印　　装　日照报业印刷有限公司
经　　销　新华书店

规　　格　16 开（184mm × 260mm）
印　　张　16
插　　页　5
字　　数　240 千字
版　　次　2020 年 10 月第 1 版
印　　次　2022 年 8 月第 3 次
ISBN 978-7-209-12784-4
定　　价　39.80 元

《创新创业指导》编委会

顾　问　张勇华　毕于民

主　审　张清民

主　编　钱长松

副主编　张晓伟　韩廷水

编　委　李志强　胡泽生　张建明　张　莹　王　萍

张海鹏　李　倩　张子学　高培金　赵京岚

吴殿勇　张新刚　辛显雪　张　冉　陈茂周

王　阳　郭亚楠　侯加阳　李　强　李　军

刘　勇　张晓宁　庄建南

泰山职业技术学院创新创业园区

泰山职业技术学院猫九创业基地

2016 年，学院荣获高职院校创新创业示范校称号

学院在 2017 年新华网首届创客挑战赛中荣获最佳组织奖

学院在世界职业院校与技术大学联盟（WFCP）2018 年世界大会上荣获创新创业卓越奖铜奖

（接上图）我国驻澳大利亚大使馆公使衔参赞宗瓦给学院颁发卓越奖

新华网在学院举办首届创客挑战赛颁奖典礼暨第二季启动仪式

荣誉证书

CERTIFICATE OF HONOR

泰山职业技术学院 猫九团队

荣获"新华网创客孵化教育系统暨创客大学项目首届创客挑战赛"

【全国冠军团队】

团队指导老师：褚洪微

团队成员：王 阳，冯绍镇，高见亮，王 玉，钟子豪，徐福松，施锡杰

创客会 新华网

新华网创客大学项目组

二零一七年一月

猫九团队在 2017 年新华网创客大学项目首届创客挑战赛中荣获全国冠军团队称号

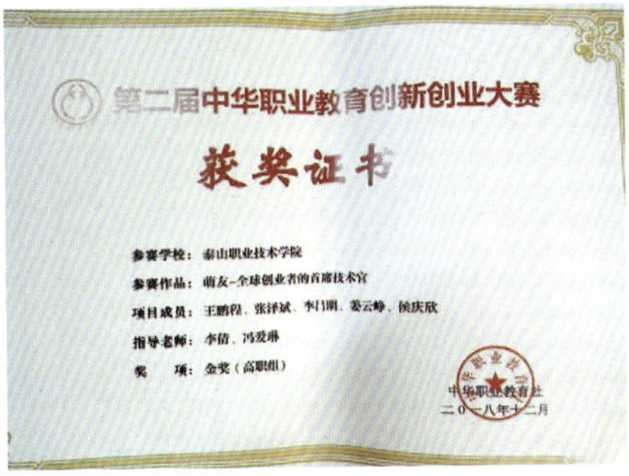

第二届中华职业教育创新创业大赛

获奖证书

参赛学校：泰山职业技术学院

参赛作品：萌友–全球创业者的首席技术官

项目成员：王鹏程、张泽斌、李昌明、姜云峥、侯庆欣

指导老师：李倩、冯爱琳

奖　　项：金奖（高职组）

中华职业教育社

二〇一八年十二月

萌友团队在 2018 年第二届中华职业教育创新创业大赛中获高职组金奖

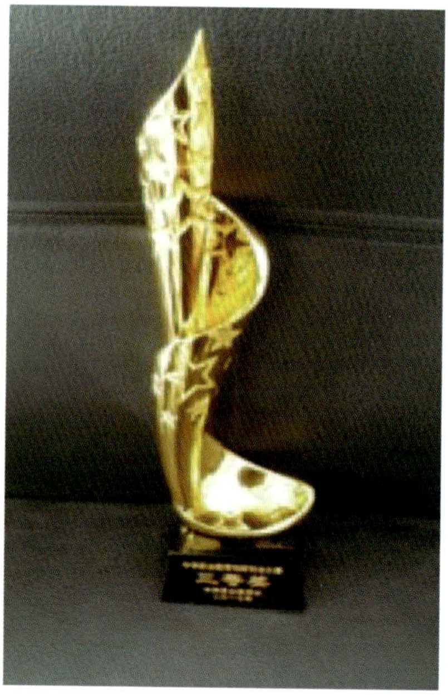

学院学生在 2017 年中华职业教育创新创业大赛中荣获三等奖

极乐鲜生团队在 2018 年新华网创客大学项目创客联赛第三季中荣获全国亚军称号

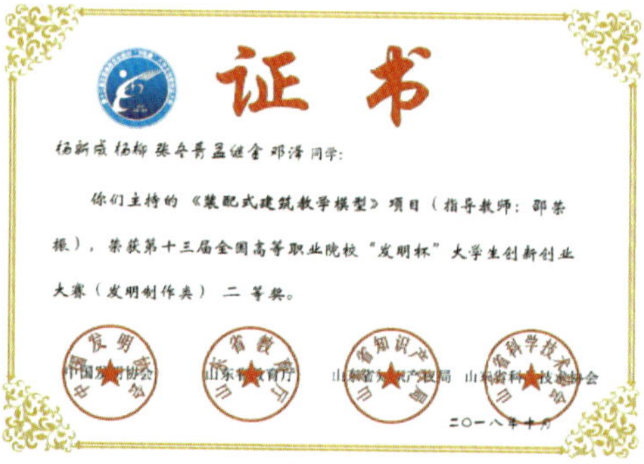

学院学生在 2018 年第十三届全国高等职业院校“发明杯”大学生创新创业大赛（发明制作类）中荣获二等奖

学院学生在2018年第二届“中英一带一路国际青年创新创业技能大赛”（华东赛区）中荣获一等奖

学院学生在2017年山东省黄炎培职业教育奖创新创业大赛中荣获一等奖

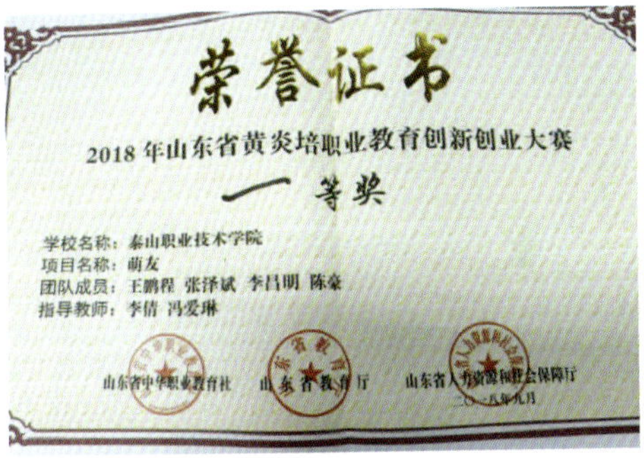

萌友团队在2018年山东省黄炎培职业教育创新创业大赛中荣获一等奖

学院学生在2019年“建行杯”第五届山东省“互联网+”大学生创新创业大赛中荣获银奖、铜奖

学院学生在2020年第十五届全国高等职业院校“发明杯”大学生创新创业大赛中荣获二等奖

学院学生在2020年第十五届全国高等职业院校“发明杯”大学生创新创业大赛中荣获三等奖

获奖证书

Certificate of Award

王阳、蔡晓萌、王鹏程、余剑儒、钟子豪、马玉龙、

李梦琪、何杏、晋元昊、姚泓儒、王皓、张道尧、李佳琪

你们的作品《WISDOM分布式电控智能维护终端》，在第七届中国国际“互联网+”大学生创新创业大赛中荣获铜奖

指导老师：钱长松

特发此证，以资鼓励。

主办单位 教育部、中央统战部、中央网络安全和信息化委员会办公室、国家发展和改革委员会、工业和信息化部、人力资源和社会保障部、农业农村部、中国科学院、中国工程院、国家知识产权局、国家乡村振兴局、共青团中央、江西省人民政府

承办单位 南昌大学、南昌市人民政府

中国国际“互联网+”大学生创新创业大赛组织委员会

二〇二一年十月

编号：2021300339

学院学生在2021年第七届中国国际“互联网+”大学生创新创业大赛中荣获铜奖

“建行杯”第七届山东省“互联网+”大学生创新创业大赛

获奖证书

金奖

项目名称：WISDOM分布式电控智能维护终端

推荐学校：泰山职业技术学院

项目负责人：王　阳

团队成员：蔡晓萌（浙江传媒学院）
余剑儒（天津外国语大学滨海外事学院）
钟子豪　李佳琪（纽约州立大学石溪分校）　王鹏程

指导教师：钱长松

证书编号：2021HLWJ0165

山东省教育厅

二〇二一年十月

“建行杯”第七届山东省“互联网+”大学生创新创业大赛

获奖证书

优秀创新创业导师

指导教师：钱长松

指导项目名称：WISDOM分布式电控智能维护终端

推荐学校：泰山职业技术学院

证书编号：2021HLWJ083

山东省教育厅

二〇二一年十月

学院学生在2021年“建行杯”第七届山东省“互联网+”大学生创新创业大赛中荣获金奖

猫九团队在2017年中华职业教育创新创业大赛决赛现场

萌友团队在2018年第二届中华职业教育创新创业大赛比赛现场

2020年，齐鲁电视台报道学院生物技术工程系毕业生郭振全的返乡创业事迹

前言

PREFACE

21世纪，是创新的时代，也是创业的时代。在“大众创业、万众创新”的时代背景下，如何指导大学生成功地创新创业，科学规划自己的未来，已经成为各个学校创新创业与就业教育教学工作的重要组成部分。泰山职业技术学院从大学生创新创业的实际需求出发，立足于学院多年来在创新创业教育教学领域所取得的成果与经验，编写出这本《创新创业指导》教材。

本教材共分为三个部分，即综合篇、理论篇和实战篇。

综合篇总结了泰山职业技术学院在创新创业教育教学领域的发展历程，展示了学院大学生在创新创业大赛中获得的荣誉，并讲述了他们的创新创业故事。综合篇旨在提升大学生参与创新创业的自信心、自豪感，使他们产生学习理论和进行实战的兴趣和热情。本篇可以采用学生学习、讨论、演讲等方式进行，以学生自学为主，老师释疑解惑，或者请获奖者、创业者现身说法。

理论篇旨在对学生进行创新创业的理论知识教育，使学生对创新创业有一个系统而深入的认识。希望通过学习，学生能够认识并具备创新创业思维，理智识别、选择创业机会，学会做好创业计划、整合创业资源，并掌握创业应具备的法律法规知识，懂得如何防范创业风险。理论篇是本教材的重点，务必使学生弄通学会。

实战篇旨在以赛促创，指导学生如何赢得创新创业大赛，让学生了解参赛实战中的综合要求以及在参赛各个环节中应具备的实战技巧，减少参赛中的失误，提高参赛效率。实战篇可采取边讲边练的方式，鼓励学生参加各级各类创新创业大赛，在参赛中边学边练。

本教材可作为学院创新创业教育教学方面的基础教材使用，也可以作为学生的自学读本。其最大的特色是吸收了近年来学院创新创业教育教学改革成果，并注重引导学生做到知行合一，切实提高创新创业的实践能力。

本教材作为泰山职业技术学院山东省优质高等职业院校建设工程的成果，得到了各级领导和同仁的大力支持，在此表示感谢。由于编者水平有限，书中难免有疏漏和不妥之处，敬请专家、同仁及读者批评指正。

编　者

2020 年 10 月

目 录
CONTENTS

综合篇

ZONGHE PIAN

一、近年来泰山职业技术学院创新创业教育发展情况概述

近年来，泰山职业技术学院乘着国家“大众创业、万众创新”的东风，认真贯彻国务院办公厅国办发〔2015〕36号《关于深化高等学校创新创业教育改革的实施意见》精神，坚持创新引领创业、创业带动创新的人才培养机制，将创新创业教育融入人才培养全过程，创新创业教育工作取得了显著成绩。

1. 2015年12月26日，泰安创业大学泰山职业技术学院校区正式挂牌成立，同时成立泰安创新创业教育中心，由此拉开了泰山职业技术学院创新创业教育的序幕。

2. 2016年4月17日，学院承办山东省第六期创业咨询师培训，来自全省各地市的人力资源和社会保障部门、各大高校从事创新创业教育的学员共63人，参加了此次培训。

3. 2016年6月29日，在学院图书馆学术报告厅举行新华网泰安创客大学夏令营第一季“创客青春”泰山职业技术学院营地启动仪式。该活动旨在提升大学生的创新创业意识，激励他们积极参与创业实践。

4. 2016年6月30日，学院与新华网股份有限公司签订校企合作协议，设立泰安创客大学项目泰山职业技术学院教学点，新华网泰安创客大学在泰山职业技术学院落地。

5. 2016年9月12日，学院制订《泰山职业技术学院新华网创客大学电商4.0双创课程进课堂实施方案》，合作课程电商4.0融入就业创业指导课，进入课堂教学环节，探索学分互换，旨在提升学生创新创业素质和创业实战技能，推动学院大学生创新创业，实现优质就业。

6. 2016年10月10日，学院在致远楼三楼会议室召开创新创业教育工作交流会，学院党委副书记张清民出席，教务处、校企合作办、图书信息中心负责人，各系分管创新创业教育主任、就业指导课教师，新华网泰安创客大学教学管理部负责

人、新华网创客大学培训讲师，共计 42 人参加会议。

7. 2016 年 12 月，学院创新创业工作在中国青年报社主办的“高职院校创新创业示范校”推荐活动中进入全国 50 强，荣膺全国高职院校创新创业示范校。在中华全国总工会、共青团中央、中国青年报社、国家信息中心、中国工业经济联合会、国务院国资委新闻中心等单位联合举办的 2016 年国际创新创业博览会上，学院创新创业成果参展并获得一致好评。

8. 2016 年 12 月 25 日，新华网电商 4.0 双创培训课程第一期结业，学院财经系、建筑系、信息系、工美系（2019 年改为教育与艺术系）31 个班 1300 名学生参加培训。参加此次培训的学生数量占 2015 级学生总数的 55%。

9. 2017 年 1 月 5 日，新华网创客大学项目首届创客挑战赛结束，学院的猫九团队夺得“商业计划书 PK”全国第一名、“创意策划 PK”全国第三名、“实训成果 PK”冠军，总分全国排名第一，战胜了全国高校共 500 多支创客团队，获得了全国冠军。

10. 2017 年 3 月 17 日，新华网首届创客挑战赛颁奖典礼在学院举行，新华网领导和国晅股权投资基金、国泰君安投资大咖莅临学院，山东省电化教馆等 3 部门领导参加颁奖盛会，泰安市财政局等 5 个市直部门领导参加活动。新华网在线直播此次活动，25 家省市媒体、自媒体平台转播。“猫九创业”这一事例被列入新泰中考试卷，被滴滴打车司机熟知，扩大了学院的社会影响。

11. 大学生猫九创业踏上征程。

学院积极呵护并助推猫九创业实践，2017 年 3 月成立泰安市猫九信息科技有限公司，面向全国运营猫九校园大学生一站式服务平台，3 个月内完成商业模式设计运营数据测试。8 月拿到中以基金英飞尼迪集团种子轮和天使轮共计 300 万元投资，猫九业务在山东、重庆 30 所高校落地，并向上海、武汉拓展，公司估值一度达到 2300 万元。

12. 大学生创业孵化基地——猫九创客咖啡厅建成试运营。

2017 年 5 月 2 日，学院党委会议研究通过在校园选址建设大学生创业孵化基地——猫九创客咖啡厅，并投入近 10 万元进行基础设施配套服务。这标志着新华网首届创客挑战赛全国冠军猫九团队的项目进入创业孵化阶段。项目建设在各级领导的大力支持下快速推进，一个月完成项目审批立项，一个月完成主体建设，2017年9月开始试运营。猫九创客咖啡厅来自中关村“车库咖啡”灵感，为猫九一站式智能云平台，具有创客空间、社团活动室、咖啡厅、电动车共享、快递云柜、大学生创业实践团队办公场地等功能。

13. 2017年12月25日，新华网创客大学全年完成学院信息系、建筑系、工美系、生物系32个班2300名学生培训。学院组织36个团队参加新华网创客挑战赛，助力大学生创新创业。

14. 学院创新创业工作获得世界级奖项。

2018年10月8—10日，世界职业院校与技术大学联盟（WFCP）2018年世界大会在澳大利亚墨尔本举行，泰山职业技术学院参会并荣获创新创业卓越奖，这标志着学院创新创业教育工作获得了国际职业教育界的认可和肯定，扩大了学院的国际影响。

15. 2018年，学院多次参加省级以上创新创业大赛并获奖，具体如下：获得新华网创客大学项目创客挑战赛第三季全国亚军，第二届中华职业教育创新创业全国大赛金奖，第二届“中英一带一路国际青年创新创业技能大赛”华东赛区一等奖1个、铜奖1个，第十三届全国高等职业院校“发明杯”大学生创新创业大赛二等奖2个、三等奖1个。学院在山东省省级创新创业大赛中多次获奖，具体如下：获得山东省黄炎培职业教育创新创业大赛一等奖1个，山东省高校“学创杯”大学生创新创业综合模拟大赛一等奖1个、二等奖2个，山东省“互联网+”大学生创新创业大赛三等奖1个。

16. 2019年5月9日，学院召开2019年“互联网+”创新创业大赛启动仪式暨2018年创新创业大赛表彰会，信息系、生物系、教育与艺术系、财经系、机电系获得优秀组织奖，李金伟等14人获得优秀指导教师称号。萌友等72个项目或团队分别获得特等奖以及一、二、三等奖。

17. 2019年5月6日，学院举行创新创业大赛冠军报告会，新华网首届创客挑战赛全国冠军团队负责人、猫九信息科技有限公司总经理王阳，中华职业教育创新创业大赛全国金奖得主、萌友科技有限公司总裁王鹏程分别做了报告，他们的事迹激发了学生积极参加创新创业活动的热情。

18. 2019 年 6 月 19 日，学院举行 2019 年大学生创业导师团“走进泰职校园，助力创新创业”宣讲会。泰安市青年企业家协会分享团（大学生创业导师团）成员山东兴岳食品股份有限公司总经理赵栋梁、泰安市盛百合文化传媒有限公司总经理宋芹做了精彩报告，学院 400 名学生参加活动，活动反响热烈。

19. 2019 年，学院多次参加市级以上创新创业大赛，获得“学创杯”2019 年全国大学生创业综合模拟大赛山东省省赛（高职组）特等奖 2 个、二等奖 1 个，第五届山东省“互联网 +”大学生创新创业大赛二等奖 1 个、三等奖 1 个，第十四届高等职业院校“发明杯”大学生创新创业大赛一等奖 1 个、二等奖 2 个，第三届“中英一带一路国际青年创新创业技能大赛”华东赛区三等奖 1 个、优秀组织奖 1 个，泰安市高新区“路德杯”大学生创新创业大赛一等奖 1 个、三等奖 2 个，泰安市第二届大学生创业大赛三等奖 1 个，泰山区“蓝海杯”首届创业大赛暨大学生创业大赛三等奖 1 个。

20. 猫九创业基地健康运营。

猫九创业基地是学院创业大赛冠军团队落地运营的项目，自 2017 年以来，这个创业实体不断成长，发挥了效益、公益、责任三位一体的作用。

（1）发挥了猫九创业孵化器的作用。辅导学院大学生创业项目 53 个，开发大赛报名软件 1 个，接纳大学生创业团队创业实践 9 个。在猫九创业基地开店的大学生有 9 人，其中，2013 级 1 人、2015 级 1 人、2016 级 5 人、2017 级 2 人。

猫九团队重点培养项目星球传媒已落地运营，其公众号、表白墙粉丝数目突破 50 万，小杨同学短视频项目同步进行。星球传媒项目已在各大高校传播推广，并带来不小的影响。

（2）积极拓展项目发展业务。在万达广场开设古装摄影店，继续开展人工智能标注项目；新开发岱岳区力田农牧专业合作社和岱岳区角峪镇亓家庄村智慧农业大棚项目，通过物联网技术和搭建微信小程序，开展农村电商培训，帮助农户通过电商平台销售草莓等农产品 5000 多斤。

（3）承担学院“互联网+”大学生创新创业大赛组织报名和项目辅导工作，并带头参加大赛。

21. 2020年第十五届高等职业院校“发明杯”大学生创新创业大赛获得二等奖1个，三等奖1个。

22. 2021年第七届中国国际“互联网+”大学生创新创业大赛获得国赛铜奖1个，山东省省赛金奖1个。

23. 2022年第八届中国国际“互联网+”大学生创新创业大赛中获得山东省省赛铜奖1个。

二、泰山职业技术学院创新创业大赛获奖统计

2016至2022年，学院组织学生参加国家级、省级、市级各类创新创业大赛并取得丰硕成果。在所有的参赛团队中，有的获得全国冠军、全国亚军，有的获得国赛特等奖及省赛特等奖，还有不少团队在市级比赛中拔得头筹。这给学院及学院的学生带来较多的荣誉，具体如表1至表4所示：

表1　　泰山职业技术学院获得荣誉一览表

序号	获奖名称	颁奖单位	颁奖时间
1	全国职业院校创新创业示范校	中国青年报社	2016. 1
2	新华网创客孵化教育系统暨创客大赛项目首届创客大赛最佳组织奖	新华网	2017. 3
3	2017年山东省黄炎培创新创业优秀组织奖	山东省中华职业教育社、山东省教育厅、山东省人力资源与社会保障厅	2017. 9
4	世界职业院校与技术大学联盟创新创业卓越奖铜奖	世界职业院校与技术大学联盟（WFCP）	2018. 10
5	优秀院校组织奖	第二届“中英一带一路国际青年创新创业技能大赛”	2018. 12
6	国际风尚奖、优秀组织奖	第三届“中英一带一路国际青年创新创业技能大赛”	2019. 11
7	泰安市第二届大学生创业大赛优秀组织奖	泰安市人力资源与社会保障局	2019. 12

表2　　泰山职业技术学院大学生参加国家级创新创业大赛获奖目录

序号	颁奖单位	获奖名称	大学生团队	团队负责人	指导教师	系别	颁奖时间
1	新华网	首届创客大赛全国冠军	猫九团队	王　阳	褚洪微	信息系	2017.1
2	中华职业教育社	全国2017年中华职业教育创新创业大赛三等奖	猫九团队	王　阳	钱长松	信息系	2017.12
3	新华网	第三季创客大赛全国亚军	极乐鲜生团队	郭振全	刘帅涛	生物系	2018.7
4	中华职业教育社	全国2018年中华职业教育创新创业大赛金奖	萌友团队	王鹏程	李　倩 冯爱琳	信息系	2018.12
5	全国高职院校创新创业教育联盟和英国国家创新创业教育中心	第二届“中英一带一路国际青年创新创业技能大赛”华东赛区一等奖，中国区总决赛三等奖	财经系团队	宋明悦 孙洪华 戚　欣	李金伟	财经系	2018.9
6	全国高职院校创新创业教育联盟和英国国家创新创业教育中心	第三届“中英一带一路国际青年创新创业技能大赛”华东赛区三等奖	生物系团队	张绍瑞	窦君霞	生物系	2019.11
7	中国发明协会、山东省教育厅、山东省知识产权局、山东省科学技术协会	第十三届全国高等职业院校“发明杯”大学生创新创业大赛二等奖2项、三等奖1项	建筑系团队	杨新成	邵荣振 钱长松	建筑系	2018.10
			汽车电子系团队	赵燕博	史宝平 袁　越	汽车电子系	
			猫九团队	王　阳	钱长松	猫九创业基地	
8	中国发明协会、山东省教育厅、山东省知识产权局、山东省科学技术协会	第十四届高等职业院校“发明杯”大学生创新创业大赛一等奖1项、二等奖2项	机电系团队	梁运辉	侯加阳 牛化武	机电系	2019.10
			教育与艺术系团队		周　平 孙佳文	教育与艺术系	
			机电系团队	尹京宇	刘铁顺 邵金平	机电系	

续表

序号	颁奖单位	获奖名称	大学生团队	团队负责人	指导教师	系别	颁奖时间
9	中国发明协会、山东省教育厅、山东省知识产权局、山东省科学技术协会	第十五届全国高等职业院校“发明杯”大学生创新创业大赛获得二等奖1个，三等奖1个	财经系团队	赵舒情	武雯娟 王桂珍	财经系	2020.10
			建筑系团队	刘鑫磊	杨新成 白翼飞	建筑系	
10	教育部、中央统战部、中央网络和信息化安全委员会办公室、国家发展和改革委员会、工业和信息化部、人力资源和社会保障部、农业和农村部、中国科学院、中国工程院、国家知识产权部、国家乡村振兴局、共青团中央、江西省人民政府	第七届中国国际“互联网+”大学生创新创业大赛铜奖	猫九团队	王阳	钱长松	猫九创业基地	2021.10

表3　泰山职业技术学院大学生参加山东省省级创新创业大赛获奖目录

序号	颁奖单位	获奖名称	大学生团队	团队负责人	指导教师	系别	颁奖时间
1	山东省中华职业教育社、山东省教育厅、山东省人力资源与社会保障厅	2017年山东省黄炎培职业教育创新创业大赛一等奖	猫九团队	王　阳	钱长松	信息系	2017.9

续表

序号	颁奖单位	获奖名称	大学生团队	团队负责人	指导教师	系别	颁奖时间
2	山东省中华职业教育社、山东省教育厅、山东省人力资源与社会保障厅	2018年山东省黄炎培职业教育创新创业大赛一等奖	萌友团队	王鹏程	李　倩 冯爱琳	信息系	2018.9
3	山东省教育厅高等教育处	2018年山东省高校“学创杯”大学生创新创业综合模拟大赛一等奖1个、二等奖2个	财经系团队	孙洪华	亓海峰 李金伟	财经系	2018.6
			机电系团队	李昕磊	姚洪利 周晓婷	机电系	
			汽电系团队	万俊肖	孙德占 李　军	汽电系	
4	山东省教育厅职教处	“学创杯”2019年全国大学生创业综合模拟大赛山东省省赛（高职组）获得特等奖2个、二等奖1个	机电系团队	王中佳	姚洪利 李　琦	机电系	2019.11
			生物系团队	孔令辉	杨恒广 孙德占	生物系	
			国际交流团队	边　昊	王　萍 陈　筱	国际交流学院	
5	山东省教育厅	第五届山东省“互联网+”大学生创新创业大赛，我院共上报系统确认195项参赛项目，其中有多个项目获奖	萌友团队	王鹏程	李　倩 冯爱琳	信息系	2019.9
			脊康科技	张　昊	刘铁顺 邵金平	机电系	
6	山东省教育厅	第七届山东省“互联网+”大学生创新创业大赛获得金奖1项，优秀创新创业导师1名	猫九团队	王阳	钱长松	猫九创业基地	2021.10
7	山东省教育厅	第七届山东省“互联网+”大学生创新创业大赛获得铜奖1项	启维团队	孙宏伟	侯加阳 武雯娟 张　晔	机电系 财经系	2022.8

表 4　泰山职业技术学院大学生参加泰安市市级创新创业大赛获奖目录

序号	颁奖单位	获奖名称	大学生团队	团队负责人	指导教师	系别	颁奖时间
1	泰安市人力资源与社会保障局	泰安市首届大学生创业大赛二等奖1个、优秀奖2个	教育与艺术系团队	贾真宝	周　平	教育与艺术系	2018. 12
			机电系团队	房　硕	张海鹏	机电系	
			教育与艺术系团队	曹正辉	孙佳文	教育与艺术系	
2	泰安市人力资源与社会保障局	泰安市第二届大学生创业大赛三等奖1个	锦鲤团队	焦晨旭	武文娟	财经系	2019. 11
3	泰安市高新区大学生创新创业大赛组织委员会	泰安市高新区“路德杯”大学生创新创业大赛一等奖1个、二等奖1个	清雅科技工作室智控科技团队	魏　旭	刘铁顺 邵金平	机电系	2019. 4
			脊康科技团队	张　昊	刘铁顺 邵金平	机电系	
4	泰安市泰山区人民政府	泰山区“蓝海杯”首届创业大赛暨大学生创业大赛三等奖1个	脊康科技团队	尹京宇	刘铁顺 邵金平	机电系	2019. 8

三、泰山职业技术学院表彰2018年度创新创业大赛先进集体、个人和优秀项目

泰山职业技术学院2018年度创新创业大赛先进集体、优秀指导者和优秀项目如下：

（一）先进集体（5个）

信息系　生物系　教育与艺术系　财经系　机电系

（二）优秀指导者（14名）

李金伟　邵荣振　李倩　赵京岚　张建明　张海声　张海鹏　李军　冯爱琳　周平　亓海峰　姚洪利　史保平　袁越

（三）特等奖（12项）

2018年，学院在全国、山东省及泰安市各类创新创业大赛中，共有12个获奖项目（详略）。

（四）一等奖（10 个）

	项目名称	系别	负责人	指导教师
1	立式脊柱评定装置	机电系	李皓然	刘铁顺　邵金平
2	人力离水器	机电系	潘家良	李立成
3	非遗项目面塑产品的开发——《岱庙六景》作品	教育与艺术系	周鲁杰	石洪令　张海声
4	泰山茶服	教育与艺术系	朱　良	张　伟
5	无人健身房	财经系	张　岩	王亚文
6	逐梦之家	财经系	孙　瑜	刘　晓
7	新型墙体材料	建筑系	马晓旭	黄启宪
8	森林智能防火系统	汽车电子系	王润涛	方增奎　张学燕
9	清颜花盆	生物系	路巧蕊	赵京岚　田　斐
10	8 鲜果海项目	旅游系	范家豪	王　阳

（五）二等奖（19 个）

	项目名称	系别	负责人	指导教师
1	汉麻服饰系列包装	教育与艺术系	王沛锦	李利鲁　李悟晓
2	工厂移动服务机器人	机电系术	田衍翔	刘铁顺　邵金平
3	基于大功率数字舵机的便携式抓取机器人	机电系	孙中贤	孙　滨
4	泰山百景篆刻茶具	教育与艺术系	王　雪	李军祥　刘欣荣
5	精品泰山石互联网创新销售	机电系	李皓然	于　翔　戴文静　李春霞
6	创意变变变在幼儿游戏中的应用研究	教育与艺术系	孟　真	徐　兰　刘欣荣
7	当智能遇到爱	教育与艺术系	李肖利	戴琰国
8	晴天书坊项目	教育与艺术系	刘鑫贝	冯超群
7	竹匠智能琴箱	机电系	冉文晓	张　晔　米广杰　杨新宇
10	易拉罐爆米花机	财经系	亓欣悦	李玉国
11	绿色有机混合农场	生物系	黄鲁阳	杨恒广
12	忆苦思甜奶茶	生物系	武瑞棣	田　斐
13	工立方	财经系	李嘉宁	毛灿贞
14	老年恒温感应定位衣	财经系	徐祥芝	亓海峰
15	建筑设备控制系统	建筑系	马晓旭	黄启宪
16	DIY 手工坊	教育与艺术系	刘蒙蒙	伊　霞
17	智慧停车小管家	汽车电子系	刘　凯	袁　越
18	环保垃圾桶	建筑系	高义哲	李　梅
19	起力 App	国际交流学院	申　恺	陈　筱

（六）三等奖（29 个）

	项目名称	系别	负责人	指导教师
1	芹菜养生窝窝头	机电系	盛尊祥	李春霞　董福冉
2	DIY 自主创业团队	教育与艺术系	夏培秀	刘　晓
3	彬成复合	信息系	张泽斌	李倩　冯爱琳
4	筷子传媒	信息系	庄　琳	李　倩　冯爱琳
5	泰山小敢当饼干模具设计	教育与艺术系	王　雪	刘欣荣　周　晓
6	闪电递项目	教育与艺术系	薛雅文	冯超群
7	易快工程机械平台项目	机电系	张佳威	颜海蓉　李立成
8	基于 51 单片机的泊车后儿童安全智能降温系统	汽电系	赵燕博	袁　越　史保平
9	迅驰智能互联网物流	国际交流学院	王　星	王　萍　唐　特
10	滤网式除油设备	机电系	明恒宇	杨海明　张海鹏
11	民间游戏的新火光	财经系	任　静	葛欢欢
12	小口径废弃深井救援设备	机电系	房　硕	张海鹏
13	中国穷游路线信息网	财经系	刘子豪	毕玉洁
14	建筑设备控制系统	建筑系	马晓旭	黄启宪
15	轻食 + 理疗	财经系	郇　琨	赵　云
16	智能门禁	财经系	田小璇	庞乐宁
17	RTN 亲子农场	机电系	张奇男	于　翔
18	互联网 + 有机蔬菜	生物系	牛田雨	孙国波
19	情义 App	软件技术	李鑫华	唐　特
20	一枚鲜果	生物系	王玉欣	史修柱
21	XM 大队	生物系	赵忠华	段会勇
22	追梦人	财经系	徐　文	张　博
23	道路绿化修剪车	教育与艺术系	丰　慧	冯超群
24	土豆电池	财经系	孟宪航	严寒冰
25	容器类生产线不良品剔除装置	机电系	王振元	苟岩岩　杨海明
26	环保提示座厕纸盒设计	教育与艺术系	宋双凤	李利鲁　孟祥勇
27	易拉罐爆米花机	财经系	亓欣悦	李玉国
28	绿色有机混合农场	生物系	黄鲁阳	杨恒广
29	DIY 创意水杯	教育与艺术系	范紫怡	伊　霞

四、校园里的“创业明星”

（一）猫九团队创业故事

泰山职院这几个“九五后”厉害，大二就当老板

3月17日，泰山职业技术学院的猫九团队在新华网创客大学项目首届创客挑战赛中，击败其他高校参赛队伍，夺得冠军。该团队7名主创人员全是“九五后”。在这个校园里，创业知识直接进课堂，年轻的创客比比皆是。

赛前两点前没睡过觉，最终击败500多支参赛团队

猫九创客团队是泰山职业技术学院的明星团队，在全国550支高校参赛队中夺得冠军。

他们有个微信公众平台，全校8000多人中，有4000多人都是他们的粉丝。这个平台开发了不少小程序，同学们能在平台上订外卖、收快递。同时，他们还要上马一个共享电动车项目。这是目前校园里最大的一站式服务平台，运营内容和学生的生活息息相关。

在校园里，同学们并不知道他们每个人的名字，见了面就喊他们“猫九”，这让团队中的每一个人都很自豪。

在参加比赛的整个过程中，他们经历了创意广告构思、商业计划书制作、实训成果PK等环节；在比赛前的40多天里，他们凌晨两点前从来没有睡过觉，都是在一起商量、修改，把参赛作品调整了一遍又一遍。“全国有550支参赛队伍，挑战赛前十名的学校，北方院校仅有两所。这其中，我们付出的要远比想象的还要多。”说到这里，王玉的眼圈都有些红。王玉是猫九团队中年龄最小的队员，1999年生人。因为人长得帅气白净，是团队的门面担当，日常做些外联的工作。

王玉说，在这次比赛中，他们也发现南方的大学生更有商业意识和创业意识，在资源、想法方面有很多优势，所以他们面临的挑战就更大。“我们团队在比赛前就跟老师说了，要么不比，要么就拿第一，我们坚信天道酬勤。”

不负众望地得了第一名后，猫九拿到了三万元的奖金。猫九成员说，他们的校

园“共享电动车”计划马上要实施，有了这笔钱，他们正好可以购置电动车，安装GPS定位系统。

不想饭来张口，要做不一样的事情

王阳是猫九创客团的队长，猫九团队就是在他的建议下成立的。王阳从小就不甘寂寞，一直都梦想着创业。大一的时候，王阳想法很多，可是不知道如何下手。平平淡淡地过了一段时间之后，王阳和身边几个同学商量，要做一个创客团队。“如果只是天天上上课，打打游戏，日子是挺快活，但是这样饭来张口衣来伸手，我们真怕自己成了废人。”王阳说。

就这样，创客团队组建起来了。团队成立之初，他们有过很多想法和尝试，但是由于缺乏经验和指导，好多想法都不得已终止了。尽管一开始遭遇了连连打击，但王阳和他的小伙伴们都没有灰心。他们给自己的团队起了个名字，叫作“猫九”，意思就是猫有九命，遇到再大的困难也能克服。经过短短一年的时间，他们7人靠自己创业挣的钱就可以养活自己了，再没有向家里要过一分钱的生活费。

猫九做过很多行业，收入也不错。他们曾经营一家外卖实体店、一家线上旅行策划店，通过在其他国家留学的学生做线上代购，在学校经营二手市场交易、代理品牌手表等等，在校园积累了广泛的人脉。本来，小打小闹挣点生活费、积累点经验就已经不错了，可是王阳他们很快就对这些事情失去了乐趣。

“我觉得创业不是开一家店铺，或者做些别的什么。创新才叫创业，我们要做跟别人不一样的事情，这样才叫创业。”王阳说。

从送外卖到开发新平台，创客们胃口很大

新华网的创客星工场总执行长伍贞第一次来校园报告厅开讲座的时候，猫九的队员就坐在第一排。这次讲座给了他们很多新的思路。猫九团队的导师张磊也给他们提供了很多指导。有时候他们聚在一起进行头脑风暴，几乎都要打起来了，但一个新的思路就此慢慢成形。

他们利用自己的计算机专业优势，开发了一个平台。同学们只要刷一下二维码，就可以享受线上订外卖、买东西等服务。“同学们扫下二维码，说要个方便面，

猫九团队与指导教师在一起讨论

我们会立刻送货上门。”在这个平台上，可以给手机充缴话费、做校园直播。这个平台上有校园招聘系统和教育辅导系统，还把校园超市纳入其中，所以粉丝很快就形成了规模，而猫九的每一个成员都成了“送得了外卖，做得了主播”的多面手。

“我们要搭建一个校园的生态体系，这个体系里，想创业的同学可以加入进来，想勤工俭学的同学也可以加入进来，我们希望有更多的人受惠于我们这个生态体系。”团队成员说。

目前，已经有风投公司和他们接洽，下一步，他们要在现有用户的基础上，开发一个校园 App，把这个项目推广到泰安的其他几所高校。而猫九也从一开始的 7 个人变成了现在的 41 人的团队，这些同学都是他们的合伙人。

“泰安的高校这么多，我们还有很多机会。”说起未来的发展，王阳胃口很大。他们的信息有限公司正在注册。“其实我们凌晨两点之前都没合过眼，尽管辛苦，但是我们觉得值得。”

创业大咖进课堂，学生有自己的工作室

2016 年 6 月，泰山职业技术学院与新华网合作，成立新华网创客项目泰山职业技术学院教学点，引进了电商 4.0 创新创业培训课程，由新华网创客大学派培训讲师进行授课和实训，学生学习结业实行学分互换。

猫九是泰山职业技术学院众多创客团队中的一个。“创客”这个词，在这个校园里并不新鲜。

学校也给创业团队提供了很好的硬件支持。他们为创客团队设置了工作室，让他们按照自己的意愿装修。学校出面接洽，和泰安一些知名企业合作建设全真实践教学体系，使学生在实境中体验“模拟创业——创业计划——自主创业——教师指导创业——引企业项目创业——校外创业实践”的创新创业全过程。

学院还要求专业人才培养方案应将创新创业教育理念和内容融入整个教学组织全过程，不低于40学时，必须实施四师制（教师、创业咨询师、企业工程师、企业带徒弟的师傅）创业创新培养体制，创业成功率不低于10%。

“我们的孩子都很有想法，我们对他们实行创业意识、模拟创业实践、构建商业模式、扶持成功创业四步培训培养模式，利用创业认知、模拟实训、创业孵化、投融资对接等手段，通过分项目、分专业、分步骤授课和一对一交流等形式开展创业培训、实训和服务。”该校信息工程系的老师介绍。

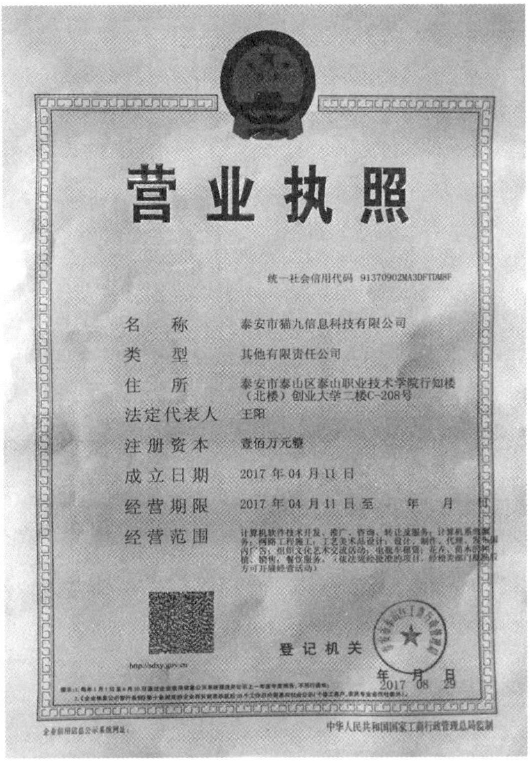
营业执照

统一社会信用代码 91370902MA3DFTDM8F

名称 泰安市猫九信息科技有限公司
类型 其他有限责任公司
住所 泰安市泰山区泰山职业技术学院行知楼（北楼）创业大学二楼C-208号
法定代表人 王阳
注册资本 壹佰万元整
成立日期 2017年04月11日
经营期限 2017年04月11日至 年 月 日
经营范围 计算机软件技术开发、推广、咨询、转让及服务；计算机系统服务；网络工程施工；工艺美术品设计；设计、制作、代理、发布国内广告；组织文化艺术交流活动；电瓶车租赁；花卉、苗木的种植、销售；餐饮服务。（依法须经批准的项目，经相关部门批准后方可开展经营活动）

登记机关
2017年08月29日

http://sdxy.gov.cn

中华人民共和国国家工商行政管理总局监制

猫九信息科技有限公司营业执照

（选文来源于《齐鲁晚报·齐鲁壹点》，记者杨璐，发表于2017年3月18日，有删改）

（二）萌友团队创业故事

19岁泰职小伙和他的“萌友校园”火了！

16岁创业，目前组成了20人的创业团队，致力于校内服务平台的开发与推广。1999年出生的王鹏程是泰山职业技术学院计算机专业的学生，从初中接触编程以来，王鹏程便将这项爱好发展为自己的专业和创业的方向。

用专业知识为创业打下基础

“我现在做的这个项目叫萌友校园，通过结合智能热点，开发学生生活服务平台。”谈到自己从2017年11月启动的新项目，还不满19岁的王鹏程顿时来了兴致。萌友校园利用大数据分析为学生提供精准服务，同时扶持多所学校校内较小的创业团队，帮助他们实现平台化、系统化。王鹏程在这个20人的创业团队中是年龄最小的，这个团队的组成也与他之前的创业经历有关。“我之前在网上开店，教大学生学编程赚到了第一笔钱。”王鹏程向记者介绍说，自己在初中时偶然接触到了编程，16岁时独立开发的一款软件被一个投资机构看中，在得到了资金支持的同时，这也让王鹏程积累了一定的人脉。他在有了开发校园网络服务平台的想法后，与多位比他年长且工作经历丰富的同伴走到了一起。王鹏程在团队中是技术合伙人的身份，主要负责微信及后台接口的开发及数据库的设计。现在使用萌友校园的学生可以通过小程序的应用，以在线支付的方式享受到洗衣、配送、外卖、快递及打车等服务。目前与平台合作的商家已经有近20家。

萌友团队开发的“萌友校园”服务平台

谈到自己开发服务平台的初衷，王鹏程表示，在考虑利用自己的计算机专长的同时，希望可以为同学们提供性价比较高的服务。除了日常的服务，在一些有纪念意义的节日里，萌友校园还会与线下商家联系，通过精准投送的方式，让大家找到适合自己需求的产品和纪念地点。在平台进校园的推广方面，萌友校园摒弃了传统的花钱宣传的方式，而是将各个学校内原有团队中的小平台流量导入自己的大平台中，形成闭环式的结构。团队平时还会做一些公益类的推广活动，比如到福利机构为孩子们表演节目，将大学的音乐、书法等社团带到中高职学校来促进交流。

学校为学生创业提供便利平台

虽然已经迈开了创业的步伐，但是王鹏程目前还是大一的学生，当被问到如何平衡创业与学习之间的关系时，王鹏程表示，自己一直没有放弃专业的学习，基础知识能够为创业提供指导，创业是对基础知识的实践。学校也给自己和团队的创业提供了场地支持，萌友校园在学校内获得了一间面积60多平方米的“零租金”办公室。对于未来发展的方向，王鹏程表示，现在平台的发展与自己的目标还有很大的差距。“我们希望平台的应用可以推广到全国范围的大学校园。”目前平台只集中在济南、泰安、莱芜的高校内，以职业学院为主，下一步希望能推广到本科高校，从三四线城市开始，逐渐向大中城市发展。

总结自己两年多的创业路，王鹏程体会最深的就是“坚持”二字。“坚持太重要了。”王鹏程表示，创业过程中会碰到很多的困难，有些困难是之前从来没有想到过的，也会有人提出质疑。在克服了一系列的困难后，王鹏程不但筹到了创业的启动资金，也实现了经济独立。对于同龄人的创业，王鹏程给出建议：学生还是要以学业为主，可以依托专业及兴趣，在夯实专业知识的基础上展开自己的梦想。

对于大学生创业，泰山职业技术学院校企合作办公室主任钱长松表示，目前学生创业的形式非常丰富，学校将创新创业教育融入人才培养的全过程，开设了创新创业必修课。为鼓励和扶持学生创业，学院建有新华网创客大学、泰安创业大学、猫九创客咖啡厅等大学生创业培训和孵化基地，为大学生提供创业前、中、后期等不同阶段的服务。

（本文选自ZAKER泰安，记者崔倩，发表于2018年4月12日，有部分删改）

（三）孙祥程工作室创业故事

赞一个！“九五后”泰职毕业生闯出创新追梦新道路

在泰职，有这样一位学生，在校期间，他先后获得国家级、省级荣誉和国家级奖学金，带领团队研发出工厂服务机器人、红外线测孔机、全自动养殖饲料投喂器、光固化3D打印机等多项发明创造并应用和服务于企业发展，他就是出生于

1998 年的孙祥程。孙祥程用在泰山职业技术学院机电技术工程系机电一体化专业五年来汲取的知识，加上学校及导师的倾力培养与自己的刻苦钻研，毕业后投身于产品研发工作，走出一条具有代表性的职校生特别发展之路。

孙祥程与指导老师在实验室做实验

伯乐挖掘开启少年科技求知路

“他在 2018 年 7 月份就毕业了，我到现在还会把其他学生叫成他的名字。”孙祥程的导师，也是获得山东省优秀指导教师称号的泰山职业技术学院机电工程系副教授刘铁顺回忆起第一次为这位得意门生上课时的情景，观察到当时只有 14 岁的孙祥程眼中闪烁着别样的光芒以及对知识的深度渴求。在断定这是位可塑之才后，刘铁顺与孙祥程建立起教与学、传与授的师徒关系，他为孙祥程单独开设了物理、电工、汽车等多门课程，学校也开放了专门的实验室，让孙祥程可以在操作台上自由施展。孙祥程将在导师处学得的基础知识应用于自己的发明创造，经历失败后再与导师不断地切磋；若碰到连导师也解决不了的问题，学校再从校外请专家进行指导。对于这位醉心于创造研究的徒弟，刘铁顺在生活上也给予无微不至的关心，帮他解决创新工作中的后顾之忧，并给予多项用于实验的物资支持。“生活上我把他当自己的孩子一样对待，学习上为了降低实验失败率，我都会给他提供质量上乘的设备原材料。”

孙祥程的获奖证书

孙祥程也没有辜负导师和学校培育上的一片苦心。2014 年，成长为机电创新团队负责人的孙祥程凭借太阳能水面养殖高精度遥控饲料运投器拿到第一个重要奖项——

山东省大学生机电产品创新设计竞赛一等奖，并陆续获得全国机械行业职业教育技能大赛——“华中数控杯”五轴联动加工应用技术大赛高职组一等奖、山东省工业机器人技术应用技能大赛暨全国工业机器人技术应用技能山东省选拔赛三等奖等诸多奖项及国家级奖学金，并成为第11届团中央“中国青少年科技创新奖”山东省高职院校唯一候选人。

埋头创新，多项发明应用于企业发展

科技创造与产品研发是一项艰苦且需要迎接无数挑战与失败的工作，在这个过程中，孙祥程在导师刘铁顺的带领下翻过一座又一座山峰。“钻研”成了他学习的主要方式。为了尽快掌握技术，孙祥程每天早上8点之前就到实验室，除了选上部分课程，其他时间他都泡在实验室里，一直到晚上11点多才离开。临近年关，孙祥程是最后一个离开学校的学生；寒假还没过完，他又早早地返校回到实验室。“孤立地学习理论，不与应用相结合，就失去了学习的意义。”孙祥程说。通过反复的学习、揣摩、实践，寒假里，他终于做出来第一个单片机作品——电子钟。随后，一系列电子类作品，如蓝牙智能循迹小车、六自由度机械臂、平衡车、四轴飞行器、旋转LED显示屏、光立方、多功能低功耗蓝牙温湿度计、竞技机器人、双足行走机器人、移动工厂服务机器人、PCB曝光箱、超声波测距仪、红外智能温控风扇等作品相继诞生。孙祥程的成功也成了样板，作为团队带头人，他带动了其他热衷于学习研究的学生不断进步，机电工程系创新团队中陆续涌现出李皓然、田行翔等获得国家和省级奖学金的优秀学子。

孙祥程为企业设计开发的代表性产品均已投放市场，用于生产。其中，全自动养殖饲料投喂器可根据设定好的时间段进行自动喂料。运行过程中突然断电，再次上电之后可自动行进到断点继续进行喂料。该设备的投入运行完全不需要人为干预，整个过程都实现了自动化，为养殖企业解决了实际问题。比例阀放大器用数字运算方式替代模拟电路的组合、运算、定时等功能，使控制器工作特性稳定、输出精度提高，用计算机进行多点、非线性补偿，具有标准的计算机通信接口，可以与上位计算机连机，为实现系统级的计算机自动控制提供基础。孙祥程还陆续开发了为衣橱定制企业设计的红外线测孔机、方便数控爱好者学习的小型CNC雕刻机、让更多人体验 DIY 乐趣的光固化 3D 打印机及四轴飞行器。目前，在深圳从事研发工作的孙祥程拥有了更大的舞台，他继续自己的逐梦之旅，工作中遇到技术难题，他还是会像以前一样求教于自己的恩师刘铁顺，并且把开创一家自己的科技公司作为未来的目标。

“助学式”教学引领职校生积极探索

职业教育的目标是培养掌握扎实的理论基础、拥有熟练的动手能力的应用型人才。通过孙祥程的样板式教育，刘铁顺总结道：对于渴望上进的职校生，首先要帮助他们树立信心，要将“孤岛式”教学模式逐渐转变为“助学式”，让各个学习小组在实验场所自己寻找工具，动手设计调试安装各种器材，师生共同评价各小组任务完成的情况，最后导师对各项目的优缺点进行点评，让学生“做中学”，从而收到事半功倍的效果。作为职校教师，重要的任务是帮助学生掌握搭建一艘优良“船只”的本领，驶向更广阔的彼岸。

据泰山职业技术学院机电工程系主任刘永海介绍，近年来，院系顺应应用技能型人才发展趋势，充分了解企业用人需求，在学生培养上以项目教学和过程考核相结合的模式，为学生设立学习项目并了解其学习进度，建立创新团队和兴趣小组，让学生形成学习兴趣和传帮带团队。对于表现突出的学生，院系都给予多方面支持。下一步，院系将抓住国家加快发展现代职业教育并把职业教育提升到战略层面的有利时机，不断改进教学方法，因材施教，让更多职业院校学生活跃在自己擅长的领域。

（选文来源于 ZAKER 泰安，记者崔倩，发表于 2019 年 3 月 21 日，有部分改动）

（四）教育与艺术系创业典型案例

王凯祥墙绘团队创业故事

王凯祥是泰山职业技术学院工艺美术系 2016 级环境艺术设计专业学生。他来自济宁农村，家境贫寒，父母患有风湿类疾病，家里的收入完全靠父母从事务农劳动，生活十分困难。

王凯祥同学入校以后，就表现出积极进取的学习态度，他努力学习专业知识，在装饰设计方面表现出极高的兴趣和天赋。他积极参加各类专业技能比赛，获得多项奖励。2016 年 12 月参加“新蕾”杯泰安市大学生艺术作品大赛，获得金奖。2017 年 10 月，参加山东省大学生科技节赛冠杯比赛，获得一等奖；同年 11 月，参加全国大学生科技节，其作品《民族魂》获得三等奖；12 月参加“国青杯”全国高校艺术设计作品展评，其作品《老人》荣获学生组二等奖。他很早就树立了将专业应用于实践的想法。在得知了王凯祥的想法后，教育与艺术系环境艺术设计专业教研室主任孟祥勇老师和李利鲁老师等多位专业教师对其进行了指导。王凯祥跟随孟老师深入企业进行学习实践，了解了行业一线的知识，也正是在这个时间段，他脑海中开始形成创业的想法。

形成创业想法后，王凯祥积极请教老师，工美系领导高度重视学生创业的想法，以学生科张海声科长为首的教育与艺术系创业指导师团队对王凯祥进行了系统的辅导，在就业行业及就业领域的选取等多方面对他进行了指导。孟祥勇老师及专业的其他老师还为他提供了前期的资金支持。经过接受系统的辅导，王凯祥渐渐明晰了就业的方向——从专业入手，将自己绘画、设计方面的才能应用到具体的工作实践中。在这个想法的支撑下，王凯祥成立了自己的团队，并注册成立了山东特绘装饰有限公司。特绘装饰公司是以墙体绘画、广告宣传、室内彩绘为主要项目的公司，王凯祥团队的成员以泰山职业技术学院在校生为主，他们发挥自己的才能，积极进行创作，同时在系部李利鲁、孟祥勇等老师的帮助下，逐步进军装饰设计行业，包括泰安市宝盛社区淘你欢购物广场室内彩绘等项目，并受到了一致好评。在锻炼了技能的同时，团队成员的收入也有了

王凯祥及团队成员正在进行墙体彩绘

明显的提升。

此时的王凯祥，已经不再是一名青涩的学生，他已经成长为一个懂得感恩、懂得回报的有志青年。在有了一定的经济基础后，王凯祥成立了清溪打印社，面向学院学生开展打印、彩印等服务。同时，清溪团队也成了泰山职业技术学院教育与艺术系创业精神的传递纽带，一批有创业愿望的年轻学生加入这个团队中，积极投入到创业就业的浪潮之中。

（五）冯帆团队的创业故事

我叫冯帆，泰山职业技术学院财经系 2017 级电商四班退役复学大学生。在我退役复学来到学校后，系领导和老师对我十分关心，同学们主动给我补习落下的课程，这都让我感受到校园的浓浓温情。

在国家对退役复学大学生的大力支持下，我心中萌生了创业的想法。我找到系领导，向他们说出我心中的规划与想法，并决定把部队退伍费和自己存下来的 5 万元钱作为创业初期的投资。在老师和同学们的帮助下，我做好了创业策划案。在考察了众多企业后，我决定做服装类的生意，确定了要代理报喜鸟这个品牌。我利用三天的假期，去温州总部谈好了代理事宜，交了定金。回到学校后，系主任耐心地帮我在泰安找寻合适的开店地点，帮我申请学校可提供的创业资金。

起初，创业面临着重重困难：资金不足，店铺租金太高，企业消防证明等证件办不下来……这使我一度想要放弃。但在系主任的鼓励下，我坚持了下来。在多方对比下，我最终把店铺地址定在了家乡滕州市。在开业那天，我的眼泪在眼圈里打转，我的努力没有白费。

开业后，我按照当初老师们帮我制订的宣传计划，将前期的一系列活动有条不紊地展开。事实证明，我们是正确的，我们的生意蒸蒸日上。仅仅一年的时间，我把小店旁边的店铺和二楼的店面全部租了下来，我们的店铺已经发展成为 400 多平方米的中型服装店，月营业额有 5 万元左右。我们还开了一家与服装店相配套的洗衣店，开始一条龙服务：只要是在我们店里买的衣服，我们都可以提供终身免费清洗服务。

我能取得今天的成就，要感谢系领导，感谢老师，他们是我的恩人，这份情意我会永远放在心底。不管将来我在哪里，不管今后我干什么，只要学校需要我，老师们需要我，我就会在第一时间出现。你们永远是我的亲人，学校永远是我的家。

（本文由冯帆供稿）

（六）生物技术工程系创业典型

大学生郭振全返乡创业当“瓜王”

“我这一亩二分地的瓜棚，头茬酥香八号蜜瓜卖了1.8万元，预计采收三茬瓜能收入五万多块钱，这两年种瓜多亏了小郭老板。”2021年4月30日，聊城市莘县河店镇东郭村村民郭保明说。

小郭老板就是郭庄村返乡创业青年大学生郭振全。2020年，21岁的郭振全从泰山职业技术学院园艺技术专业毕业后，回到了家乡，一头扎进了“瓜”的世界。

每年四五月份是莘县河店镇甜瓜、香瓜丰收的时节。“但是香瓜价格随着市场行情波动起伏较大，散户在市场上没有话语权，赶到行情不好的时候，忙活大半年几乎挣不到钱。”郭振全说。

从小在农村长大的郭振全一心想要改变这种现状。大学期间，郭振全成立了山东极乐鲜生电子商务有限公司和山东晟森农业科技有限公司，并与鲜丰水果等知名果品连锁品牌合作，发展订单农业。“市场有需求，我们就有了种植方向，跟我们签订种植合同的瓜农，种出来的同类型香瓜比市场价每斤平均高出2块钱。”郭振全说。

在河店镇田海村村民蔡木松的瓜棚内，一颗颗圆滚滚“巨无霸”香瓜蒙上了一层淡黄色。“蔡叔，这瓜开始着色了，糖分积累得差不多了，这几天可以收瓜了。不用留二茬瓜，直接拔掉瓜秧就行了。”郭振全察看着香瓜长势，蔡木松点头应着。种了十几年香瓜、甜瓜，50多岁的蔡木松格外信任眼前的年轻人。

“这颗‘巨无霸’香瓜收购价10块钱一个，瓜苗和肥料都是郭总提供，生长期的植保也有专门的技术人员前来指导，从种到收十分省心，我家三个大棚年收入约20万元。”蔡木松高兴地说。像蔡木松这样跟随郭振全种瓜的农户有四五百户，每年经郭振全销售的香瓜、甜瓜达五百万斤。

“蔡叔种出来的这茬香瓜，我们全部走私人定制高端市场，好香瓜不愁销路。”郭振全说。

高品质香瓜由品种决定，解决了产销的问题，郭振全又把发展重心向品种研发倾斜，2020年他拿到了农作物种子生产经营许可证，但品种研发是个漫长的过程。“我们历经四年，终于自主培育出来晟耀25号，大大降低了裂果率，果型漂亮，一级果商品率能达到85%。现在正在大面积试种推广。”郭振全说，“种子是农业的‘芯片’。2021年中央一号文件明确提出要打好种业翻身仗，虽然目前我们还在起步阶段，但这给我们下一步发展指明了方向。”如今，郭振全的育种事业也吸引了四五位大学同学跟随他一起创业。

郭振全回到农村不仅留了下来，还带领香瓜、甜瓜种植事业有了更稳定的发展模式，这让东郭村党支部书记尚海军没有预料到。起初尚海军担心这个刚毕业的大学生对农村、对香瓜种植只有三分钟热度。郭振全回村两年的表现让尚海军踏实了许多。去年莘县河店镇团委对“乡村好青年”进行全方位培养，落实党建带团建，郭振全被推荐为村里的后备干部，积极参与村内的工作。在今年的村“两委”换届选举中，郭振全成为东郭村村民委员会的候选人，参与了此次换届。

莘县团县委推荐郭振全参加了聊城市2021年青年创新创业大赛“农行杯”乡村振兴专项赛，郭振全一路过关斩将，最终进入了决赛。今年他主动向村党组织递交了入党申请书，成为入党积极分子。他说作为一个新农人，为家乡父老干点事情的初衷始终未变。

（选文来源于《大众日报》2021年5月12日04版，记者高田，部分内容有删改）

理论篇

LILUN PIAN

第一章　开启创新之门

开篇寄语

祖国的青年一代有理想、有追求、有担当，实现中华民族伟大复兴就有源源不断的青春力量。希望你们扎根中国大地了解国情民情，在创新创业中增长智慧才干，在艰苦奋斗中锤炼意志品质，在亿万人民为实现中国梦而进行的伟大奋斗中实现人生价值，用青春书写无愧于时代、无愧于历史的华彩篇章。

——习近平

案例导读

三个庙、三个和尚、三种办法

有一句老话是这么说的："一个和尚挑水吃，两个和尚抬水吃，三个和尚没水吃。"如今，这个观点过时了。现在的观点是："一个和尚没水吃，三个和尚水多得吃不完。"

有三个庙，这三个庙离河边都比较远。庙里的和尚该怎么解决吃水问题呢？第一个庙，和尚挑水路比较远，一天挑了一缸就累了，不干了。于是三个和尚商量，咱们来个接力赛吧，每人挑一段路。第一个和尚从河边挑到半路停下来休息，第二个和尚继续挑，再转给第三个和尚，挑到庙里灌进缸中，空桶回来再接着挑。这样大家都不累，缸里的水很快就满了。这是协作的办法，也叫“机制创新”。

第二个庙，老和尚把三个徒弟都叫来，说：我们立下新的庙规，要引进竞争机制。三个和尚都去挑水，谁挑得多，晚上吃饭加一道菜；谁挑得少，吃白饭，没菜。三个和尚拼命去挑，一会儿水缸就满了。这个办法叫“管理创新”。

第三个庙，三个小和尚商量：天天挑水太累，咱们想想办法。山上有竹子，他们把竹子砍下来连在一起，然后又买来一个辘轳。第一个和尚把一桶水摇上去，第二个和尚专管倒水，第三个和尚在一旁休息。三个人轮流换班，一会儿水缸就灌满了。这叫“技术创新”。

为解决吃水问题，三个庙里的和尚通过不同的办法达到共同的目的，关键在于他们不局限于固有的思维，发扬了团结协作、良性竞争、开拓创新的精神。故事新解，给我们新的启发！

第一节　认识创新

学习目标

1. 了解创新的内涵，理解创新的特征；
2. 能够明晰创新的原则，熟练掌握创新的过程；
3. 重视创新，在生活中培养创新品质。

名人名言

此刻一切完美的事物，无一不是创新的结果。

——［英］穆勒

知识讲解

人类社会的发展史实际上就是一部不断发现、发明、创造和创新的历史，钻木取火、指南针的发明、蒸汽机的运用、云计算的诞生……这些发明创新促进人类社会一步步走上文明的更高平台。对于我们国家而言，创新是实现中华民族伟大复兴的重要支撑。对企业而言，在市场竞争激烈、产品生命周期短、技术突飞猛进的今天，创新是企业生存的根本，是发展的动力，是成功的保障。对年轻一代而言，创新是青年自身成长成才的内在需求。

一、创新的概念与特征

（一）创新的概念

创新一词起源于拉丁语，其原意有三层：第一，更新；第二，创造新的东西；第三，改变。我们可以将其定义为：创新是指人类提供前所未有的事物的一种活动。

任何创新都必须是一种首创活动。因为首创的参照对象不同，因而创新的含义也有广义和狭义之分。

广义的创新，是指虽然相对于其他人我们不是第一个，但相对于我们自己来说，是第一，是首创。比如，班级搞了一场与往年形式不同的新年联欢会，学校推行了新的工作方法，某个企业进行了管理方面的改进等。

狭义的创新，是指相对于其他人或全人类来说，我们是第一，是首创。比如，爱因斯坦发现相对论，爱迪生发明电灯等。

凡事先易后难，我们可以从广义的创新开始做起。只要我们相对于自己，有新的想法或做法、有新的观念或设计、有新的方法或途径，这就是创新。但是，广义的创新并不是我们的最终目标，因为更有价值的创新不是相对于我们自己的，而是相对于他人和社会的，真正具有推动社会进步意义的还是狭义的创新。

（二）创新的特征

创新是人类特有的、在意识支配下进行的创造性活动。一般认为创新具有以下几个特征：

1. 创造性。创新是解决前人所没有解决的问题，不是模仿、再造，而是面向未来、研究未来、创造未来。其特点是打破常规、敢走新路、掌握规律、勇于探索。

2. 高价值性。人类社会在创新实践中得以传承和发展，创新否定社会落后的方面，促进旧制度向新制度、旧体制向新体制的转化，推动人类社会由低级向高级不断演进。因而，创新具有高价值性。

3. 风险性。无论是何种形式的创新，都可能由于对客观环境（因素）的认识不足或无法适应，或对创新过程难以有效地控制而造成创新活动失败。因而，创新具有风险性。

4. 动态性。创新是一个动态的过程，创新效益的实现贯穿于整个创新活动之中。创新不是一劳永逸的，而是一个不断创造和革新的过程。

5. 快速性。成功创新的显著特点之一是快速创新。网络技术革命与网络用户的爆炸性增长叩响了新经济的大门，这是一个快速变化的时代，速度已成为创新至关重要的因素。

二、创新的类型

创新虽有大小、层次之分，但无领域、范围之限。虽然创新的种类是无穷尽的，但是若按属性划分，可以将其分为知识创新、管理创新、方法创新和技术创新四大类。

1. 知识创新

知识是人们在探索、利用或改造世界的实践中所获得的认识和经验的总和。知识创新，就是对现有的知识构成要素进行新的组合或分解，是在现有知识基础上的进步或发展、发明或创造。人们一般将知识分为自然科学知识和社会科学知识两类。因此，知识创新也可以进一步划分为自然科学知识创新和社会科学知识创新。

2. 管理创新

管理创新，就是对现有的管理构成要素进行新的组合或分解，是在现有管理基础上的进步或发展、发明或创造。管理创新可以进一步分为行政管理创新、企业管理创新、事业管理创新、团体管理创新和个人管理创新。

3. 方法创新

方法，是指人们在探索、利用或改造世界的实践中积累起来的观察问题、分析问题或解决问题的途径、程序或诀窍等。虽然人类已掌握的方法和未来的方法种类都是无穷无尽的，但是它们的本质是相同或相似的。方法创新，就是对现有的方法构成要素进行新的组合或分解，是在现有方法基础上的进步或发展、发明或创造。方法创新是永无止境的，方法创新的种类也是无穷尽的。

4. 技术创新

“技术”一词一般有两个方面的含义：一是指人们在探索、利用和改造自然界和社会的各种物质或现象的过程中积累起来的，并在生产劳动或社会实践中体现出来的经验和知识；二是泛指各种操作技巧。

三、创新的过程

成功的创新一般要经历以下四个阶段：

1. 寻找机会

创新活动始于发现和利用秩序的某种不协调现象，这些不协调为创新提供了有利的机会。例如，技术的发展与变化、宏观经济环境的变动、市场消费的不确定性等都会造成系统的不协调，从而为创新提供了重要源泉。

2. 提出构想

若要解决系统的不协调，促进系统的健康发展，必须运用各种创新原理和方法，进行深入思考、分析、比较、联想和综合，以此酝酿出创新的构想。俄国化学家门捷列夫在分析了当时已知的 63 种元素的性质和原子量的关系之后，创造性地揭示出化学元素性质与原子量之间的关系，列出了化学元素周期表。

3. 实施创新

这是将构想形成的方案变成计划并加以实施的过程。计划与实施是创新成果出现前进行艰苦思考和劳动的时期，是一个反复思考、不断摸索乃至不断失败、不断提高的过程。一旦成功，创新成果得以实现；一旦失败，要坚持下去，不能半途而废。创新的成功在很大程度上要归因于“最后五分钟”的坚持，正如伟大的发明家爱迪生所说：“我们的成功乃是从一路失败中取得的。”

4. 总结反馈

这个阶段主要是总结创新经验和教训，并进行成果验证和发表。

四、创新的基本原则

创新原则指的是创新活动所依据的法则或标准。创新原则有六条：系统辩证原则，比较优势原则，效益效率原则，不轻易否定、不简单比较原则，简单性原则，构思独特原则。

（一）系统辩证原则

我们在思考问题时，不仅要从正面、正向和有利的角度去考虑，而且更要从反面、反向和不利的角度去考虑。在对正面和反面的利弊得失进行综合分析后再做出决策。这普遍适用于所有的事物，是科学地思考问题的方法，更是战略思想和战略决策应遵循的思维方式。

（二）比较优势原则

无论是开发新产品、开发市场，还是开发资源、开发技术，都必须强调比较优势。比较优势原则能为创新指明方向。就一个国家而言，要使国民经济有较快速度的发展，要提高人民的物质和文化生活的水平，就必须遵循创新的比较优势原则。作为一个企业，也应当运用比较优势原则来确定企业的发展目标和发展战略。就个人来说，首先要确定奋斗目标，要考虑自己在哪些方面有创新的相对优势。

（三）效益效率原则

效益效率原则又叫市场评价原则。这一原则实质上指的是核心技术。核心技术就是技术标准与市场标准的总和，是由创新能力体现出来的。效益效率原则要求我们开发和提升人的创新能力。

创新的评价标准有两个：一是新颖性；二是价值性。新颖性是指新产品中包含的新技术、新材料、新工艺、新样式和新功能；价值性多指市场价值，市场对这种新技术的需要程度。通过创新、发明获得的产品如果不能销售出去，它就不具备实用性，而实用性则是创新成功的标志。一般来讲，创新成果的大小要通过市场进行评价和检验。效益效率原则对创新能力的开发和提升具有特别重要的意义。

（四）不轻易否定、不简单比较原则

不轻易否定、不简单比较原则是指在分析、评判各种产品的创新方案时，应注意避免轻易否定的倾向。创新具有相容性。在创新的过程中我们既不要过高地估计自己的设想，也不要轻易地否定他人的创意和构想。在创新者的头脑中应当少用“不”字，即不要轻易否定；与此同时，要注意不要随意在两个事物之间进行简单比较。

（五）简单性原则

创新的简单性原则是指对事物本质属性的认识，即不为复杂变化所迷，找出事物之间的联系。创新就是对复杂的东西进行剖析，使之变得简单。大千世界，动物、植物、微生物等一起构成千姿百态的生态奇观。如果从科学的角度看，大自然其实就是由 30 多种粒子和 110 种元素构成的。这不能不令人惊叹。其实，自然规律的表达方式非常简单。规则、规律越简单，就越能抓住事物的本质、要害和关键，就越能有效地进行创新。

（六）构思独特原则

构思独特原则是指创新者在创新过程中能见人所未见、思人所未思，或者发现虽人有所思，但思之欠深广，继而进行深入的研究与思考。独特的构思，会带来巧妙的发明，会给人以出奇制胜的感觉，令人耳目一新。

五、创新的作用

（一）创新能激发人的潜能，培养创造精神，形成创新品质

现代心理学和创造学的研究成果证明：创造性思维是人脑的属性和机能，每一个人都蕴藏着巨大的创新能力。人的创新与创新能力是可以通过教育、训练、实践激发出来并不断提升的。当代青年应发挥聪明才智，学习把握创新和创造活动内在的特征和规律，掌握创新的理论和方法体系，不断提升创新能力，更加科学、高效地开展创新活动，形成稳定持久的创新品质。

（二）创新能激活管理体制，强化竞争意识，增强企业活力

科学技术的发展推动着人类的进步与文明。企业必须通过技术革新，让科技成果转化为生产力，才能使自己的产品走向市场、满足市场需求。这就要求企业走改革、创新之路。企业的生命就是发现、创造和满足需求的循环过程。只有创新型的企业，才能充满生机和活力，才能在改革的经济大潮中搏击风浪，勇往直前。

（三）创新能促进社会发展，提高综合国力，树立强国形象

任何组织的创新实际上都是其成员的创新。社会的创新就要靠社会中每一位成员做出不懈的努力。在世界经济全球化、一体化时代，不走创新之路的民族，就会被世界抛在后面。面对激烈的国际经济竞争，我国必须用创新的思维和创新的方法，抓住有利于发展我国国民经济的契机，加快提高综合国力的步伐，提高国际竞争力，以增强民族自信心，增进国际交流，在国际上树立起强国形象。

第二节　培养创新意识

学习目标

1. 理解创新意识的内涵；
2. 理解创新精神的概念及其构成要素。

名人名言

可持续竞争的唯一优势来自超过竞争对手的创新能力。

——［美］詹姆斯·莫尔斯

知识讲解

创新能力是民族进步、经济竞争的核心；当今社会的竞争，与其说是人才的竞

争，不如说是人的创造力的竞争。如果这个世界没有创新意识，便不会有今日人类的文明；如果一个民族没有创新人才，便无从谈进步。

一、创新意识

创新意识是指人们根据社会和个体生活发展的需要，引起创造前所未有的事物或观念的动机，并在创造活动中表现出的意向、愿望和设想。它是人类意识活动中的一种积极的、富有成果的表现形式，是人们进行创造活动的出发点和内在动力，是创造性思维和创造力的前提。

创新意识包括创造动机、创造兴趣、创造情感和创造意志。创造动机是创造活动的动力因素，它能推动和激励人们进行创造性活动。创造兴趣能促进创造活动的成功，是促使人们积极探求新奇事物的心理倾向。创造情感是引起、推进乃至完成创造的心理因素，只有具有正确的创造情感才能使创造成功。创造意志是在创造中克服困难、冲破阻碍的心理因素，创造意志具有目的性、顽强性和自制性。

二、创新精神

（一）什么是创新精神

创新精神，是指具有能够综合运用已有的知识、信息、技能和方法提出新方法、新观点的思维能力，以及进行发明创造、革新的意志、信心、勇气和智慧。

（二）创新精神的构成

具体来讲，创新精神的内涵包括以下五个方面：

1. 好奇心

好奇心是一种强烈的求知欲和追根究底的探索精神。要想在创新领域取得成功，就必须有强烈的好奇心。好奇心可以激发人们创新的兴趣和欲望，并驱动创新活动。例如，牛顿少年时期就有很强的好奇心，他常常在夜晚仰望天上的星星和月亮。星星和月亮为什么挂在天上？星星和月亮都在天空运转着，它们为什么不相撞呢？这些疑问激发了他的探索欲望。后来，经过专心研究，他终于发现了万有引力定律。好奇心往往是创新的起点和萌芽，我们应该带着好奇心努力向前探索。

创新金言

我没有特别的天赋，我只有强烈的好奇心。

——爱因斯坦

2. 怀疑精神

怀疑是内在的创造潜能，它激发人们去钻研，去探索。所谓怀疑，就是客观理性地审视某一现象，考虑它是否合理，是否受当时条件的束缚，找到一个质疑的点。许多科学家对旧知识的扬弃、对谬误的否定，无不自怀疑开始。对待所学习或研究的事物，我们应做到：不要迷信任何权威，应大胆地怀疑。怀疑，是我们进行创新的出发点。

| 创新小故事 |

两个铁球同时落地

古希腊学者亚里士多德认为，物体下落的快慢是不一样的。它的下落速度和它的重量成正比，物体越重，下落的速度越快。人们一直把这个违背自然规律的学说当成不可怀疑的真理。

但年轻的伽利略根据自己的经验推理，大胆地对亚里士多德的学说提出了疑问。经过深思熟虑，他决定亲自动手做一次实验。他选择以比萨斜塔作为实验场。这一天，他带了两个大小一样但重量不等的铁球，一个重10磅，是实心的；另一个重1磅，是空心的。伽利略站在比萨斜塔上面，望向塔下。塔下面站满了前来观看的人，大家议论纷纷。有人讽刺说：“这个小伙子的精神一定是有问题！亚里士多德的理论不会有错的！”实验开始了，伽利略两手各拿一个铁球，大声喊道：“下面的人们，你们看清楚，铁球就要落下去了。”说完，他的两只手同时张开。人们看到，两个铁球平行下落，几乎同时落到了地面上。所有的人都目瞪口呆了。伽利略的实验，揭开了落体运动的秘密，推翻了亚里士多德的学说。这个实验在物理学的发展史上具有划时代的重要意义。

3. 推陈出新的精神

创新精神是一种勇于抛弃旧思想旧事物、创立新思想新事物的精神。例如，不满足已有认识，不断追求新知；不满足现有的生活生产方式、方法、工具等，根据实际需要或新的情况不断进行改革和革新；不墨守成规（规则、方法、理论、说法、习惯），敢于打破原有框框，探索新的规律、新的方法；不迷信书本、权威，敢于根据事实和自己的思考，向书本和权威质疑；不盲目效仿别人的想法、说法、做法，坚持独立思考，说自己的话，走自己的路；不喜欢一般化，而是追求新颖、独特、与众不同；不僵化、呆板，灵活地应用已有知识和能力解决问题等等，这些都是创新精神的具体表现。

| 拓展阅读 |

地沟油做成的手工肥皂、不用水的宠物清洗机、家庭阳台蔬菜无土栽培装置……在12月13日下午举办的江苏农林职业技术学院第四届大学生“创新创意创业”大赛决赛上，60多件创意十足的作品集中亮相，它们不仅构思奇妙，而且具有实用性，让人大开眼界。

比赛现场，一种包装精美的手工香皂引起了不少人的注意，令围观者没想到的是，这种香皂是用地沟油制成的。“地沟油香皂是我们利用食堂三楼用过的废油，经过脱色、脱味、高温杀菌、皂化反应、倒模，制成的一种手工肥皂。”江苏农林职业技术学院茶与食品科技学院学生赵西龙介绍，地沟油、废油皂化反应后会产生大量甘油，而甘油是化妆品中不可缺少的保湿成分。

来自畜牧兽医学院的崔炎杰团队拿出的作品是宠物“无水”清洗机。这种机器不仅清洗时间短，而且能够大大减少宠物店的清洗成本。这是他们团队历时3个月出模，然后设计出来的，目前已经申报了国家的发明专利，同时也在今年的江苏省创新杯上拿到了大专组的发明制作类第一名。

此外，赛场上还出现了会跳舞的机器人、竹流滤水器、自循环水净化系统、懒人浇水装置、自动升降台盆等一系列富有创意又实用的作品。它们不但展现了当代大学生的奇思妙想和动手实践能力，还能解决日常生活中遇到的一些常见问题。

（本文节选自《现代快报》全媒体，《奇思妙想！他们居然用地沟油做成手工肥皂》，2017-12-14）

4. 科学精神

创新精神是科学精神的一个方面。例如，创新精神以敢于摒弃旧事物旧思想、创立新事物新思想为特征，同时创新精神又要以遵循客观规律为前提，只有当创新精神符合客观需要和客观规律时，才能顺利地转化为创新成果；创新精神提倡新颖、独特，同时又要受到一定的道德观、价值观、审美观的制约；创新精神提倡独立思考、不人云亦云，但并不是不听取别人的意见、孤芳自赏，而是注重团结合作、相互交流，这是当代创新活动不可缺少的方式；创新精神提倡胆大、不怕犯错误，但并不是鼓励犯错误，只是认为出现错误认知是科学探究过程中不可避免的；创新精神提倡不迷信书本、权威，并不是反对学习前人经验，因为任何创新都是在前人成就的基础上进行的。总之，要用全面、辩证的观点看待创新精神。只有具有创新精神，我们才能在未来的发展中不断开辟新的天地。

5. 冒险精神

创新有着独特的风险与内在的不可预见性，它是变化不定且难以控制的。所以，创新实质上是一种冒险，创新需要冒险精神。比如，否定人们习惯了的旧思想可能会招致公众的反对。这种冒险不是危及生命安全的冒险，而是一种合理性冒险。我们要最大限度地挖掘自己的创造潜能，勇于冒险。患得患失，左顾右盼，不敢承担任何风险，也就不会做出任何创新之举。

三、青年学生创新意识的培养

长久以来，创新本身的复杂性给创新蒙上了一层神秘的面纱，创新能力被视为少数人的天赋。但大量事实证明，创新不仅仅属于天才，普通人经过开发训练，一样可以培养创新意识，进行创新活动。青年学生如何培养创新意识，可以从几个方面进行努力：

（一）突破思维障碍

客观事物是复杂的，而人的思维特点是一旦沿着一定的方向、按着一定的次序去思考，久而久之就会形成一种惯性，遇到类似的问题或表面看起来相同的问题，就会不由自主地按着原来的方向或次序去思考，这就是思维惯性。如果经常以这种思维惯性来对待客观事物，就会形成非常固定的思维模式，这就是思维定式。

思维惯性和思维定式合称为思维障碍。这是一种“思维枷锁”，会阻碍头脑对新知识的吸收，阻碍新观念、新方法的产生。要想突破思维障碍，就要首先了解思维障碍的类型，并根据其特征进行针对性的训练，逐步突破思维障碍的束缚。

1. 从众型思维障碍

从众型思维障碍，是人们不假思索地盲从众人或环境所产生的一种“随大流”的认知与行为。“从众”几乎是每个人都有的思维倾向，其突出的表现是人云亦云，没有独立思考的品格。从众心理在一定程度上会磨灭人的个性，妨碍产生有创见的思想，压抑人的独立思考和创新精神。当一个人陷入盲从他人的心理状态时，必然与创新绝缘。

2. 权威型思维障碍

权威型思维障碍，是指人们对权威人士的言行的一种不自觉的认同和盲从，不假思索地以权威的是非为是非，缺少“自我思索、冲破权威、勇于创新”的意识。若一味盲从权威，人们的思维就会失去积极主动性。

3. 经验型思维障碍

经验型思维障碍指人们过分依赖经验，形成固定思维模式，不自觉地用已有的经验和某种习惯性的思维方式去思考已经变化的问题。经验具有相对稳定性，然而正因为这些经验的稳定性又可能导致人们对经验的过分依赖，从而形成固定的思维模式，结果就会削弱人们的想象力，造成创新思维能力的下降。从思维的角度来说，经验具有很大的狭隘性，它束缚了人的思维广度。而创新思维要求大学生必须拓展思路，束缚越少越好。

| 创新小故事 |

溴发现了波拉德

有机化学的奠基者——德国化学家李比希在从海藻中提取碘时，发现在被提取过的碘母液中，有一层带有刺激性气味的深褐色的液体。他根据以往的经验，想当然地在试剂瓶上贴上“氯化碘”的标签，并放置在药品柜，不再触及。同年，大学刚毕业的法国青年波拉德却从这种液体中发现了新元素——溴，并向人们介绍了溴元素的发现过程。李比希看后急忙从药品柜中取出那瓶“氯化碘”，重做波拉德的实验，结果证实那已是浓度很高的液态溴。李比希非常惋惜，于是发出感慨：“不是波拉德发现溴，而是溴发现了波拉德。”

4. 书本型思维障碍

书本型思维障碍，是指人对书本知识的完全认同与盲从。书本给我们提供了一种系统化、理论化的知识，是千百年来人类经验和体悟的结晶。但如果我们一味地死读书，也不会有好的效果。大学生不应该成为书本的奴隶，而应该活学活用，读书不为书所累，“睹一事于句中，反三隅于字外”，做书本的主人，善于驾驭知识，理论联系实际。否则，死扣书本将严重影响一个人创新思维的发挥。

| 经典案例 |

马谡失街亭

三国时期的街亭之战中，熟读兵书、谙熟兵法的马谡，既不按照孔明的计划行事，也不听王平劝阻，一意孤行地按照兵书的老套路在山上屯兵，寄望按书本上的“凭高视下，势如破竹”，若敌兵截断水道，创造“背水一战，以一当十”的神奇战例。但蜀军被围之后非但没有“以一当十”，反而“军心自乱，不战而溃”。

5. 自我中心型思维障碍

自我中心型思维障碍是指人们想问题、做事情时完全从自己的主观认识、主观利益出发，主观武断地看问题，而不顾周围的客观实际，从而导致对问题的错误判断。现实生活中事物之间的联系复杂多样，不能以自我为中心，而要根据环境、具体情况进行深入、具体的分析。

6. 直线型思维障碍

直线型思维障碍是指人们面对复杂多变的事物，仍用简单的非此即彼或者按顺序排列的方式去思考问题，而不善于从侧面、反面或多角度迂回地思考问题。这种思维方式在解决简单问题的时候能奏效，但是在解决复杂问题的过程中就容易犯错误。我们在学习和生活中，要尽量避免直线型思维障碍的误导。

（二）充分激发创新思维潜能

1. 多掌握知识

首先，要多积累知识。尽量多读书，多积累知识。其次，要树立不断学习的观念。社会不断发展，科技不断进步，知识不断更新，想要跟上时代步伐，就要不断学习。再次，要培养自己的兴趣。

2. 多总结经验教训

注意发现和总结前人创新的经验教训。这个过程可以让我们发现创新中的很多问题，通过改变方法和途径，成功地解决目前我们遇到的一些难题。

3. 多借鉴他人经验

将他人的经验与自己的创新进行完美结合，在实践中提高创新能力，培养创新意识。

（三）积极投身社会实践

创新来源于生产实践，离开了生产实践，创新必然成为空中楼阁。当前，国家十分重视职业教育。中职学校大都拥有大量的实习实训的设施和设备，这不但能满足学生技能训练的需要，而且能满足学生开展创新活动的需要。此外，针对学生的年龄特点和个性差异，学校也经常组织一些课外活动，成立各种协会。丰富多彩的课外活动，能增长学生的才干，充分展现学生的个性，使学生的创新能力得到很好的发挥。

| 拓展阅读 |

创新能力人人都有。一般来讲，一个人的学历越高，知识越丰富，其创新能力就越大。但是，知识与能力并不是完全对等的，知识水平的高低不能决定一个人创新能力的高低。从创新能力培养的角度看，知识水平高的人更容易受各种思维定式的约束。相反，有些知识水平不高的人，不易受条条框框的束缚，反而具有较强的创造力，如果注重对创新精神和创新能力的培养，最终也能取得令人羡慕的成绩，为社会的发展做出贡献。古今中外，很多人的成功已经证明了这一点。例如：

李春：石匠，设计了赵州桥；

李时珍：落第书生，成长为药物学家；

华罗庚：店员，成长为著名数学家；

齐白石：木工，成长为国画艺术大师；

瓦特：工人，发明了蒸汽机；

斯蒂芬森：放牛娃，发明了火车；

高尔基：杂工，成长为伟大的文学家。

还有大家熟悉的爱迪生，他并未接受过很好的学校教育，一生却有2000多项发明、1000多项专利，平均每15天就有一项发明。他的许多发明改变了人们的生产和生活方式，扩大了人类活动的范围，甚至改变了世界。

青年学生有较强的领悟力，善于接受新事物，思维活跃，只要肯用心，肯努力，一定可以在创新创业的时代浪潮中闯出自己的天地。

【自我检测】

1. 什么是创新？创新有哪些特征？

2. 什么是创新意识？

3. 什么是创新精神？该如何培养创新精神？

【拓展训练】

1. 运用头脑风暴法思考矿泉水瓶的用途，然后进行小组交流，看看谁想出的用途最多，谁的想法最具创新性。

2. 每位同学列出至少3种可以进行改进或创新设计的学习用品或生活用品，说明改进的具体方向和方法，并做出实物，在班级内部展览、评比。

【阅读推荐】

1. 电影《社交网络》

影片的故事原型来源于社交媒体脸书（Facebook）的创始人马克 · 扎克伯格和埃德华多 · 萨瓦林，影片主要讲述了他们两个人是如何建立和发展脸书的。该影片告诉我们，脸书这一社交媒体并不是凭空发明创造出来的，而是源于人们的现实生活需要。创造发明一个新的产品，应该以满足人们的生产与生活需求为目标，这样的产品才具有生命力。

2. 纪录片《创新中国》

该纪录片由中央电视台联合深圳市委宣传部于2018年1月22日推出。该片主要讲述了最前沿的科学突破、最新潮的科技热点，聚焦信息技术、新型能源、中国制造、生命科学、航空航天与海洋探索等前沿领域，用鲜活的故事记录中国伟大的创新实践。

第二章 启动创新思维

开篇寄语

古往今来，那些在事业上有所建树、有所作为的人，都是创新思维能力很强的人。他们凭借高超的创新思维能力，对事物进行优化组合、正确评价，对信息进行科学判断、认真梳理，对难题进行多维思考、纵深开掘，靠智慧、靠创新开拓了事业、造福了社会。创新思维对于人类社会发展有着重要作用，是人类社会进步革新的推动力。

案例导读

如何拆迁

20世纪90年代初，北京有一个文化馆需要重新修建，周边住着大概100户居民。按照北京当时的物价，100户居民拆迁，大致需要2000万元。但是上级主管部门只拨了1400万元，也就是每户14万元。还差600万元，即每户少给6万。怎么办呢？

按照惯性的思维，主要是通过做思想工作，从修建文化馆给人们带来的好处，要有顾全大局意识等方面来说服居民。但是这种做法效果不好，拆迁户都不予理睬，因为他们没有地方住。后来又有人提出，如果说服不行，来硬的——强拆。强拆于情于理都不合适，而且这在北京的市中心也是不可能的。后来请来个叫何杨的人（这个人靠卖点子成了百万富豪），他说：我给你们想一个点子，如果这100户人家搬到郊区比较方便的地方，在那里买块地，盖上楼，800万元就可以解决这些人的住房问题，每户多出的6万元可以买一部微型轿车送给他们，来解决交通问题。大部分搬迁户很开心，一下子有车又有房了，还改善了住房条件，但还有几个人愁眉苦脸：我都72岁了，谁帮我开车？难道我自己学开车吗？这时，何杨又出了个主意，这100辆车，不要发给每一户，要成立一个出租车公司，这100户人家都是投资者，他们平时要乘车，打一个电话，不管是哪，免费接送。根据出租车公司的经营情况年底分红，大家都变成了公司老板。这个点子一出，老老少少都开心。从经济的角度来说，这个点子价值600万，可见创新思维的作用有多大。

第一节　认识创新思维

学习目标

1. 掌握创新思维的含义和特征；理解创新思维的基本活动过程。
2. 了解创新思维的作用。
3. 在生活和学习中注意培养创新思维。

名人名言

道在日新，艺亦须日新，新者生机也；不新则死。

——徐悲鸿

知识讲解

当今社会，人类的生活离不开各种创造与创新活动，创业更是如此。若要取得创业成功，则需积极培养自己的创新思维。

一、创新思维的含义

创新思维是指以新颖独创的方法解决问题的思维过程。创新思维能使我们突破常规思维的界限，以超常规甚至反常规的方法、视角去思考问题，提出与众不同的解决方案，从而产生新颖的、独到的、有社会意义的思维成果。它促使主体在理论或实践需要的驱动下，以一定的理论知识和实践经验为基础，充分发挥能动作用。

创新思维是进行创新实践活动的基础条件，是思维的高级形式。培养大学生的创新思维是提高大学生创新能力的关键。

二、创新思维的特征

创新思维的特征主要包括独创性、多向性、综合性、联动性和跨越性。

（一）独创性

这是创造性思维的基本特点。创造性思维活动是新颖的独特的思维过程，它打破了传统和习惯，不按部就班，而是向陈规戒律挑战，对常规事物怀疑，锐意改革，勇于创新。

在创造性思维过程中，主体的思维积极活跃，能从与众不同的新角度提出问题，探索开拓新领域，以独到的见解分析问题，用新的途径、方法解决问题，善于提出新的假说，善于想象出新的形象。主体在思维过程中能独辟蹊径，标新立异，革新首创。

| 拓展阅读 |

人人都可能是发明家

在日常的生活、学习、工作中，人们进行了大量的创新活动。翻开人类社会发展的历史，你会发现几乎人人都有可能成为发明家，成为创新者。例如，把世界上第一架载人动力飞机送上天的美国人莱特兄弟未上过大学，发明火车的史蒂文森是一个煤矿的小办事员，发明轮船的美国人富尔顿是一个画匠，发明水力纺纱机的英国人阿克莱特是个理发师，发明水力织布机的卡特莱特是个牧师，发明显微镜的荷兰人列文虎克是绸布店的售货员，发明发电机的法拉第是书店的装订工，发明电话的贝尔是聋哑学校的教师，发明照相机的法国人达盖尔是画家，发明坦克的斯文顿是一名英国记者，发明方便面的吴百福是在日本做生意的中国台湾商人。由此可以看出，每个人都具有创新的潜力。

（二）多向性

具有创造性思维的人不受传统的单一思想观念的限制，他们思路开阔，能提出较多的设想和答案。思路若受阻，遇有难题，他们往往会从新的角度去思考，善于巧妙地转变思维方向，想出解决问题的新办法。

| 拓展阅读 |

早些年，人们对用煤油代替汽油在内燃机中使用这一点一直持怀疑态度，因为煤油不像汽油那么容易汽化。后来，有个人看到一种长有红色叶子的野花，能够在早春季节的雪地里开放。由此他进行了大跨度的联想：因为煤油吸收热量比汽油慢，所以煤油不像汽油那样容易汽化。野花能依靠红叶子在微寒的早春雪地里快速地吸收热量而存活，如果把煤油染上红色，也许也会像红叶子那样更快地吸收热量。经过试验之后，结果正如他所料，煤油汽化的难题解决了。这样煤油就可以同汽油一样在内燃机中使用了。

（三）综合性

创造性思维能把大量的观察材料、事实和概念综合在一起，进行概括、整理，形成科学的概念和体系。具有创造性思维的人能对已有的材料加以深入分析，把握其个性特点，再从中归纳出事物规律。

（四）联动性

创造性思维具有由此及彼的联动性。创造性思维的联动方向有三个：一是纵向，即针对某一现象进行纵深思考，探究其产生的原因；二是逆向，即发现一种现象，则想到它的反面；三是横向，能联想到与其相似或相关的事物。总之，创造性思维的联动性表现为由浅入深、由小及大、触类旁通、举一反三，从而获得新的认识、新的发现。

| 拓展阅读 |

西安宝石轴承厂厂长李照森及其夫人发明的锅巴片，获得了国家专利，其生产技术已在十多个国家和地区获得专利权。太阳牌系列食品已成为风靡全国、跻身国际市场的名牌产品。仅 1990 年，西安太阳食品集团的食品销售量高达 25000 多吨，销售收入达 15 亿元。

一次偶然的机会，李照森陪客人到西安饭庄进餐，发现客人对一道用锅巴做原料的菜肴极感兴趣，于是引发了以下联想："锅巴能做菜肴，为什么不能成为一种小食品呢?""美国的薯片能风靡全球，作为烹任大国的中国，为什么不能创出锅巴小吃走出国门呢?"接着就是试制、成功、投产、走俏。

之后，李照森夫妇进一步展开联想：既然搞成了大米锅巴，当然还可以用其他原料做成别样风味的锅巴。一时间，小米锅巴、五香锅巴、牛肉锅巴、麻辣锅巴、孜然锅巴、海味锅巴、黑米锅巴、果味锅巴、西式锅巴、乳酸锅巴、咖喱锅巴、玉米锅巴等产品不一而足、琳琅满目。既然锅巴畅销，那么与锅巴类似的食品也相继开发问世，如虾条、奶宝、萝宝、麦圈、菠萝豆、营养箕子豆等。这些风味多样的新产品使小食品市场五彩缤纷，也使西安太阳食品集团赚得金银满钵。李照森夫妇运用联想思维进行创新，从以锅巴做原料的菜肴以及美国的薯片风靡全球，联想到将锅巴做成小食品投入市场，从而获得成功。

（五）跨越性

创造性思维的思维进程带有很大的跨越性，有很多省略了思维步骤，思维跨度较大，具有明显的跳跃性和直觉性，往往带给人们巨大的震撼和惊喜。

三、创新思维的过程

创新思维的基本活动过程包括以下四个阶段：

（一）准备阶段

这是进行创造性思维活动的第一阶段。在该阶段，主要任务是收集和整理资料，储存必要的知识和经验，准备必要的技术、设备及其他有关条件等。尤其要对前人在这个领域内所积累的知识和经验有比较全面的了解，对必要的专业知识进行深入学习，进而产生创新的需求，在发现问题的基础上提出问题，为下一阶段的创新做好准备。

（二）酝酿阶段

在该阶段，主要对前一阶段所获得的各种资料、知识进行消化和吸收，从而明确问题的关键所在，并提出解决问题的各种假设与方案。有些问题经过反复思考与酝酿，仍然难以找到答案，通常会暂时搁置，出现思维“中断”的现象。但是这些问题仍会不时地出现在人们的头脑中，甚至转化为潜意识，这就为顿悟阶段打下了基础。不少创造者在这一阶段往往表现为狂热或如痴如醉的状态。我们所非常熟悉的牛顿煮手表、安培不认识自己的家门以及黑格尔思考问题时竟在同一地方站了一天一夜等故事，都充分说明了处于这一思维阶段中的人常常被认为是“某种程度上的狂人”。

（三）顿悟阶段

经过前面的准备和充分酝酿后，人的创新性思维已达到相当成熟的程度。经过深思熟虑、反复尝试之后，人的思维常常会进入“豁然开朗”的境地，从而使问题得到解决，这在心理学上被称为“顿悟”或“灵感”。灵感的出现无疑对问题的解决十分有利，然而，灵感是在上一阶段的长期思考或过量思考的基础上才会产生的，没有苦苦的“过量思考”，灵感是绝对不会到来的。

（四）验证阶段

这一阶段又叫作表现阶段、实施阶段，也就是通过理论推导或者实际操作来检验前面所提出的假设或方案的正确性、合理性和可行性，从而付诸实践。通过检验，很可能会把原来的假设方案全部否定，也有可能做部分修改或补充。创造性思维常常不能一举就获得完满的成功。

以上四个阶段是相互联系、相互影响的。前一阶段是后一阶段的准备，后一阶段是前一阶段的发展。

第二节　开发创新思维

学习目标

1. 掌握发散思维、收敛思维、想象思维、联想思维、逻辑思维的含义。

2. 能够运用方法训练自己的发散思维、收敛思维、想象思维、联想思维、逻辑思维。

3. 积极主动地开发自己的创新思维。

名人名言

创新时代实际上是信息时代的天然的伴随物。尽管我们掌握了新的信息，但仍然有薄弱环节，它不是出现在信息的创造上，也不是出现在信息的贮存上，甚至也不在信息的获取上，而是出现在利用新的信息去做新的事情上。

——［美］吉福德·平肖第三

知识讲解

创新思维人人都有，但因人而异。有的人创新思维发达，有的人创新思维匮乏。青年学生要开创自己的事业，则要在生活和工作中有意识地培养和丰富自己的创新思维。下面围绕发散思维、收敛思维、想象思维、联想思维、逻辑思维的培养方法展开，以促进我们进行自主训练。

一、发散思维

（一）发散思维的含义

发散思维指人在思维过程中，无拘无束地将思维由一个点向四面八方展开，从而获得众多解决问题的设想、方案和办法的思维过程。发散思维具有流畅性、变通性、独特性的特点。发散思维要求思维视野广阔，思维呈现出多维发散状，如“一题多解”“一事多写”“一物多用”等。

（二）发散思维的训练

在训练时，要求对所遇到的问题，通过发散性的想象活动，将人们大脑内已有的记忆表象和概念等进行反复的重组、改造，以便产生尽可能多的设想。而且不对这些设想进行选择（选择是逻辑思维或收敛思维的事情），只要全力以赴地让思想尽可能地发散就行。

| 思维训练 |

1. 关于材料性能选择的发散思维训练：（1）衣服都是用棉、毛、麻和人造纤维做的，还可以用什么材料做？请尽量多地列举。（2）如果可以不计算成本，还可以用哪些材料做镜子？（3）要研制新的香皂，你还可以设计出哪些香型？（4）你是否能设计出具有不同优越性能的多种塑料？（5）你对电话机的铃声可以做哪些改变？

2. 关于形态选择的发散思维：（1）如果你是服装设计师，你将设计出哪些新颖的裤腿的形状？（2）不考虑安装是否方便，画出你认为美观新奇的窗口的形状。（3）你能设计出更漂亮新颖的伞的形状吗？（4）你认为在超市里安装监视器，可以安装在哪些位置？（5）如果在自行车上装一个打气筒，可以装在哪些部位？

3. 关于方式方法选择的发散思维：（1）要调动学生学习的积极性，有哪些方式可以运用？（2）对一门课程来说，你认为可以有哪些考试方法？（3）如果你设计一种新型的冰箱，在结构方式上可做哪些改变？（4）如果你来到一个从未到过的城市，把朋友的地址和电话号码丢了，你有哪些办法可以找到他？

二、收敛思维

（一）收敛思维的含义

收敛思维是一种寻求唯一答案的思维，其思维方向总是指向问题中心。收敛思维是创新及其思维活动中，与发散思维相辅相成的一种思维形式。具有封闭性、连续性、求实性的特征。

（二）收敛思维的训练

收敛思维是我们日常生活中较为普遍使用的思维方法，但由于收敛思维常常不能单独使用，而要在发散思维的基础上才能得到运用，所以，为了尽快获得实用性的结果，两者也就不必截然分开，而应尽可能地做到相辅相成。

我们在运用收敛思维时，应注意以下几个方面：注意使用收敛思维的恰当时机；把握好收敛思维的度；在收敛思维和发散思维之间保持适度的张力；善于积累和运用知识和经验；熟练掌握逻辑思维的方法。

| 思维训练 |

我们可以试着进行以下收敛思维训练：

（1）请说出家中发光又发热的东西，找出它们的共同点。

（2）铜、铁、铝等金属有哪些共同的属性？

三、想象思维

（一）想象思维的含义

想象思维是人类进行创新活动的又一重要的思维的形式。想象思维是人脑通过形象化的概括，对脑内已有的记忆表象进行加工、改造或重组的思维活动。想象思维可以说是形象思维的具体化，是人脑借助表象进行加工操作的最主要形式，具有形象性、概括性、超越性的特征。

（二）想象思维的训练

要提高想象思维能力，必须通过不断实践和训练才能稳定下来，进而成为自身的一种素质。人刚生下来时并不具有想象能力，只有在他的大脑中建立了相当水平的表象系统后，才可能具有想象能力，而建立表象系统的过程，就是与外界不断接触、输入信息的过程。

1. 想象思维的一般训练。所谓一般训练，就是个人随时随地都可以进行的自我训练。在我们的工作、学习、生活、娱乐中，都可以发现训练的机会。比如，在工作中，我们可以想象，如果换一种工作方式将会怎样？在生活中，可以想象一下，房间换一种办法布置将会怎样？做饭、炒菜改变原来的程序行不行？还可以想象多种锻炼身体的方法、休息的方式。

2. 想象思维的强化训练。强化训练是指在较短时间内，完成大量有关想象力的训练项目的训练方式。一般是采取教师指导或几个人互相训练的方式进行。

（1）无意想象训练。在清醒状态下努力达到近似梦境的催眠状态，也称为“冥想式思维法”。其操作要领包括精神放松和注意力集中两点，做到了这两点，就可以较好地进入无意想象状态。即使没有解决什么实际问题，无意想象的训练也可以锻炼我们的想象力，想象的结果也可能成为创新的参考。

（2）再造性想象训练。它是对自己脑内已有记忆表象进行检索的思维活动。比如，每题阅读2—3分钟后，立即把自己头脑里想象的东西记录下来。目前正在研制的进入人体施行手术的微型机器人，你能想象出它的工作状态吗？听到别人去“新马泰”旅游回来后的介绍，你能想象出哪些热带风光特点？

（3）创造性想象训练。所谓创造性想象，是通过对已有记忆表象的加工、改造、重组的思维操作活动，产生出新的形象。其核心是必须有新的形象产生。在给出信息的基础上，大胆想象，形成新的形象，并提出解决问题的方法。比如，我们可以想象一下可能存在的外星人的外表和动作特征；塑料制品废弃后，造成了“白色污染”，对此，我们可以设想一下，有哪些好的解决办法？居家防盗是人们十分关注的一个问题，除了安防盗门、指纹锁，你还能想出哪些高招？

（4）幻想性想象训练。幻想性想象是创造性想象的一种极端形式，其特点是幻想的结果远远超出了现实的可能性，甚至是很荒谬的，但其中也包含了创造的成分，或者是创造的先导。比如，我们可以想象一下，由于雨量不均匀，世界上有的地方发生旱灾，同时有的地方却发生洪涝灾害，有什么办法解决这个问题？根据我们现在的居住条件和环境，你对于未来的住房在舒适程度、节约能源方面有哪些更出色的想法？假如让你负责开发一个无人农场或牧场，你会采取什么方法、手段呢？

四、联想思维

（一）联想思维的含义

联想思维，是由某一事物的概念、方法、形象想到另一事物的概念、方法、形象的心理活动。它可以由眼前的某个事物形象想到记忆中的另一个事物的形象，也可以由记忆中某个事物的形象想到记忆中另一个事物的形象。思考者既能通过某一事物形象的激发而联想到另一事物的形象，也可以由受到某一抽象概念的激发而联想到另一事物的形象。美国创造学家戈登认为，世界上万事万物都是相互联系的，人们可以通过联想等发现事物间的这种联系，从而获得创造性成果。

| 经典案例 |

神奇“隐身衣”

苏联卫国战争期间，列宁格勒遭到德军的包围，经常受到德国飞机的轰炸。在这个紧急关头，苏军伊凡诺夫将军视察战地，看见有几只蝴蝶在花丛中时隐时现，令人眼花缭乱。这位将军随即产生联想，并请来昆虫学家施万维奇，让他们设计出一套蝴蝶式防空迷彩伪装方案。施万维奇参照蝴蝶翅膀花纹的色彩和构图，结合防护、变形和仿照三种伪装方法，将活动的军事目标涂抹成与地形相似的巨大多色斑点，并且在遮障上印染了与背景相似的彩色图案。就这样，苏军数百个军事目标披上了神奇的“隐身衣”，大大降低了重要目标的损伤率，有效地避免了德军飞机的轰炸。

（二）联想思维的训练

联想思维可以在日常生活中培养和自我训练，也可以在教师的指导下根据参考议题进行强化训练。只是应注意以下几点：第一，在读完题目后，要立即进入题目的情境，设身处地地进行联想。虚拟的情境越逼真，效果就越好。第二，开始联想后，每联想到一件事物，就在题目后按表的形式填写相关的内容，直到不能再想为止，但不要急于求成。第三，一般可用2—3分钟完成一道题目，时间一到，马上转入下个题目。

联想思维训练的参考议题：

（1）空间接近联想：看到动物园里的动物时，你会联想到什么？遥望星空，你将产生怎样的联想？（2）时间接近联想：深秋，看到满地的落叶，会引起你什么联想？“五四”两个字，能引起你哪些联想？（3）外形相似联想：看到田野中的麦浪，会引起你怎样的联想？看到一位老人在搓麻绳，你会产生什么联想？（4）意义相似联想：水杯漏水，你有什么联想？天上忽然打雷，声音很大，在吃惊之余，你联想到什么？（5）对比联想：看到工人把较粗的钢棒切成细长的长轴时，你可以联想到什么？看到被污染的河流，你会产生哪些联想？（6）因果联想：听说某航班发生了空难事故，你会产生哪些因果联想？你去某单位应聘，被告知一个星期后听通知，但一个星期后你并没有收到通知，你会产生哪些联想？

五、逻辑思维

（一）逻辑思维的含义

逻辑思维是指大脑思维活动依据逻辑的规律和形式进行的思维，包括形式逻辑和辩证逻辑。逻辑的形式，简单地说，就是逻辑的概念、判断和推理。逻辑的结构，最基本的就是三段论，其结构是这样的：①因为所有M都是P；②又因为所有S都是M；③所以，所有S都是P。逻辑思维的基本规律有：同一律、矛盾律、排中律、充足理由律。其实，我们平时所说的定义、划分、观察、证据、实验、假说、验证等方法，都是建立在逻辑思维基础上的。

（二）逻辑思维的训练

尽管逻辑思维在许多情况下不能直接产生创新性的思维结果，但是离开逻辑思维，创新思维也不能完美地进行，创新活动也就不能达到最终的目的。逻辑思维解决的是准确性的问题，创新思维解决的是新颖性的问题。只有把这二者结合起来，才能使思维结果既新颖又准确。正因如此，我们在重视创新思维的同时，也不可忽视逻辑思维。一般情况下，大家掌握的逻辑思维方法远没有达到严密、精深的程度，仍然需要进行科学的、严格的训练。

在进行逻辑思维训练时，需要严格遵循逻辑法则，不能发生逻辑混乱。对于每一句话，每一个字，都要仔细琢磨；对于每句话之间的关系要认真研究。特别是基本的思路一定要严格依照“三段论”的路线，一步一步地推导递进。在研究案例的时候，一定要深思熟虑，仔细推敲，不可想当然，也不可轻易下结论；要善于总结经验，掌握逻辑思维的规律。熟能生巧，举一反三，在此基础上，充分发挥逻辑思维对创新的积极作用，克服其局限性。

| 经典案例 |

1982 年 2 月，墨西哥的一座火山爆发了。美国的决策部门马上决定，促使粮食涨价。这两者之间到底有什么关系呢？原来，美国人经研究，认为火山爆发必然产生火山灰。大量的火山灰进入天空，将遮住大量的太阳光，使地球气候变冷。同时，尘埃在大气中形成了可使水蒸气凝结的“核”，水蒸气得以聚集，成为雨，全球的降雨量就增加了。

就是说，墨西哥火山的爆发，将导致世界气候出现低温多雨。一些地区的多雨又影响到另一些地区干旱少雨。这样，就会导致世界性的粮食减产。而美国 1981 年正好粮食大丰收，仓库里积压了大批粮食，粮价下跌。根据上面的分析，美国决定在 1983 年减少粮食种植面积的三分之一，以便使粮价上扬。

事情的发展果然如美国所预料的那样，1983 年世界气候恶化，农业欠收，不少国家要求从美国进口粮食。美国达到了囤积居奇的目的，卖光了积压的粮食，粮价还比往年高了 1.6 倍，从而大大赚了一笔。

以上例子说明，在预测活动中，要运用逻辑思维，而正确地分析因果之间的关系，是逻辑思维最主要的推理依据。

第三节　常用的创新技法

学习目标

1. 了解常用的创新技法及其运用原则；
2. 能在实际生活与工作中灵活运用创新技法。

名人名言

方法是任何事物所不能抗拒的、最高的、无限的力量。

——［德］黑格尔

最有价值的知识是方法的知识。

——［法］笛卡尔

知识讲解

创新技法是从我们的创造活动实践中总结和提炼出来的帮助开展创造性活动、消除习惯性思维障碍的辅助性工具。创新技法的实质，就是把各种创新思维方式演变成可操作的具体创造法则。俗话说："得法者事半功倍，不得法者事倍功半。"重视学习、总结和掌握创新技法，会使我们创造性地解决问题，提高发明创造、技术革新的成功率。

一、列举法

列举法是运用发散性思维来克服思维定式的一种创新技法。列举法将事物的属性、特征、价值、优点、缺点、可能性等细节列举出来，从逻辑上进行分析，从不同的角度尤其是新角度去思考事物的各种情形，发现问题，启发新思路。它的主要作用是克服认知不足，突破思维定式的束缚。列举法主要可分为缺点列举法和希望点列举法。

（一）缺点列举法

1. 什么是缺点列举法

缺点列举法是一种应用广泛、效果显著的创新技法。其宗旨在于通过分析研究对象各个方面的不足之处，并予以罗列，从而有针对性地提出各种设想来加以改进和完善。例如，对任何产品来说，都可以至少从6个思路方向来开展缺点列举：（1）产品的使用性能；（2）产品的经济性能；（3）产品的生产制作工艺；（4）产品的技术原理；（5）与国内外相同、相近产品的对比；（6）产品的外观、包装、名称、商标及专利保护等市场竞争性方面。

2. 缺点列举法的特点

缺点列举法的优点是能够使人们集中精力探究，可节省时间，容易取得显著效果，有时候只要找出原有事物的一个缺点并加以改进就能产生巨大的效益。然而，采取这一技法只能对原有事物"拾遗补阙"，它是一种被动型的创造技法。

缺点列举法的运用基础是发现事物的缺点，挑出事物的毛病。尽管世界上的万事万物都不是十全十美的，都存在着缺点，然而并非每一个人都能想到、看到或发现这些缺点。其中，主要原因是人们有一种心理惰性，对于习以为常看惯的东西，常常会认为历来如此，所以就不肯也不愿意再去寻找或挖掘它们的缺点。这样也就失去了可能取得发明成果的机会，实际上也就失去了每个人都应该具有的创造力。

缺点列举的实质是一种否定思维，唯有对事物持否定态度，才能充分挖掘事物的缺陷，然后加以改进。因此，运用缺点列举法，必须克服和排除由习惯性思维所带来的创造障碍，培养善于对周围事物寻找缺点、追求完美的创新意识。

3. 缺点列举法的实施步骤

使用缺点列举法，一般可按以下步骤进行：

尽量列举研究对象的缺点；将列出的缺点加以整理，或按缺点的性质进行归类，或按缺点的严重程度排出次序，或选出一些主要缺点；寻求改掉缺点的设想，并评价筛选出最佳方案。

（二）希望点列举法

1. 什么是希望点列举法

希望点列举法是一种积极的、主动型的创新技法，它是一种通过提出对某一问题或事物的希望或理想，进而探求解决问题的技法。

2. 希望点列举法的实施步骤

希望人人皆有，“希望点”就是指创造性强且又科学、可行的希望。希望点列举法的实施主要有以下三个步骤：激发和收集人们的需求；仔细研究人们的希望，以形成“希望点”；以“希望点”为依据，创造新产品以满足人们的要求。

| 经典案例 |

有一家制笔公司用希望点列举法发明出了一批改革性钢笔：希望钢笔出水顺利，希望绝对不漏水，希望一支笔可以写出两种以上的颜色，希望不玷污纸面，希望书写流利，希望能粗能细，希望小型化，希望笔尖不开裂，希望不用打墨水，希望省去笔套，希望落地时不损坏笔尖等等。这家制笔公司从中选出“希望省去笔套”这一条，研制出一种像圆珠笔一样可以伸缩的钢笔，从而省去了笔套。

3. 希望点列举法的注意事项

由列举希望点获得的发明目标与人们的需要相符，才能适应市场；希望是由想象而产生的，思维的主动性强、自由度大，所以通过列举希望点所得到的发明目标含有较多的创造成分；列举希望时一定要注意打破思维定式；对于通过希望点列举法得到的一些“荒唐”意见，应该用创造学的观点进行评价，不要轻易放弃。

二、组合创造法

组合创造法，是指从两种或两种以上的事物或产品中根据其原理、材料、工艺、方法、产品、零部件等不同的属性抽取合适的技术要素，进行重新组合，从而获得新的产品、新的材料、新的工艺的方法。组合创造法是一种极为常见的创新方法，目前大多数创新成果都是通过采用这种方法取得的。

组合创造法的主要形式有以下几种：

（一）功能组合

功能组合，就是把不同物品的不同功能、不同用途组合到一个新的物品上，使之具有多种功能和用途。比如，按摩椅就是按摩功能和椅子功能的结合体，具有计算功能的闹钟也是一种新的组合。

（二）意义组合

意义组合，即组合功能不变，但组合之后拥有了新的意义。比如，在文化衫上印上旅游景点的标志和名字，就变成了具有纪念意义的旅游商品。同样，一本著作有了作者的亲笔签名，其意义也会不同。

（三）构造组合

把两种东西组合在一起，使之具有新的结构并产生新的实用功能，这就是构造组合。比如，房车就是房屋与汽车的组合，它不仅可以作为交通工具，还可以作为居住的场所。电脑桌也是一种构造组合的结果。

（四）成分组合

成分组合，即两种成分不同的物品，组合在一起后产生一种新的产品。如，柠檬和红茶组合在一起，就开发出了柠檬茶；调酒师调制鸡尾酒采用的也是一种不同成分的组合。

（五）原理组合

原理组合，即把原理相同的两种物品组合在一起，产生一种新的产品。比如，将几个相同的衣服架组合在一起，就可构成一个多层挂衣架，以分别挂上衣和裤子，达到充分利用衣柜空间的目的。

（六）材料组合

材料组合，即将不同材料组合在一起而产生一种新的产品，不仅可以改善原物品的功能，还能带来新的经济效益。比如，现在电力工业使用的远距离电缆，其芯是用铁制造的，而外层则是用铜制造的，由两种材料组合制成的新电缆，不仅保持了原有材料的优点（铜的导电性能好，铁硬不下垂），还大大降低了输电成本。

| 经典案例 |

新款文具盒

日本一家叫普拉斯的文具公司，设计开发出一款组合文具，即将铅笔、小刀、透明胶带、剪刀、1米长的卷尺、10厘米长的塑胶尺、订书机、胶水等，放进一个设计精巧、轻便体小的盒子里。后来又对其进行改进提高，在盒子里安装了电子表、温度计，这个盒子甚至可以变成一个变形金刚。盒子的造型五花八门，可以千变万化。尽管其内部的文具就那么几种，但由于盒子花样多，迎合了小孩的心理和兴趣，所以销量非常大，很快成为风行全球的商品，普拉斯也成为一个知名品牌。

三、和田十二法

“和田十二法”是奥斯本检核表创新技法中的一种，源自上海市闸北区和田路小学学生的发明创造活动。该校学生创造的科技作品已有数千件，有的已被实际应用，有的已转化为商品。有关专家把同学们在发明创造活动中所采用的技法总结概括出12种，将这种方法称为“和田十二法”，又称“十二种聪明办法”。

（一）加一加

把一件物品加大、加高、加长、加宽、加厚、加多、组合，会变成什么样子？例如，豪斯菲尔德是一家音乐工业公司的技术员，他将超声检查仪“加”上计算机图像识别技术，发明了能够在人体内进行探测的CT扫描仪器，并因此获得了诺贝尔医学奖的殊荣。

（二）减一减

把物品减轻、减少、减短、减窄、减薄、减低、省略、分割，可以变成什么？把原来的操作减慢、减时、减次、减序，会有什么效果？

例如，将上衣减去袖子，就成了夹克；一封信件通常由信纸、信封和邮票三件物品组成，用“减一减”的创新思维方法，使三件变成了一件——明信片；把普通眼镜的镜片减薄减小，再减镜架，就变成了隐形眼镜。

（三）扩一扩

把物品放大、放宽、扩展功能、扩大应用领域，会有什么变化？

例如，伞是人们常用的挡雨遮阳的工具，有人将它的面积扩大、再扩大，变成了街头巷尾设摊者使用的晴雨大伞、露天海滨浴场游客使用的太阳伞，这样又增加伞的新用途。

（四）缩一缩

把原有物品压缩、缩短，会产生什么样的效果？

例如，世界上第一台电脑有一间房子那么大，重30吨。后来，科学家使用集成元件，使电脑的体积不断缩小，缩到电视机大小，而且其功能增强了，从而使电脑迅速普及到千家万户。后来，又相继出现了笔记本电脑、掌上电脑、可穿戴式电脑。电脑越来越精致、小巧的发展变化过程，就是逐步缩小体积、省略部分元器件的结果。

（五）变一变

物品在形状、颜色、功能、结构、浓度、密度、音量、味道、顺序、方式等方面能否改变？

例如，圆形铅笔变为六角形、扁圆形，不易滑手，不易从桌上滚落下来。

（六）改一改

物品的缺点、不足、不便、不安全、不美观之处如何改进？例如，因为普通门锁有需要携带钥匙、开门不方便、易被撬锁不安全等问题，人们发明了指纹锁。

（七）联一联

该事物与哪些事物可以联系起来形成新的事物？联一联，是把表面上不相关的事物联系在一起，获得出奇制胜的效果。

例如，澳大利亚曾发生过这样一件事，在收获季节里，有人发现一片甘蔗田里的甘蔗产量提高了50%。经了解发现，甘蔗栽种前一个月，有一些水泥洒落在这块田地里。科学家们分析后认为，是水泥中的硅酸钙改良了土壤的酸性，从而使甘蔗增产。这种将结果与原因联系起来的分析方法经常能使我们发现一些新的现象与原理，从而引出新的发明。由于硅酸钙可以改良土壤的酸性，于是人们研制出了改良酸性土壤的“水泥肥料”。

（八）学一学

其他事物的形状、结构、方法、颜色、性能、规格、功能、动作等，是否有值得学习和模仿之处？

例如，当索尼公司首先研制出新产品时，松下公司马上分析这种产品的优缺点，然后再生产出更合适的产品。原来松下有个原则：不当技术先驱者，而做技术追随者。

（九）代一代

能否用别的事物、材料、方法、工具来替代？

例如，美国哥伦比亚自行车公司用环氧树脂做自行车的车架，其重量仅有 1.027 千克；用这种车架装配的公路赛车，重量为 7.7—8.4 千克。这样不仅减轻了车身的重量，而且节省了大量钢材。

（十）搬一搬

把事物、设想、技术搬到其他地方，会不会实现创新？

例如，人们将激光技术运用到各个领域，发明了激光切削、激光磁盘、激光测量、激光唱盘等技术和产品。

（十一）反一反

把事物的形态、性质、功能、正反、前后、上下、横竖、里外颠倒一下，会产生什么样的效果？

例如，野生动物园一反普通动物园的常态，把将猛兽关在笼子里供游人观赏的方式改为将游人关在笼式汽车里，这样人们就可以观赏行动自由的猛兽。这一做法受到游人的欢迎。

（十二）定一定

定一定，是指为改进某种事物而确定标准、型号、顺序，或者为提高效率、避免失误而确定界限规范，从而产生的创新。

例如，茅台酒所含的对人体有益的微量元素至少在 170 种以上，远胜于普通白酒，贮存时间越长，茅台酒的保健功能越突出。贵州茅台酒股份有限公司由此采取“定一定”的方法，将每瓶茅台酒出厂前都标上年份，出厂后第二年，茅台酒价格自动上调 10%，以后逐年以此类推。这一做法被称为“价格年份制”，在中国白酒市场上是首创。

四、头脑风暴法

头脑风暴法，又称 BS 法、智力激励法、智囊法，是英文“brain storming”的直译。这是一种让参会者围绕所选议题提出各种预测、意见或想法的创造技法。1948 年由美国创造工程学家奥斯本首创。

| 经典案例 |

如何清扫电线积雪

美国的西部供电公司，因为每年的大雪压断了供电线路带来巨大的经济损失，公司想尽办法试图解决这一问题，但都未能如愿。后来，公司经理召集十几个不同专业的技术人员参加座谈会，制定了四个原则——自由思考、以量求质、延迟评判、组合运用，让大家七嘴八舌地讨论，但是一直没有好的办法。这时，一个员工半开玩笑地说："我没有什么办法了，叫上帝拿个扫把来打扫吧！"另外一个员工顿时醒悟："就给上帝一个扫把！"大家还没明白过来，他解释道："让直升机沿线路飞行，直升机产生的巨大风力可以吹散线路上的积雪！"公司领导立即拍板，并给执行扫雪任务的飞机取名"上帝"号，这真正成了让上帝来扫雪。从此，西部供电公司解决了一个大难题，每年仅此一项就节约了几百万美元的开支，节省了大量的人力，创造了良好的社会效益！

头脑风暴法的特点是以一种与传统会议截然不同的方式召开专题会议，通过贯彻若干基本原则和特殊规定，给与会者创造一种主动思考、自由联想、积极创新的特殊气氛，从而有效发挥群体智慧，以获取量多、面广、质优的发明创造新设想。这种方法的优点是，参与创造的每一个人都能受到他人设想的启发，进而由联想触发联想，这比个人思考更容易激发创造性思维；但其缺点也是显而易见的，那就是组织工作较为繁杂。

头脑风暴法的基本原则，包括以下几个方面：

（一）自由畅想原则

1. 让与会者尽可能地解放思想，不受任何传统思维和观念的束缚，不必介意自己的想法是否荒唐可笑，自由畅谈、随意想象，使思想始终保持自由发散的状态，想法越新越奇越好。

2. 让与会者充分发挥想象力，使思路做大幅度的回转跳跃，通过发散、侧向、逆向思维和联想、幻想、想象等形式，从广阔的学科领域寻找新颖的发明创造方案。

（二）推迟评判原则

创造性构思的产生有一个不断诱发、深化和完善的过程。构思在刚开始提出时似乎没有什么科学根据和实际用途，但它们可能蕴藏着极好的创意，如果过早地批判则可能会使其在萌芽阶段就被扼杀。日本创造学家丰泽雄曾说："过早地评判是创造力的克星。"因此，会议期间绝对不允许批评别人提出的设想，任何人都不能在会上做判断性结论。发言者胆怯的自谦之语、讽刺挖苦的否定之语、夸大其词和漫无边际的吹捧之语，甚至怀疑的讥笑神态、手势等，都是头脑风暴会议的大忌。因此，像那些"这根本不通""这个想法已经过时了""您的想法太妙了""这个设想真绝了""我水平有限，想法不一定行得通""我提一个不成熟的设想"之类的肯定或否定的评判均应避免。

（三）量中求质的原则

量中求质原则的关键是"质量递进效应"。谋求数量原则的目的是"以数量保证质量"。参加会议的人员不分上下级，平等相待，在规定的时间内提出设想的数量越多越好。在头脑风暴的过程中，最初的设想往往并非最佳。因此，头脑风暴法强调与会者要在规定的时间内，加快思维的流畅性、灵活性和求异性，尽可能多地提出有一定水平的新设想。

（四）综合集成原则

综合集成原则的依据是"集成就是创造"。与会者应认真听取他人的发言，并及时修正自己不完善的设想，或将自己的设想与他人的设想集成，确保提出更有创意的方案。奥斯本曾经指出："最有意思的集成大概就是设想的集成。"

上述四项原则各有侧重，相辅相成。第一条原则突出求异创新，这是头脑风暴法的宗旨。第二条原则要求人们思维放松、会议气氛活跃，这是激发创造力的保证。第三、第四条原则强调互动性，即相互启发、相互补充和相互完善，这是头脑风暴法能否成功的关键。

【自我检测】

1. 简述创新思维的特征。

2. 简述创新思维的基本活动过程。

3. 说一说有哪些创新技法。

【阅读思考】

阿西莫夫的智商

阿西莫夫是美籍俄国人，世界著名的科普作家。他曾经讲过这样一个关于自己的故事。阿西莫夫从小就很聪明，年轻时多次参加“智商测试”，得分总在160分左右，属于“天赋极高”之人。有一次，他遇到了一位汽车修理工，这是他的老熟人。

修理工对阿西莫夫说：“嗨，博士，我来考考你的智商，我出一道思考题，看你能不能回答正确。”阿西莫夫点头同意。修理工便开始出题：“有一位聋哑人，想买几枚钉子，就来到五金商店，对售货员做了这样一个手势：左手食指立在柜台上，右手握拳做出敲击的样子。售货员见状，先给他拿来一把锤子，聋哑人摇摇头。于是售货员明白了，他想买的是钉子。”

修理工接着问：“聋哑人买好了钉子，刚走出商店，接着进来一位盲人。这位盲人想要一把剪刀，请问，盲人将会怎么做？”

阿西莫夫顺口答道：“盲人肯定会这样——”他伸出食指和中指，作出剪刀的形状。

听了阿西莫夫的回答，汽车修理工开心地笑起来：“哈哈，答错了吧！盲人想买剪刀，只需要开口说‘我买剪刀’就行了，他干吗要做手势啊？”

阿西莫夫只得承认自己回答得很愚蠢。而那位汽车修理工在考问前就认定他肯定答错，因为阿西莫夫“所受的教育太多了，不可能很聪明！”

思考与讨论：

1. 阿西莫夫是一个智商极高的人，为什么会答错简单的问题？

2. 如何避免和阿西莫夫犯同样的错误？

【拓展训练】

运用头脑风暴法，对未来的手机进行创造性的设想。

第三章 迈上创业之路

开篇寄语

青年学子有朝气、有活力，富于开创和探索精神，是国家的未来、创业创新的希望。在“双创”的时代背景下，我们要顺应时代潮流，抓住历史机遇，积极投身创新创业实践，勇当“大众创业、万众创新”的先锋队和主力军。如果你选择成为一名创业者，必须做好充分的准备，认真学习、积极思考、勇于实践，经受意志品质的考验，用自己百折不挠的毅力在残酷的市场竞争中取得一席之地。

案例导读

卡梅伦·约翰逊出生于1984年，是美国最成功的青年创业家之一。18岁时，他赚到人生的第一个100万美元，21岁时已创办了12家公司。他的每一家公司都很成功，即便在金融危机最糟糕的时期。他创造的商业奇迹令许多国际商业领袖赞叹不已，《财富》世界500强中的公司纷纷邀请他担任战略顾问。

在介绍自己的创业人生时，他说：“创业的方方面面都能带给我乐趣：从灵机一动想出新点子或改进旧点子到找出和企业搭配得天衣无缝的名字，再到组建团队、开业、看着公司由起步到茁壮成长等等。在过去12年中，我成功地创办了12家企业，每一家企业都给了我独一无二的经验，每一个过程都令我着迷。创业是立足自身获得成功的最佳途径。这不仅会为你今后的生活打下经济基础，还会为你带来更多的东西：锻炼你的创造力、竞争力，全面提升你的能力、丰富你的生活。在创业的同时，你也会因为对其他人的生活有所贡献而感到满足。除此之外，也许最重要的是你赢得了自由：自由地安排时间、自由地按自己的方式行事、自由地尝试新点子并考验自己的才能。事实上，任何年龄的人都可以开创成功的事业，无论你现在是 9 岁、19 岁还是 90 岁，只要坚持自己的信念和想法，愿意冒些聪明的风险，再掌握一些成功企业家早晚必备的基本法则就足够了。”这里的“企业家必备的基本法则”就是创业实践中应掌握的知识和技能，因此卡梅伦·约翰逊的话说明创业者在创业前要认真学习一些创业知识。

第一节　认识创业

学习目标

1. 正确理解创业的概念及分类；熟悉创业模型、创业要素的内容；掌握创业的步骤。

2. 能科学测试自身的创业素质。

3. 积极主动地提高创业素质。

名人名言

“大众创业、万众创新”，核心在于激发人的创造力，尤其在于激发青年的创造力。青年愿创业，社会才生机盎然；青年争创新，国家就朝气蓬勃。

——李克强

我们正处在一场静悄悄的大变革中——它是全世界人类创造力和创业精神的胜利。我相信它对 21 世纪的影响将等同或超过 19 世纪和 20 世纪的工业革命。

——［美］杰弗里·蒂蒙斯

知识讲解

创业是一个古老而永恒的话题。历史的长河奔腾不息。纵观古今中外，从我们的祖先击石取火到液化气进入百姓人家；从电灯的发明到日光灯、节能灯的广泛使用；从蒸汽机的发明到宇宙飞船遨游太空；从第一台计算机的诞生到信息产业革命，信息化浪潮席卷全球……每一次人类的进步，每一次社会的变革，无不闪耀着创业者的智慧和灵光，无不凝聚着开拓者的艰辛和汗水。创业是人类社会发展的发动机，推动着人类社会滚滚向前，使之丰富多彩、繁荣昌盛。

一、创业的概念

从范围上讲，创业有狭义和广义之分。狭义的创业是指创办一个新企业的过程，把“创业者”称为“企业家”，把“创业”视为“创办自己的企业”，这是人们对创业最常见的理解。而广义的创业是指创造新的事业的过程，与此相应的，就是把“创业者”视为开创事业的人。综上所述，创业是指创业者通过发现和识别商业机会，组织各种资源并努力工作来创办新的企业，在组织中创办新的单位，提供新产品或新服务，以实现创业者的理想及创造价值的社会经济活动。

| 拓展阅读 |

“创业”是一个具有特定内涵的学术术语。“创业”一词的形成，最早可追溯到15世纪，当时世界经济尚处于从手工作坊向手工工场转型的时期。英国等一些西欧岛国，其工商业虽然已经得到初步发展，但受地域所限不得不寻求通过远洋贸易来促进经济的进一步发展。从事远洋贸易需要巨额资本，于是以入股合营方式设立的真正意义上的企业制度应运而生。创建远洋贸易企业无疑需要冒很大的风险，故借用“冒险”（Venture）指称“创业”。此后，“Venture”一词即广泛见诸各种有关创业活动的英文原著中。在二三百年前，“创业”一词出现在经济学文献中。

1775年，法国经济学家和作家理查德·堪提龙把在寻求机遇的过程中承担风险的行为与企业家（entrepreneur）联系在一起，认为企业家的本质就是承担风险。于是后来另一个词“Entrepreneurship”与“Venture”一起来表示创业活动。

美国管理学家彼得·德鲁克认为，创业和创业精神应运用管理概念和管理技术，使产品标准化，设计出生产流程和加工工具，制定各阶段的工作标准，这样能提高资源的使用效率，开拓新的市场，招徕新的顾客。

二、创业类型

从不同的角度划分，创业可分为不同的类型。

（一）按创业动机分类

依据创业者的身份与创业动机的不同，一般可将创业分为生存型创业、机会型创业和发展型创业，具体见表3-1。

表3-1　　按照创业者身份及目的划分创业类型

创业类型	创业者身份	创业目的	特征
生存型创业	失业人员、转业军人等	维持生存	以被动式为主
机会型创业	大学生、留学海归人员	赢得尊重和认可	以主动式为主
发展型创业	小企业主	发展已有企业	主动谋求发展或迫于竞争压力

（二）按照新企业建立方式分类

依据企业建立方式的不同，创业可以分为独立型创业、母体脱离型创业、企业内部型创业，具体见表3-2。

表3-2　　按照新企业建立的方式划分创业类型

创业类型	创业特征
独立型创业	创业者个人或创业团队白手起家进行创业
母体脱离型创业	企业内部人员从母企业中脱离出来，另立门户，新成立一个独立企业
企业内部型创业	在企业内部创业，不与母体脱离，一些大企业为了倡导创新并使其成果商业化，通过授权和资源保证等活动支持的内部创业

（三）按企业对市场和个人的影响程度分类

芬兰市场学家克里斯琴·格罗路斯认为创业依照其对市场和个人的影响程度可以分为四种类型，即复制型创业、模仿型创业、安定型创业、冒险型创业。

1. 复制型创业

复制型创业，即复制原有公司的经营模式进行创业，创新的成分很低。例如，某人原本在餐厅里担任厨师，后来离职自行创立一家与原服务餐厅类似的新餐厅。新创公司中属于复制型创业的比率虽然很高，但由于这种类型创业的创新贡献较小，缺乏创业精神的内涵，因而这种类型的创业基本上只能称为“如何开办新公司”。

2. 模仿型创业

模仿型创业，对于市场虽然也无法带来新价值的创造，创新的成分也很低，但其与复制型创业的不同之处在于：创业过程对于创业者而言具有较大的冒险成分。例如，某一纺织公司的经理辞掉工作，开设一家当下流行的网络咖啡店。这种形式的创业具有较高的不确定性，学习过程长，犯错几率大，其代价也较高。这种创业者如果具有较高的创业能力，且经过了系统的创业培训，掌握了正确的市场进入时机，就有很大机会可以获得成功。

3. 安定型创业

安定型创业，虽然为市场创造了新的价值，但对创业者而言，其本身并没有面临太大的改变，因为创业者做的也是比较熟悉的工作。这种创业类型强调的是创业精神的实现，也就是创新的活动，而不是新组织的创造。企业内部创业即属于这一类型。例如，研发单位的某小组在开发完成一项新产品后，继续在该企业部门开发另一项新产品。

4. 冒险型创业

冒险型创业，除了给创业者本身带来极大的改变，创业者个人前途的不确定性也很高；对新企业的产品创新活动而言，也将面临很高的失败风险。冒险型创业是一种难度很高的创业类型，有较高的失败率，但成功后所得的报酬也很惊人。这种类型的创业如果想要获得成功，必须在创业者能力、创业时机、创业精神发挥、创业策略研究与拟定、经营模式设计、创业过程管理等各个方面，都要有很好的搭配。

三、创业要素

创业是一个复杂的系统。被称为“世界创业教育之父”的杰弗里·蒂蒙斯提出：创业过程涉及机会、团队、资源三个核心要素，三个要素之间相互影响，共同推动创业的进展，如图3-1所示。

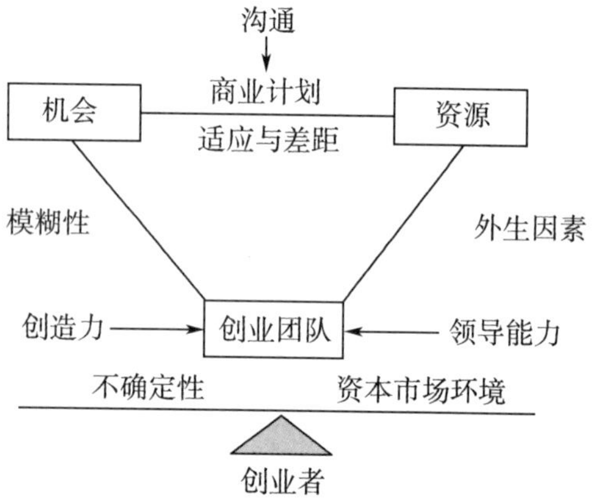

图3-1　蒂蒙斯创业过程模型

（一）机会要素

机会是任何需要投入资源并能够产生足够回报的活动，是创业成功的首要元素。特别是在企业的创立之初，创业者对机会的选择与把握特别重要。真正的商机比团队智慧和技能、可获取的资源要重要得多，所以，创业者应该投入大量的时间和精力，通过分析政治、经济、社会、科技等外部环境，及时发现市场需求，寻求最佳商机。

创业机会是指创业者可以利用的商业机会。机会是创业的起点，是创业过程的核心驱动力。创业过程就是围绕创业机会进行识别、开发和利用的过程。创业机会来自一定的市场需求和变化，当某种创意能够将人们潜在的需求转化为现实的、可以操作的需求，或使得某种未能满足的需求得到满足时，则这种有价值的创意往往就会成为创业机会。

（二）资源要素

创业资源是指与创业活动直接相关的特定资产，包括有形与无形资产，如创业人才、创业资本、创业技术和创业管理等。创业资源是新创企业创立和运营的必要条件，创业者往往通过创造性地整合资源而获得创业成功。

在创业过程中，往往需要各种生产要素和支持条件，只有将其进行有效组合，才能创造新的价值。因此，创业者在创业过程中必须时刻将资源要素放在最重要的位置，作为反复估量权衡的要件。成功的创业会竭力通过精巧的设计创意、谨慎的经营战略等，最小化使用并控制资源。

（三）创业团队

创业团队是指在创业初期（包括企业成立前和成立早期），由一群才能互补、责任共担、愿为共同的创业目标而奋斗的人所组成的特殊群体。创业团队是创业过程的主导者，对于创业成功起着举足轻重的作用。

团队成员能力的总和决定了创业团队的整体能力和发展潜力。创业团队成员的才能互补是组建创业团队的必要条件，而团队成员间的互信是形成团队的基础。如果缺乏互信，将直接导致团队成员间协作障碍的出现。

除了上述三种要素，其实创始人也是至关重要的。他是创业活动中最活跃的因素，是创业成功的核心和关键。与人相关的要素包括创业者、企业内部的员工关系、企业外部的公共关系等。创业者既可以由个人来担当，也可以由一个团队来执行；企业内部的员工关系则需要借助组织制度来实现；企业外部的公共关系则包括企业与股东、消费者、商业合作伙伴、政府职能部门之间的关系。

四、创业步骤

一般认为，创建新企业可以划分为七个步骤，如图3-2所示。当然，创业并不是一个按部就班的过程，各步骤之间也包括一些循环往复。

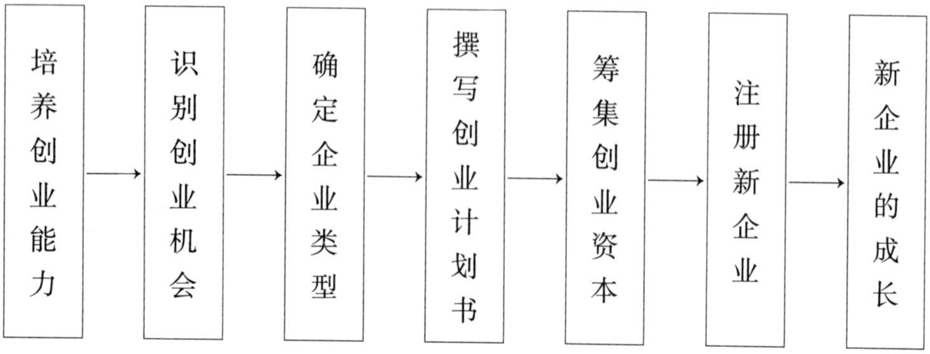

图 3-2　创建企业的七步

（一）培养创业能力

在创业过程中，创业者素质和能力的培养是创业的第一步。首先，创业者必须对所要进入行业的专业技能具有较好的把握，这是进入一个行业的“敲门砖”；第二，创业是各种社会知识的集合，创业者尤其需要了解法律、企业管理、财务会计、税务、市场营销等方面的知识；第三，创新意识、协作能力、沟通技巧等在创业过程中是不可或缺的。值得指出的是，并不是所有的人都适合创业，但创业成功人士都应具备上述创业能力。

（二）识别创业机会

创业机会的识别是成功创建新企业的重点和难点。创业机会并不是偶然出现的，而是垂青于那些有准备的人。国家产业政策的调整、新技术的出现、人口和家庭结构的变化、人们消费需求的转变等都可能形成创业机会。作为创业者，应该具有敏锐的嗅觉，能够准确地识别并抓住创业机会。识别创业机会包含以下三个内容：

1. 市场分析（含行业分析、市场细分分析、竞争现状分析、顾客分析等）。

2. 机会评估（包括机会的价值、风险与回报等）。

3. 机会选择。

（三）确定企业类型

按照我国目前的相关法律法规，可以选择的企业（或经营性组织）的类型有：个体工商户、合伙企业、个人独资企业、有限责任公司和股份有限公司。选择不同的企业形式，出资者所承担的责任和风险是不同的，对合作伙伴的要求也是不同的。比如成立法人公司，出资者以出资额为限对公司承担有限责任。如果成立合伙企业，则要求合伙各方具有很高的信用，因为他们对合伙企业承担无限连带责任。

（四）撰写创业计划书

创业者在完成创业环境分析、创业机会识别，并确定创业内容之后，就应开始着手撰写创业计划书了。创业计划书是对与创业项目有关的各种事项进行总体安排的文书，它包括企业战略和经营思想的确定，人员、资金、物质等各种资源的整合，商业前景展望等内容。创业计划书的作用有两个：一方面为创业项目制订一份完整、具体、可操作的行动指南；另一方面，创业计划书往往是风险投资者选择项目的依据，优秀的创业计划书能够帮助企业吸收外来资金。

（五）筹集创业资本

创业者在创业之初往往自有资金有限，所以融资需求是非常强烈的。创业融资的渠道主要是向亲戚借贷，好的项目还可能获得风险投资、银行信贷、融资租赁等多种融资方式的资金支持。尽管可供选择的融资渠道和融资方式很多，但是获得资金上的支持绝不是一件容易的事情。

（六）注册新企业

公司类型确定以后，就可以按照法律程序对新企业进行注册登记了。具体包括设计企业名称，确定企业选址，向工商行政管理部门提出企业登记注册申请，领取营业执照等。营业执照的取得是新企业正式成立的标志，意味着新创企业在法律上得到了认可。

（七）新企业的成长与管理

新创企业的成长离不开市场对企业所提供产品或服务的认可。相对于老企业而言，新创企业在行业内属于后发者，因此能否在短期内通过有效的运营在市场上占有一席之地直接关系到创业的成败。当新创企业在市场上的地位相对稳定后，可能又会由于市场需求的变化或竞争对手的超越，逐渐丧失在原有技术、服务、管理等方面的竞争优势。于是，寻求新的发展空间就成为企业发展的必由之路。

需要说明的是，在实际创业过程中，我们并不需要千篇一律地按照以上步骤去实施。例如，完全有可能先发现某个创业机会，然后做好创业准备工作，又或者两个步骤是同步进行的。当然，各步骤并不是孤立的，往往需要循环往复地实施。例如，团队的动态组建过程、资源的不断获取与整合等，几乎都是需要通过循环往复的活动来持续完善的。

五、创业的意义

创业对社会进步和个人发展都有着极为重要的作用。

（一）创业的社会意义

1. 创业可以增加社会财富，促进经济的发展和社会的繁荣。创业过程是增加社会财富的过程，企业在生产经营的过程中，创造了社会财富，提高了社会价值，并增加了国家的财政税收。企业的产品和服务拉动了国内市场需求，满足了人们的生活需要，促进了社会的繁荣。

2. 创业可以实现先进技术转化，促进生产力的提高和科技创新。创新是创业的主要驱动力量，创业是新理论、新技术、新知识、新制度的孵化器，也是新理论、新技术、新知识、新制度形成现实生产力的转化器。

3. 创业可以提供就业岗位，缓解社会就业压力。中小型创业企业不仅为创业者本身提供了工作岗位，同时也为需要工作的人们提供了大量的工作岗位，扩大了就业范围，降低了失业率，大大缓解了社会的就业压力。

4. 创业可以激发整个社会的创新意识和创业精神，对于形成创新、宽容、民主、公正、诚信等观念和文化氛围具有积极的作用。

（二）创业对个人发展的意义

1. 创业可以主宰自己，充分发挥自己的才干。创业可以摆脱上班族原有的种种羁绊，摆脱在行为上受制于人的局面，充分施展自己的才华，发挥最大的潜能，使自己的人生价值得到更好的体现。

创业金言

每个人都想得到社会的认同，得到别人的尊重，都想展现自我价值，那么创业无疑是一条最好的道路。

——海尔集团董事局主席　张瑞敏

2. 创业可以帮助个人积累财富，在一定程度上满足个人对物质的需求。工薪阶层的收入有高有低，但都是有限的，增长空间不大。而开创一份完全属于自己的事业，它提供的利润是没有极限的，可任你想象。

3. 创业能够使个人有机会和实力回馈社会，具有极高的成就感。创业者创造的企业一方面为社会提供了产品和服务，另一方面也为个人、社会创造了财富。企业融入社会再生产的循环之中，从多个环节为国家和社会做出了贡献。这种贡献使得创业者个人能够从中获得巨大的成就感。

4. 创业使个人能够从事自己喜欢的事业并从中获得乐趣。创业者选择创业项目，通常会从个人感兴趣的领域着手，将其与自己的知识技能、专业特长结合起来。而做自己喜欢的事本来就是一种享受。

创业小故事

大三学生合伙开快餐店月入5万

“开一家快餐店，每月收入5万余元。”武汉商贸职业学院学生皮俊桢说，“我只是参加社会实践，喜欢不断挑战自己。”

皮俊桢是武汉商贸职业学院汽车服务与营销专业的学生，被同学们称为“兼职达人”。他实地调查市场，观察、计算商业区的人流量，还把两个同班同学拉入伙，3人共投入15万元，于2017年9月在一所大学旁开了一家炸鸡坊。从采购材料到宣传销售，皮俊桢和同学都是从零做起。功夫不负有心人，快餐店经营得不错，月收入5万余元，还雇用了6名员工。

“他很能吃苦，也很有想法。”合伙人邓明华说。虽然有点累，但是他们非常开心，很有成就感。皮俊桢有个梦想，就是将快餐店做成一个品牌，并为同学们提供更多的就业机会。

第二节　创业者的素质

学习目标

1. 了解什么是创业者以及创业者的类型；
2. 明白创业者需要具备哪些素质和能力。

名人名言

我认为做企业要有这些素质，特别在中国市场上，那就是：诗人的想象力、科学家的敏锐、哲学家的头脑、战略家的本领。

——宗庆后

知识讲解

创业者是创业的主体。创业者既可以是一个单独的个体，也可以是一个团队；既是新创企业的意志主体，又是行为主体。

创业需要有两个条件。一个是外部环境，另一个是创业者自身的素质。在这个“万众创业、大众创新”的时代，每个人都有可能成为创业者。创业者的自身素质是影响创业成功与否的关键因素。

创业者是企业繁荣发展的核心力量，是一个企业的创始者或一项事业的创造者。创业者在创业团队中起到创业领导者的作用，是创新活动的领导者和倡导者。

一、创业者的基本概念

| 拓展阅读 |

从词源来看，创业者英文为 entrepreneur，和英文的“企业家”为同一单词，意为在没有或拥有较少资源的情况下，锐意创新，发掘并实现潜在机会价值的个体。创业者的定义有很多种。1880 年，法国经济学家萨伊首次给出了创业者的定义，他将创业者描述为“将劳动、资本、土地这三项生产要素结合起来进行生产的第四项要素，是把经济资源从生产率较低、产量较少的领域转移到生产率较高、产量较大的领域的人”。香港创业学院院长张世平是这样定义的：“创业者是一种主导劳动方式的领导人，是一种需要具有使命、荣誉、责任能力的人，是一种组织、运用服务、技术、器物作业的人，是一种具有思考、推理、判断能力的人，是一种能使人追随并使追随的人获得利益的人，是一种具有完全权利能力和行为能力的人。”

在企业界，创业者通常被定义为组织、管理一个企业并承担其风险的人，一是指企业家，二是指创始人。狭义的创业者是指参与创业活动的核心人员，该定义避免采用领导者或组织者的概念。广义的创业者是指参与创业活动的全部人员，创业者可能更多地以团队的形式出现。

创业者与职业经理人是不同的。创业者是企业的雇主，是出资人，对企业拥有所有权和控制权，同时也承担企业的风险。职业经理人是企业的被雇佣者，对企业没有出资，也没有所有权，只有一定的控制权，只承担本人责任范围内的风险。

二、创业者必备的素质和能力

蒂蒙斯说，成功的创业者应具备“六大特质”：责任感与决策力、领导力，执着于商机，对风险、模糊性和不确定性的容忍度，创造，自我依赖和适应能力，超越别人的动机。

随着市场竞争越来越激烈，产品同质化越来越严重，一个创业者要想成功，必须要具备一定的素质和能力。

（一）创业者应具备的素质

1. 吃苦精神

创业就是在一条陌生的道路上开辟出一个新天地，这个过程必然是艰辛的、充满压力的。若想创业成功，必须要有吃苦耐劳的执着精神。

2. 冒险意识

有位管理学家说过，冒险就好像探索一片神秘的沼泽地，你必须携带足够的食品、器材和指南针。敢于冒险几乎是所有创业者的共性，但是创业者绝不是野蛮的冒险者，而是擅长衡量风险的冒险者。创业本身就是一项冒险活动，需要强大的心理承受能力。

3. 商业品德

要做事，先做人。作为一个立志创业之人，首先应该立德。若一个人没有好的品德，就很难创立起新企业。即便他能够把企业创办起来，甚至可能会“辉煌”一时，但往往终归昙花一现。

4. 创新思维

一个优秀的创业者必须要有创新思维，如果自身产品与其他产品没有任何的区别或优势，那么创业就非常容易失败。所以，创新的产品或技术，有利于企业在市场竞争中脱颖而出。

5. 自信自强

自信从某种意义上说就是执着。成功的创业者与众不同之处就在于他们永远拥有绝对的自信。一个人的成功不是命中注定的，而是自己掌握的。这种坚定不移的自信自强精神，在面对创业过程中的各种困难时尤其重要。

| 经典案例 |

当年，史玉柱在深圳开发 M-6401 桌面排版印刷系统，那时他的身上只剩下了 4000 元钱，他却向《计算机世界》订下了一个 8400 元的广告版面，他对这个广告的唯一要求就是先刊登广告后付钱。他付广告费的期限只有 15 天，前 12 天他都分文未进，第 13 天他收到了 3 笔汇款，总共是 15820 元。2 个月后，他赚到了 10 万元。史玉柱又将这 10 万元全部投入广告，4 个月后，他成了百万富翁。如果没有一定的自信，他敢这样做吗？

2003 年 5 月，年仅 30 岁的江南春创立了分众传媒，他决定绕开竞争惨烈的传统媒体，走“分众”之路，专攻楼宇液晶媒体，利用数字多媒体技术建造商业楼宇联播网，从而大获成功。2005 年 7 月，分众传媒在美国纳斯达克成功上市。

6. 自主果断

创业者要具有独立思考的能力。一名优秀的创业者，往往会自主选择创业道路，善于设计和规划自己的未来，并果断采取相应的创业行动。

| 经典案例 |

20 世纪 90 年代，凌大平骑着自行车奔波在一个个居民小区，在一栋栋居民楼前数空调机数量，发现空调机市场空间较大，于是毅然放弃了稳定的机关工作，创立了江苏诚信空调设备有限公司。经过 10 多年的打拼，凌大平逐渐成为镇江市场的“空调大鳄”。

（二）创业者应具备的能力

1. 领导能力

领导能力，是指在管辖的范围内充分地利用人力和客观条件，以最小的成本办成所需的事情，提高整个团体的办事效率。领导能力是一种较高层次的综合能力，包括团队组建与管理能力、市场定位与开拓能力、企业文化设计与培育能力、应付突发事件的能力等等，其中团队组建能力最为重要。

2. 决策能力

决策能力是创业者根据主客观条件，因地制宜，正确地确定创业的发展方向、目标、战略以及具体选择实施方案的能力。决策是一种综合能力的表现。一个创业者首先要成为一个决策者，正确决策是保证创业活动顺利进行的前提。尤其是有关创业机会的识别和选择、创业团队的组建、创业资金的融通、企业发展战略以及商业模式的设计等重大决策，直接关系着对创业全局的驾驭以及创业的成败。创业团队成员选择的一种平衡方法是，在知识、技能和经验方面主要关注互补性，而在个人特征和动机方面则考虑相似性。

3. 学习能力

学习能力是一个人、一个企业以及一个组织学习的毅力、动力和能力的综合体现，是企业竞争的最终决定力。作为创业者，许多专业知识和专业技巧要在实践中不断摸索，逐步提高、发展、完善。创业者要重视创业过程中的知识积累和职业技能的训练，对于书本上介绍过的知识和经验，要在加深理解的基础上予以提高、拓宽；对于书本上没有介绍过的知识和经验，要在探索的过程中详细记录、认真分析，并进行总结与归纳，形成自己的经验，厚积薄发。

4. 沟通能力

沟通能力，是指能够妥善处理与公众（政府部门、新闻媒体、客户等）之间的关系，以及能够协调下属各部门成员之间关系的能力。创业者应该做到妥当地处理与外界的关系，尤其要争取政府部门、工商税务部门的支持与理解，同时要善于团结一切可以团结的人，团结一切可以团结的力量，求同存异，协调发展，做到不失原则、灵活有度，善于巧妙地将原则性和灵活性结合起来。

5. 创新能力

创新能力是创业能力素质的重要组成部分，提高创新能力是企业化解外界风险和取得竞争优势的有效途径。创新能力包括两方面的含义：一是大脑活动的能力，即创造性思维、创造性想象、独立性思维和捕捉灵感的能力；二是创新实践的能力，即人在创新活动中完成创新任务的能力。创新能力是一种综合能力，与人们的知识、技能、经验、心态等有着密切的关系。具有广博、扎实的基础知识，熟练的专业技能，丰富的实践经验以及良好心态的人容易形成创新能力。

6. 风险承受能力

创业者在采取行动之前都冒着巨大的风险，有风险才有回报。一般来讲，风险越大，得到回报的几率也就越高。换言之，选择成为创业者，必然要成为勇敢的冒险家。创业过程中，创业者一定存在压力和困难，重要的是你能不能以一颗坚强的心去面对。创业之路实际上很残酷，正如一位创业者所说，“对所有创业者来说，永远告诉自己一句话：从创业的第一天起，你每天要面对的是困难和失败，而不是成功。我最困难的时候还没有到，但有一天一定会到”。对于创业者而言，困难是不能逃避的，也不能让别人替你去扛，任何困难都必须你自己去面对。

| 拓展阅读 |

有研究者对部分创业失败者的能力素质和行为表现进行了研究与分析，总结出创业失败者通常有以下几方面的表现：

（1）缺乏创业者应具备的心理素质、基本常识、基本能力（包括职业化水平、行业或岗位所需基本技能等）；

（2）不能自力更生，缺乏吃苦精神，缺乏足够的耐心与毅力；

（3）胆小怕事，害怕挑战，缺乏自信，不愿意冒险；

（4）优越感过强或看问题过于片面，喜欢进行非理性或赌博式的决策；

（5）不能凝聚一个创业团队，或者不能融入某个创业团队，抑或不善于与人沟通、交往；

（6）做事缺乏责任心，遇事爱逃避；

（7）缺乏变通性与灵活性，过分按部就班甚至固执己见，思维僵化死板；

（8）原则性不强，做事过于随意，且容易感情用事；

（9）急于求成且过于追求快速致富；

（10）患得患失却又容易自我满足，或者喜欢上班族“小富即安”的状态。

如果某人有上述三项以上的表现，我们基本可以认定他不适合创业。当然，“金无足赤，人无完人”，只要你的优点能够远远胜过你的缺点，或者能够及时改正缺点，你同样具备成为成功创业者的潜力。因此，关于“不适合创业的人”的分析仅供大家参考，其目的是提醒大家尽量改正可能存在的缺点与不足，切忌对号入座。

第三节 培育创业精神

学习目标

了解创业精神的含义，明白该如何培养自己的创新精神。

名人名言

我们国家最需要一种创业精神，就是每一个人通过自己的创新，把一种不可能变为可能。我觉得这就是一种创新，每个人都可以做。对我们国家来讲，拥有和弘扬这种创业精神，我们在国际上的竞争力才可以不断地升级。

——联想集团创始人之一　柳传志

知识讲解

一、认识创业精神

创业精神对个体的人生追求和事业发展具有重要影响，对企业的发展、民族的兴旺和国家的繁荣同样有着重要影响。创业精神不仅体现在个性品质和行为方式上，而且体现在一个国家或企业的创新上。

创业金言

在我的家乡孟菲斯以及全国各地，我看到年轻人接受教育、成立家业、照顾老人、帮助弱者。我还看到他们利用他们的创业精神开办公司和公益机构，并且推动了新经济。

——［美］杰弗里・蒂蒙斯

（一）什么是创业精神

创业精神，是指在创业者的主观世界中，那些具有开创性的思想、观念、个性、意志、作风和品质，主要表现为勇于创新、勇担风险、团结合作、坚持不懈等。创业精神的内涵，从哲学层次上看，指创业思想和创业观念，是人们对于创业的理性认识；从心理学层次上看，指创业个性和创业意志，是人们创业的心理基础；从行为学层次上看，指创业作风和创业品质，是人们创业的行为模式。

（二）创业精神的主题

创业精神包含了三个主题：第一个主题是对机会的追求。创业者追求的是环境的趋势和变化，而且往往是尚未被人们注意的趋势和变化。第二个主题是创新。创业精神包含了变革、革新、转换和引入新方法，即新产品、新服务或者是做生意的新方式。第三个主题是增长。创业者追求增长，他们不满足于停留在小规模或现有的规模上，而是希望他们的企业能够尽可能地壮大，员工能够拼命工作。因为他们在不断地寻找新趋势和机会，不断地创新，不断地推出新产品和新的经营方式。

（三）创业精神的表现

创业精神是创业者在创业过程中重要行为特征的高度体现，主要表现在以下几个方面：

1. 创新精神

企业家精神中最重要的就是创新精神。创新是引领企业发展的第一动力，是企业家精神的鲜活灵魂。因为一个企业的发展过程实质上就是一个不断创新的过程，如果没有创新，这个企业就没有发展。企业家的创新精神体现为一个成熟的企业家能够发现一般人所无法发现的机会，能够运用一般人所不能运用的资源，能够找到一般人所无法想象的办法。

2. 冒险精神

在创新的过程中，人们不可避免地会遇到挑战，并且还要承担风险，所以创新精神的内涵中必然包括承担风险和挑战不确定性的冒险精神。没有敢冒风险和承担风险的魄力，就不可能成为企业家。对一个企业和企业家来说，不敢冒险才是最大的风险。

3. 合作精神

单枪匹马有时的确可以成就一番事业，但是团结所有有利于成功的力量，成功的概率就会更大。在创业精神中，个人英雄主义并不能占到主导地位，而团队意识、合作精神贯穿于价值创造的全过程。尽管伟大的企业家表面上常常是一个人在奋斗，但真正的企业家其实是擅长合作的，而且这种合作精神需要扩展到企业的每个员工。企业家既不可能也没有必要成为一个超人，但企业家应努力成为“蜘蛛人”，要有非常强的“结网”能力和意识。

4. 社会责任

伟大的创业者不是完全为了实现个人的财富梦想而创业的，而是为了帮助普通人实现自己的梦想而努力的人。成功的创业者应该是一个有社会责任感的人，应该把实现社会价值和赚取阳光财富结合起来。

随着“八〇后”“九〇后”甚至“〇〇后”创业人士的涌现，年青一代的创业，其最重要的变化就是他们对精神层面的追求更为纯粹，社会责任成为他们构建新的商业模式时主动考虑的重要组成部分。可以预见，未来中国最好的企业家都会以“社会企业家”的姿态出现。

二、如何培育创业精神

创业精神的培养不可能在一朝一夕之间完成，需要进行有意识的培养，使之在潜移默化中得到提高。培育自己的创业精神，可从以下几个方面进行努力：

（一）学习知识，提高技能

创业是一个艰辛的过程，会遇到许多的困难，所以要求创业者能够掌握和运用一定的知识来解决问题。我们可以通过专业知识和创业知识的学习，有意识地提高创业技能；可以通过创新创业教育课程的学习，全方位地掌握创业知识。

（二）参加实训，丰富实践

创业精神品质的形成重在实践训练，积极的实践能带来及时的反馈和成就感、喜悦感，能锻炼坚强的创业心理品质。我们可以参加创业见习基地、创业孵化园的实践，可以参加勤工俭学、社区服务岗位的锻炼，可以参加创业培训，可以参加创新创业大赛、创业社团、创业讲堂等实践活动，在实际活动中强化创业行为、培育创业精神。

（三）学习榜样，并将其精神发扬光大

创业精神自古就有，许多成功者的创业意识、创业理念、创业态度、创业思维值得我们学习。我们应该好好学习前人的创业精神，并通过运用来发扬光大。正如托尔斯泰所说，“正确的道路是这样：吸取你前辈所做的一切，然后再往前走”。

【自我检测】

1. 什么是创业?

2. 创业的类型主要有哪些?

3. 不同创业阶段，创业者处理的工作重点是什么?

4. 作为青年学生，应从哪些方面培养自己的创业精神?

【拓展训练】

1. 观看或阅读宗庆后、马化腾、任正非等企业家的创业故事，感受他们的创业精神，在生活和学习中有重点地进行培养。同时，与同学分享一句你最喜欢的创业名言或你最喜欢的创业故事。

2. 如有可能，了解并参加山东省组织的“互联网 +”创新创业大赛，以实践促行动。

3. 结合实际谈谈创业对经济发展的影响。

【创业自测】

你的创业智商有多高?

如果你不愿再受老板的恶气，不妨找个机会过一把老板瘾。下面就来测一下你的创业智商吧! 看看你具有哪些企业家应具备的气质。这些问题并不是你未来成功与否的标准，不过它也许可以告诉你应该从何入手以及需要进一步提高的方面。请看下面的测试题，并回答“是”或“否”。

测试题:

1. 你父母有过创业的经历吗?

2. 在学校时，你学习好吗?

3. 在学校时，你是否喜欢参加群体活动，如俱乐部的活动或集体运动项目?

4. 少年时代，你是否更愿意一个人待着?

5. 你是否参加过学校工作人员的竞选或自己做生意，如卖柠檬水或出售贺卡?

6. 你小时候是否很倔强?

7. 少年时代，你是否很谨慎?

8. 小时候你是否很勇敢而且富于冒险精神？

9. 你很在乎别人的意见吗？

10. 改变固定的日常生活模式是否是你开创自己生意的一个动机？

11. 也许你很喜欢工作，但是你是否愿意晚上也工作？

12. 你是否愿意随工作要求而延长工作时间，可以为完成一项工作而只睡一会儿，甚至根本不睡？

13. 在你成功完成一项工作之后，你是否会马上开始另一项工作？

14. 你是否愿意用你的积蓄开创自己的企业？

15. 你是否愿意向别人借东西？

16. 如果你的生意失败了，你是否会立即开始另一个？

17. （接上题）或者你是否会立即开始找一个有固定工资的工作？

18. 你是否认为做一个企业家很有风险？

19. 你是否确立了自己长期和短期的目标？

20. 你是否认为自己能够以理性的心理对待经手的现金？

21. 你是否很容易产生厌烦情绪？

22. 你是否很乐观？

分数计算法：

1. 是：加 1 分　否：减 1 分

2. 是：减 4 分　否：加 4 分

3. 是：减 1 分　否：加 1 分

4. 是：加 1 分　否：减 1 分.

5. 是：加 2 分　否：减 2 分

6. 是：加 1 分　否：减 1 分

7. 是：减 4 分　否：加 4 分

8. 是：加 4 分

9. 是：减 1 分　否：加 1 分

10. 是：加 2 分　否：减 2 分

11. 是：加 2 分　否：减 6 分

12. 是：加 4 分

13. 是：加 2 分　否：减 2 分

14. 是：加 2 分　否：减 2 分

15. 是：加 2 分　否：减 2 分

16. 是：加 4 分　否：减 4 分

17. 是：减 1 分

18. 是：减 2 分　否：加 2 分

19. 是：加 1 分　否：减 1 分

20. 是：加 2 分　否：减 2 分

21. 是：加 2 分　否：减 2 分

22. 是：加 2 分　否：减 2 分

说明：

35—44 分，绝对适合创业。

得 35 分以上的人士自己不创业，简直是资源浪费。

15—34 分，非常合适创业。

如果你得分在 15 分以上（包括），那你应该说是个“老板坯子”了。

0—14 分，很有可能创业。

你的人生其实可以有许多选择，包括选择自己创业还是做个高级白领。你的智商和情商发展均衡，这意味着你在很多选择中可进可退，可攻可守。

-1—-15 分，也许有可能。

如果你非要走创业之途，应该也有属于自己的机会。但你首先要克服很多困难，包括环境，也包括你自身的思维方式与性格制约。

-16—-43 分，不适合创业。

还是死了这条心吧。不要为此浪费自己的时间、精力和金钱。

第四章 选择创业机会

开篇寄语

在国家积极鼓励和支持“大众创业、万众创新”的背景下，中国新一代青年学生，正依靠自己的创造力走进“双创”的“黄金时代”。同时，互联网时代也给了很多草根创业者以更为广阔的创业机会和崭新的创业领域。青年学生在校期间就应该注意积累有关创业的知识和技能，当机会来临时，才能够敏锐地察觉并把握创业机会，打开创业的大门，实现自己的创业梦想。

案例导读

“非常小器”梁伯强

梁伯强，广东中山圣雅伦公司总经理，中国“隐形冠军”形象代言人。被誉为“指甲钳大王”的梁伯强，决定生产指甲钳却是因为朱镕基总理的一句话。1998 年年底，梁伯强在浏览一张包过东西且被人用铅笔画得乱七八糟的旧报纸时发现了一条新闻，这篇名为《话说指甲钳》的文章让梁伯强的命运从此改变。文章中说，当时的朱镕基总理在参加一次会议时讲道：“要盯住市场缺口找出路，比如指甲钳子，我没用过一个好的指甲钳子，我们生产的指甲钳子，剪了两天就剪不动指甲了，使大劲也剪不断。”朱镕基总理以小小的指甲钳为例，要求轻工企业努力提高产品质量，开发新产品。梁伯强从这一句话中发现了指甲钳的商机，几年时间就把“非常小器·圣雅伦”做成中国指甲钳第一大品牌，进入世界行业前三名，使一个小小的指甲钳创造了逾亿元的产值。

思考与讨论：

1. 梁伯强是如何发现创业机会的？

2. 如何评价创业机会的价值？

第一节　认识创业机会

学习目标

1. 掌握创业机会的内涵；

2. 运用所学的机会识别方法识别创业机会。

名人名言

创业是不拘泥于当前资源条件的限制，追寻机会，将不同的资源组合，加以利用、开发机会并创造价值的过程。

——［美］霍华德·H. 斯蒂芬森

知识讲解

创业是建立在机会基础之上的。我们正处在一个充满机会的时代，机会对于所有的创业者都是均等的。但不同的是，面对机会，有的人会抓住不放，创出一番事业；有的人却无动于衷，错失良机，最终一事无成。因此，创业者在创业之前应该学会怎样去识别、开发和选择利用创业机会。

一、认识创业机会

创业过程是由创业机会驱动的，创业机会是创业过程的起点和核心。创业机会是指客观存在于市场交易过程，并能够给创业者提供销售（服务）对象、带来赢利可能性的市场需求。创业机会能为创业者带来回报，是具有吸引力的、较为持久的和适时的一种商务活动的空间。

根据美国纽约大学教授柯兹纳给出的定义，创业机会是未明确市场需求或未充分使用的资源或能力，它不同于有利可图的商业机会，其特点是发现甚至创造新的“目的—手段”关系来实现创业收益，对于“产品、服务、原材料或组织方式”有极大的革新和效率的提高，且具有创造超额经济利润或价值的潜力。

创业金言

企业发展就是要发展一批狼。狼有三大特性：一是敏锐的嗅觉；二是不屈不挠、奋不顾身的进攻精神；三是群体奋斗的意识。

——任正非

和商业机会相比，创业机会主要有以下两个特点：

其一，创业机会是可以为购买者或使用者创造或增加价值的产品或服务，它具有吸引力、持久性和适时性。

其二，创业机会是一种新的“目的—手段”关系，它能为经济活动引入新产品、新服务、新原材料、新市场或新组织方式，并能以较高的价格出售产品。

在创业过程中，我们无须去刻意区分创业机会与商业机会，也并非只有把握创业机会才能创业。如果能把握好有利可图的商业机会也同样可以创业，并给社会创造财富，很多创业机会往往源于某个或某些具有巨大价值或创造潜力的商业机会。

| 经典案例 |

美国鞋厂开拓南太平洋市场

20 世纪 50 年代初，美国鞋厂为了开拓南太平洋市场，有三家厂商各派了一名业务员到那些小岛上考察。这三位业务员先后到了那里后，发现这个地方竟然没有一个人穿鞋子。

第一位业务员感到非常绝望，心里想都没人穿鞋子，鞋子卖给谁？他当即给公司老板发了一份电报："这里的人都不穿鞋子，我明天搭第一班飞机回去。"

第二位业务员看到这种情况后，大喜过望，这里竟然还没有一个人穿鞋子，绝对是个处女市场。他立刻给上司发了一份电报："这些岛上还没有人穿鞋子，具有很大的开发潜能。"

第三位业务员不但意识到这里是一个空白市场，还发现了另一个市场：太平洋这些岛上的椰子竟然没人要。他心里想，我何不先把一些椰子拉出去，卖掉后，再将鞋子运进来。

于是，三个业务员就有了三种不同的命运：

第一个业务员被解雇了，他改行了，不从事销售了；第二个业务员变成了市场部经理；第三个业务员后来当了老板。为什么同样的一次机会，三个业务员看到三种不同情况的市场呢？因为第一个业务员使用的是确认手段，没有识别到市场；第二个业务员使用的是发掘手段，发现了一个市场；第三个业务员使用的是综合手段，既发现了一个市场又创造了一个市场。

所以，这个世界上，缺少的不是机会，而是将机会转化为市场的意识。

二、创业机会的来源

机不可失，时不再来。创业路上，我们一定要珍惜每一次稍纵即逝的机会。那么，创业者应该如何去发现创业机会呢？

（一）顾客不断变化的需求

创业的根本目的是满足顾客需求。从顾客的角度来看，需求尚未得到满足是问题；而对于创业者来说，这是创业的机会。成功的创业者总能敏锐地感知社会大众的需求变化，并能够从中捕捉到市场机会。一方面，随着消费潮流的变化，可能出现市场机会；另一方面，根据消费者的心理，通过产品和服务的创新，引导消费需求并满足需求，可以创造一个全新的市场。寻找创业机会的一个重要途径是善于从不同的视角去发现顾客的需求。

创业者应该重点关注以下几个方面：

（1）消费者的困难。消费者在使用产品时会存在这样那样的困难，只要我们细心观察，把使用中存在的困难克服，这就是一个很好的市场机会。例如，上海有一位大学毕业生发现远在郊区的本校师生往返市区十分不便，于是创办了一家客运公司，解决了学校师生的交通问题，他把问题转化成了创业机会。

（2）消费者的习惯。消费者已经习惯了某种产品的使用方法，但消费者的习惯并不一定正确，而且可能很费力、很麻烦。如果能够加以改善，也就能够成为创业的机会。

（3）消费者的幻想。消费者的幻想可能是很天真可笑的，但如果我们把它当作一件重要的事情来看待，幻想就可能变为现实。比如，成人纸尿裤、成人玩具的问世。

（4）顾客需求的多样化、个性化和高级化，必然使产品向多品种、小批量、更新快、优质化等方向发展，必将有力地刺激中小企业的发展。

（二）不断变化的市场环境

创业的机会大都产生于不断变化的市场环境，环境变化了，市场需求、市场结构必然发生变化。著名管理大师彼得·德鲁克将创业者定义为那些能“寻找变化，并积极反应，把它当作机会充分利用起来的人”。这种变化主要来自产业结构的调整、消费结构的升级、城市化进程的加快、人们思想观念的变化、政府政策的变化、人口结构的变化、居民收入水平的提高、全球化趋势等诸方面。创业者需重点关注：

（1）中央和地方政府的政策。每年中央和地方各级政府都会有一些经济政策出台，比如，近几年政府就在限制污染严重企业的发展，而对创意类产业的创业和发展则持鼓励和扶持的态度。在那些政府鼓励的产业中，则更容易发现商机。

（2）资源供应。例如，农业用地越来越少，引发对农业科技需求的增加；水资源的紧缺，引发节水产品需求的增加；能源供应的紧缺，引发对节能产品需求的增加。

（3）消费环境改善。如农村网络条件的改善，带动了农产品网上售卖业务及快递业务的发展。那么，农村人口结构的变化，以及交通、食宿、治安、环境卫生等条件的改善，会不会带来新的机会？

（4）消费水平的提高。比如，随着居民收入水平的提高，私人轿车的数量将不断增加，这就会派生出汽车销售、汽车修理、汽车美容、二手车交易、陪驾等诸多创业机会。

（5）产业结构的调整与国企改革。随着国企改革的推进，民营中小企业除了涉足制造业、商贸、餐饮服务业、房地产等传统业务领域外，将逐步介入中介服务、生物医药、大型制造业等有更多创业机会的领域。

（6）第三产业的发展。第三产业的发展为中小企业提供了非常多的成长点，现代社会人们对信息咨询、文化教育、金融服务、修理、交通、娱乐等行业提出了更多更高的需求，从而使社会经济活动中的第三产业日益发展。由于第三产业一般不需要大规模的设备投资，它的发展为中小企业的经营和发展提供了广阔的空间。

（三）新技术、新产品和新的运营模式

创造发明提供了新产品、新服务，能够更好地满足顾客需求，同时也带来了创业机会。创业者需重点关注：

（1）新产品的出现。比如，随着电脑的诞生，电脑维修、软件开发、电脑操作的培训、图文制作、信息服务、网上开店等创业机会随之而来，即使你不发明新的东西，你也能成为销售和推广新产品的人，从而给你带来商机。

（2）新技术的运用。新科技应用可能改变人们的工作和生活方式，带来新的市场机会。通信技术的发展，使人们在家办公成为可能；互联网的出现，改变了人们工作、生活、交友的方式；网络游戏的出现，使成千上万的人痴迷其中，乐此不

疲；网上购物、网络教育的快速发展，使信息的获取和共享日益重要。

（3）新的运营模式成就新企业。比如，近年来，连锁企业的快速发展，大到国际大型零售企业掀起了终端整合市场的新时代，小到连锁便利店、连锁洗衣店、连锁美发店如雨后春笋，发展势头强劲。

（4）能够比竞争对手做得更好

从竞争对手的缺陷和不足中也能找到创业机会。看看你周围的公司，你能比他们更快、更可靠、更便宜地提供产品或服务吗？你能做得更好吗？若能，你也许就找到了机会。为此，创业者需要重点关注以下两点：

一是竞争对手的产品缺陷。如果竞争对手的产品有缺陷，你能加以改进，使之完善，那么机会就来了，且产品容易被市场接受，宣传费用还低。

二是顾客投诉。顾客的投诉，说明产品存在问题，如果能够虚心倾听顾客投诉，并加以分析和改善，投诉就会成为新产品开发的思路和来源。

第二节　识别创业机会

学习目标

1. 掌握影响创业机会识别的因素；
2. 了解创业机会识别的过程及创业机会识别方法；
3. 运用所学的机会识别方法识别创业机会。

名人名言

创新的第一步是把可能变为现实，接着机会自然会出现。

——埃隆·马斯克

知识讲解

创业机会识别是创业领域的关键问题之一。对创业过程来说，真正的创业开始于商业机会的发现。如何从繁杂多变的市场环境中找到富有潜在价值的商业机会，进而开发并最终转化为新创企业，是创业活动的重要环节。创业机会并不是突然出现的，而是对“有准备的头脑”的一种“回报”。在机会识别阶段，创业者需要弄清楚机会在哪里和怎样去寻找。

一、影响创业机会识别的因素

不同的创业者可能愿意关注不同行业、不同领域的创业机会，即使是同一个创业机会，不同的人，对其评价也往往不同。因此，机会开发的影响因素也成为研究重点之一。在影响机会识别和开发的各项因素中，主要可以分为两个方面，即机会本身的属性和创业者的个人特性。

1. 机会的自然属性

机会的特征是影响人们是否对其进行评价的基本因素。创业者选择这项机会是因为相信其能够产生足够的价值来弥补投入的成本，创业机会的自然属性很大程度上决定了创业者对其未来价值的预期，因而会对创业者的机会评价产生重大影响。

2. 创业者的个人特征

创业者的个人因素是影响创业机会识别的更重要的因素。这是因为从本质上说，机会识别是一种主观色彩相当浓厚的行为。事实上，即使某一机会已经表现出较好的预期价值，但是并非每个人都能从事这一机会的开发，并且坚持到最后的成功。因此，创业者的个人特征对于机会识别来说更为重要。现有的研究中提到了一些创业者与机会识别相关的个人特性，包括警觉性、风险感知、自信、已有的知识、社会网络等。值得注意的是，这些个人因素并非彼此独立存在，而是彼此之间也存在一定的相关性。

二、创业机会识别的过程

创业机会识别过程是一个不断调整、反复均衡的过程。这一过程主要分为三个阶段，即机会搜寻阶段、机会识别阶段、机会评价阶段。

1. 机会的搜寻。在这一阶段，创业者对整个经济系统中可能的创意展开搜索，如果创业者意识到某一创意可能是潜在的商业机会，具有潜在的发展价值，就将进入机会识别的下一阶段。

2. 机会的筛选。相对于整体意义上的机会识别过程而言，这里的机会识别应当是狭义上的识别，即从创意中筛选合适的机会。这一过程包括两个步骤：首先是通过对整体的市场环境以及一般的行业分析，来判断该机会是否在广泛意义上属于有利的商业机会；第二步是考察对于特定的创业者和投资者来说，这一机会是否有价值，也就是个性化的机会识别阶段。

3. 机会的评价。机会评价带有部分“尽职调查”的含义，相对比较正式，考察的内容主要是各项财务指标、创业团队的构成等。通过机会的评价，创业者决定是否正式组建企业，吸引投资。

事实上，创业者在机会开发中的每一步，都需要进行评估，也就是说，机会评价伴随于整个机会识别的过程中。

三、创业机会识别方法

识别创业机会的技术和方法多种多样，最为常用的有四种方法，即调查法、系统分析法、问题分析和顾客建议法、创造法。

1. 调查法

调查是通过一定的科学方法对市场进行了解和把握，在调查活动中收集、整理、分析市场信息，掌握市场发展变化的规律和趋势，为识别机会提供可靠的数据和资料，从而找到好的商机。为了保证调查的有效性，一般要保证调查样本要足够大，同时注意样本的选取，避免系统性偏差。最有效的调查样本是“随机”调查部分人口，这意味着样本本身不会产生选择的特殊性，也不会只选择那些自愿参加调查的人。

例如，在游戏行业中，在游戏设计之前公司就进行客户的体验式调查，了解客户的需求。让开发人员长时间与目标客户待在一起，了解他们的兴趣点，进而开发出消费者非买不可的产品。在玩具设计中也是如此，设计人员与小朋友一起进行交流，了解小朋友对玩具的需求，这样设计出的玩具才能受到小朋友的喜欢。

2. 系统分析法

实际上，绝大多数的机会都可以通过系统分析发现。人们可以从企业的宏观环境（政治、法律、技术、人口等）和微观环境（顾客、竞争对手、供应商等）的变化中发现机会。借助市场调研，从环境变化中发现机会，是机会发现的一般规律。

3. 问题分析和顾客建议法

问题分析从一开始就要找出个人或组织的需求以及面临的问题，这些需求和问题可能是显性的，也可能是隐性的。一个有效且有回报的解决方法对创业者来说是识别机会的基础，因此问题分析需要全面了解客户的需求以及可能用来满足这些需求的手段。

一个新的机会可能会由顾客识别出来，因为他们知道自己究竟需要什么，然后顾客就会为创业者提供机会。顾客的建议多种多样，他们会提出一些诸如“如果那样的话不是会很棒吗”这样的非正式建议。

| 经典案例 |

无线电熨斗的发明

日本松下电器公司生产的电熨斗，从 20 世纪 50 年代开始，几十年来畅销不衰，但到了 80 年代出现了滞销现象。为了改进电熨斗，扩大它的销路，1984 年 4 月的一天，被称为“熨斗博士”的松下公司电熨斗事业部部长岩见宪一请来数十名不同年龄的家庭主妇座谈，请她们对松下公司生产的电熨斗提意见，挑毛病。

座谈会开始后好长一段时间都没人发言，后来一位中年妇女突然大声说了一句："使用熨斗时电线拉来拉去太麻烦了，要是后面不拖一根电线就好了，那样熨起来会更方便。"这话立即引起了一阵哄笑。电熨斗嘛，就是要用电的熨斗。没了电线，这电从哪儿来？会上的家庭主妇们，听了都觉得好笑。座谈会的主持人岩见宪一听了可没有笑，他的神经仿佛被重重地刺了一下，眼前豁然明亮，他情不自禁地将桌子一拍，大声叫了起来："妙！好主意！不要电线的电熨斗。"不久，松下公司成立了研制无线电熨斗的攻关小组。他们很快便想到并采用了蓄电的办法来取消电线。就这样，一种新型无线电熨斗产生了。它成为日本当年很长一段时间的畅销产品。

4. 创造法

这种方法在新技术行业中最为常见。它可能始于要满足的市场需求，从而积极探索相应的新技术和新知识；也可能始于一项新技术发明，进而积极探索新技术的商业价值。通过创造获得机会的这一方式比其他任何方式的难度都大，风险也更高，而如果能够成功，其回报也更大。

四、准确识别创业机会所需的条件

面对具有相同期望值的创业机会，并非所有潜在创业者都能把握。准确识别机会是创业者的创业愿望、创业能力和创业环境等多种因素综合作用的结果。

1. 创业的愿望是机会识别的前提

创业愿望是创业的原动力，它推动创业者去发现和识别市场机会。没有创业意愿，人们对再好的创业机会也会视而不见。

2. 创业能力是机会识别的基础

识别创业机会在很大程度上取决于创业者的个人（团队）能力，这一点在《当代中国社会流动》报告中得到了部分佐证。报告通过对1993年以后私营企业主阶层变迁的分析发现，私营企业主的社会来源越来越以各领域精英为主，经济精英转化为私营企业主的机会越来越多，而普通百姓转化为私营企业主的机会越来越少。国内外研究和调查显示，与创业机会识别相关的能力主要有：远见与洞察能力、信息获取能力、技术发展趋势预测能力、模仿与创新能力、建立各种关系的能力等。

3. 创业环境的支持是机会识别的关键

创业环境是创业过程中多种因素的组合，包括政府政策、社会经济条件、创业和管理技能、创业资金和非资金支持等方面。一般来说，如果社会对创业失败比较宽容，有浓厚的创业氛围；国家对个人创业提供各种渠道的金融支持和完善的创业服务体系；产业有公平、公正的竞争环境，那就会鼓励更多的人去创业。

第三节　评估创业机会

学习目标

1. 掌握评估创业机会的标准；
2. 能够运用创业评估工具，对创业机会进行评估。

知识讲解

创业成功与失败之间，除了不可控制的机遇因素之外，还有一定数量的创业机会在创业之初就已经注定将来失败的命运。虽然创业是一种高风险行为，但是创业者在创业实施之前还是可以通过机会评估的方式，在一定程度上避免创业悲剧的发生。

一、创业机会评估标准

对于创业机会的评估，主要基于如下标准：

1. 盈利时间。有价值的创业机会最好是项目在两年内就能盈亏平衡或取得利润。一旦超过三年，大多数创业者、其他的投资者和合作伙伴会失去耐心，创业机会的吸引力也就会大大降低。

2. 市场规模和结构。如果市场规模和市场价值小，往往是不足以支撑企业长期发展的。创业者若进入一个市场规模巨大而且还在不断发展的市场，即使只占有很小的一个份额，也能够生存下去并度过发展期。一般说来，市场规模和价值越大，创业机会越有价值。

3. 资金需要量。有着较少或中等程度的资金需要量的创业机会是比较有价值的。创业者需要根据自身的资金实力和可以启动的资源来评价创业机会，超出承受能力范围的不应考虑。

4. 投资收益。创业的目标就是要获得收益。这要求创业机会能够有合理的盈利能力，包括较高的毛利率和市场增长率。毛利率高说明创业项目的获利能力强，市场增长率高表明了市场的发展潜力大。

5. 成本结构。竞争优势的来源之一就是成本，较低的成本会给创业企业带来较大的竞争优势。创业企业靠规模来达到低成本是比较可行的，低成本的优势大多来自技术和工艺的改进以及管理的优化，创业机会如果有这方面的特质，对于创业者来说是非常有利的。

6. 准入与退出机制。如果创业机会面临着进入市场的障碍，那么就不是一个好的创业机会。比如，资源的限制、政策的限制、市场的准入控制等，都可能成为进入市场的障碍，削弱创业机会。同时，有吸引力的创业机会还应该有比较理想的获利和退出机制，便于创业者和投资者获取资金及实现收益。

7. 控制程度。如果创业者对渠道、成本或价格有较强的控制力，这样的创业机会就比较有价值。若市场上不存在强有力的竞争对手，则创业者的控制力会比较大。如果竞争对手已经具备较强的控制能力，例如，把握了原材料来源、独占了销售渠道、取得了较大市场份额、对于价格有较大的决定权，在这种情况下，新创企业的发展空间就会较小。

二、创业机会评估工具

目前，针对创业机会评估的研究方法与工具非常多，在这里，我们主要推荐三种操作性强且便于理解的评估工具。

（一）哈曼的 Potentionmeter 法评估工具

哈曼（Haman）的 Potentionmeter 法可以通过预先设定好选项式问卷的方式，让创业者填写针对不同因素的不同情况，以便快捷地得到特定创业机会的成功潜力指标。对于每个因素来说，不同选项的得分范围为 -2—+2 分，通过对所有因素得分的相加得到最后的得分，总分越高说明特定创业机会成功的潜力越高。只有那些最后得分高于 15 分的创业机会才值得创业者进行下一步策划，低于 15 分的都应被淘汰。示例如下，见表 4-1：

表 4-1　　　　哈曼的创业机会评价框架

评价项目	得分
税前投资回报率	
大于 35%	+2
25%—35%	+1
20%—25%	-1
小于 20%	-2
预期年销售额	
大于 2 亿元	+2
1 亿—2 亿元	+1
5000 万—1 亿元	-1
小于 5000 万	-2
投资回收期	
小于 6 个月	+2
6 个月—1 年	+1
1—2 年	-1
大于 2 年	-2
生命周期中预期的成长阶段	
大于 3 年	+2
2—3 年	+1
1—2 年	-1
小于 1 年	-2

续表

评价项目	得分
从创业到销售额高速增长的预期时间	
小于6个月	+2
6个月—1年	+2
1—2年	-1
大于2年	-2
占据市场领先地位的潜力（技术、市场、人才等方面）	
具有绝对超越竞争对手的持续性核心竞争力	+2
具有与竞争对手持续、相当的核心竞争力	+1
具有初期的竞争优势与领先者能力，但可能容易被取代	-1
不具备竞争优势与领先者能力	-2
进入市场的难易程度	
市场不饱和，竞争不激烈，进入壁垒很低	+2
市场一般饱和，竞争适度，进入壁垒一般高	+1
市场较饱和，竞争激烈，进入壁垒较高	-1
市场很饱和，竞争很激烈，进入壁垒较高	-2
商业周期的影响	
完全不受商业周期波动或反周期的影响	+2
对商业周期波动具有一定的抗衡能力，影响甚小	+1
受商业周期波动影响一般	-1
受商业周期波动影响巨大	-2
产品调价的潜力	
顾客获得较高的价值，可以弥补较高的价格	+2
顾客获得较高的价值，尚不足以弥补较高的价格	+1
顾客获得同等的价值，能够弥补相应的价格	-1
顾客获得同等的价值，只能弥补最低的价格	-2
市场试验的范畴	
只需要进行一般的试验	+2
需要进行接近行业平均水平的试验	+1
需要进行超出行业平均水平一定量的试验	-1
需要进行超出行业平均水平很大量的试验	-2

续表

评价项目	得分
初期公司人才要求	
只需要进行一般的常规培训或不需要专业培训	+2
需要进行接近同行水平、正常的专业培训	+1
需要进行较长时间、大量的专业培训	-1
需要进行长周期、全面的专业培训	-2

（二）蒂蒙斯的创业机会评价框架

蒂蒙斯的创业机会评价框架（见表4-2）涉及行业与市场、经济因素、收获条件、竞争优势、管理团队、致命缺陷、个人标准、理想与现实的战略差异等8方面的53项指标。通过定性或定量的方式，创业者可以利用这个体系模型对行业和市场问题、竞争优势、财务指标、管理团队和致命缺陷等做出判断，来评价一个创业项目或创业企业的投资价值和机会。

表4-2　　蒂蒙斯的创业机会评价框架

评价项目	评价指标
行业和市场	（1）市场容易识别，可以带来持续收入
	（2）顾客可以接受产品或服务，愿意为此付费
	（3）产品的附加价值高
	（4）产品对市场的影响力高
	（5）将要开发的产品生命长久
	（6）项目所在的行业是新兴行业，竞争不完善
	（7）市场规模大，销售潜力可达到1000万—10亿元
	（8）市场成长率在30%—50%甚至更高
	（9）现有厂商的生产能力几乎完全饱和
	（10）在5年内能占据市场的领导地位，达到20%以上
	（11）拥有低成本的供货商，具有成本优势
经济价值	（1）达到盈亏平衡点所需时间在1.5—2年
	（2）盈亏平衡点不会逐渐提高
	（3）投资回报率在25%以上
	（4）项目对资金的要求不是很大，能够获得融资

续表

评价项目	评价指标
经济价值	（5）销售额的年增长率高于15%
	（6）具有良好的现金流量，能占到销售额的20%—30%
	（7）能获得持续的毛利，毛利率达到40%以上
	（8）能获得持久的税后利润，税后利润率超过10%
	（9）资产集中度低
	（10）运营资金不多，需求量是逐渐增加的
	（11）研发工作对资金的要求不高
收获条件	（1）项目带来的附加价值具有较高的战略意义
	（2）存在现有的或可预料的退出方式
	（3）资本市场环境有利，可以实现资本的流动
竞争优势	（1）固定成本和可变成本低
	（2）对成本、价格和销售的控制力强
	（3）已经获得或可以获得对专利的保护
	（4）竞争对手尚未觉醒，竞争较弱
	（5）拥有专利或具有某种独占性
	（6）拥有发展良好的网络关系，容易获得合同
	（7）拥有杰出的关键人员和管理团队
管理团队	（1）创业者团队是一个优秀管理者的组合
	（2）行业和技术经验达到了本行业内的最高水平
	（3）管理团队的正直廉洁程度能达到最高水准
	（4）管理团队知道自己缺乏哪方面知识
致命缺陷	（1）不存在任何致命缺陷
创业家的个人标准	（1）个人目标与创业活动相符合
	（2）创业家可以做到在有限的风险下实现成功
	（3）创业家能接受收入减少等损失
	（4）创业家渴望进行创业这种生活方式，而不只是为了赚大钱
	（5）创业家可以承受适当的风险
	（6）创业家在压力下状态依旧良好

续表

评价项目	评价指标
理想与现实的战略差异	（1）理想与现实情况相吻合
	（2）管理团队已经是最好的
	（3）在客户服务管理方面有很好的服务理念
	（4）所从事的事业顺应时代潮流
	（5）所采取的技术具有突破性，不存在太多的替代品或竞争对手
	（6）具备灵活的适应能力，能快速地进行取舍
	（7）始终在寻找新的机会
	（8）定价与市场领先者几乎持平
	（9）能够获得销售渠道，或已经拥有现成的网络
	（10）能够允许失败

1. 评价框架说明

（1）该评价框架对评价主体要求相对较高，一般要求评价者是行业经验丰富、商业嗅觉敏锐且具有一定管理经验的投资人或资深创业者，同时还要求使用者熟悉指标内涵以及评估技术。

（2）该评价框架对评估方法要求较高，一般要求运用定性与定量相结合的方法，才能得出创业机会的可行性及不同创业机会间的优劣排序。

（3）评价框架中的指标项目比较多，在实际运用中可以结合实际需求进行适当的梳理简化、重新分类，以提高使用效能。

2. 评估方法说明

蒂蒙斯创业机会评价框架为我们提供的是一套评价标准，我们需要运用科学的步骤和专业的评价方法来进行创业机会评估。常用的评价方法有以下两种：

（1）标准矩阵打分法。标准矩阵打分是指评价者（专家）对创业机会评价指标体系的每个指标按“极好（3 分）、好（2 分）、一般（1 分）”三个等级进行打分，形成打分矩阵表，然后求出每个指标在各个创业机会下的加权平均分，即评价结果。由于每个创业机会的评价指标不一样，因此这种评价方法可以用于对不同创业机会进行对比评价，其量化结果可直接用于机会的优劣排序。当该方法只用于一个创业机会的评价时，则可采用多人打分后进行加权平均。一个创业机会的加权平均分越高，说明它越有可能获得成功。就蒂蒙斯创业机会评价框架而言，一般来说，得分高于100分的创业机会可进一步规划，低于100分的创业机会则需要考虑淘汰。

（2）贝蒂（Baty）选择因素法。该方法可以看作标准矩阵打分法的简化版。评价者凭借个人对创业机会的认知与理解，直接按照蒂蒙斯创业机会评价框架中的各项评价指标，判断自己的创业机会是否符合这些指标的要求。如果创业机会符合指标要求的数量小于30个，则说明该创业机会很可能不可行；如果符合要求的数量大于30个，则说明该创业机会大有希望，值得探索与尝试。在运用这种方法的过程中，需要特别注意其中某些关键因素的“破坏力”。例如，你的创业机会一旦存在“致命缺陷”，有再多的合格指标也无济于事，它能对你的创业机会予以“一票否决”。该方法比较适合创业者进行自评。

（三）刘常勇的创业机会评价框架

刘常勇系台湾中山大学管理学系教授，是知名的创业管理研究学者。他的创业机会评价框架（见表4-3）涉及市场评价、回报评价两个方面的14项指标。与蒂蒙斯的框架相比，它简单、易操作，且更加符合中国企业的特点。具体评分方法可参照标准矩阵打分法和贝蒂选择因素法。

表4-3　　**刘常勇的创业机会评价框架**

评价项目	评价指标
市场评价	（1）是否具有市场定位，专注于具体顾客需求，能为顾客带来新的价值
	（2）依据波特的五力模型进行创业机会的市场结构评价
	（3）分析创业机会所面临市场的规模大小
	（4）评价创业机会的市场渗透力
	（5）预测可能取得的市场占有率
	（6）分析产品成本结构

续表

评价项目	评价指标
回报评价	（1）税后利润率至少高于5%
	（2）达到盈亏平衡的时间应该不超过2年
	（3）投资回报率应该高于25%
	（4）资本需求量较小
	（5）毛利率应该高于40%
	（6）能否创造新企业在市场上的战略价值
	（7）资本市场的活跃程度
	（8）退出和收获回报的难易程度

第四节　选择创业项目和创业形式

学习目标

1. 了解创业项目的选择策略与选择步骤；
2. 了解几种适合青年学生创业的形式。

知识讲解

所有的创业行为都要落实到一个个具体的创业项目上。创业项目是创业的切入点，创业项目选择的正确与否直接关系到创业的兴衰成败，在找寻项目时要舍得花工夫。那么，青年学生应该如何选择创业项目呢？

一、选择创业项目

（一）创业项目选择策略

1. 从收益快的项目做起

让创业投资尽快产生效益，是所有创业者共同的追求，但也不能急于求成，成效的快慢要依创业项目而论。一般来说，可重点把握以下几个方面：

小型项目比大型项目好。小型项目投资较少，能很快形成生产能力，运行周期较短，即使整个行业出现风险，损失也不会很大。

轻工业项目优于重工业项目。轻工业产品从设计到生产需要的时间较短，投资风险较小，短时间内效果显著。

餐饮行业和食品行业优于一般用品。餐饮行业是刚性需求行业，是大众群体都需要的产业。

做女性需求品比男性需求品好。在现代社会中，女性的社会地位不断提高，消费权益也相应提高。她们在家庭中拥有更多的消费决策权，家庭日用品的购买行为常常由女性完成，女性消费品为创业者提供了更多的行业机遇。

小孩比大人更容易形成新的市场消费热点。

2. 从小规模、求小利做起

经济领域有一条普遍规律，即风险与收益成正比。风险大收益也大，风险小收益也小。对于已经有了一定经济基础、有能力发展或扩大更多业务的公司，有时大胆冒险去开拓公司的发展空间、扩大盈利层面是值得的。然而，对于刚刚涉足创业门槛的学生创业者来说，没有足够的经济基础，也没有投资经验，应该避免参与风险大的投资，将为数不多的资金投于规模较小、风险较小的事业中去，而后依靠滚动发展再赚大钱。

3. 借助学校品牌的项目

学校周边学生较多，并且都是消费者，在学校周围从事与学生有关的业务也是不错的投资项目。如各类升学考试等培训项目，外卖、服装等生活服务项目。

（二）创业项目选择步骤

创业项目的选择不可随随便便，必须要经过一个充分的论证过程。在这个过程中，要舍得花时间、花力气，要能够静下心，认真调查研究，寻找事实根据。

（三）创业项目的 SWOT 分析

要判断创业项目是否可行，可以用 SWOT 分析法进行验证。

SWOT 是 Strength（优势）、Weakness（劣势）、Opportunity（机会）、Threat

（威胁）四个英文单词的缩写。SWOT 分析法是将这四个方面结合起来进行分析，以寻找制定适合组织实际情况的经营战略和策略的方法。

其中，优势和劣势是分析存在于企业内部的、你可以通过努力改变的因素，机会和威胁是分析你需要了解的、存在于企业外部的你无法施加影响的因素。通过分析，创业者可以客观评价自身资源和市场机会的相关因素。

完成 SWOT 分析矩阵后，可将排列与考虑的各种因素相互匹配组合，制订出创业前期可供选择的行动计划或行动方案，以提高创业的成功率。制定策略的基本思路是：发挥优势因素，克服劣势因素；利用机会因素，化解威胁因素。

二、选择创业形式

提起创业形式，人们想到最多的是开店、办公司。但随着时代的发展，创业形式也在不断发生变化。特别是随着 IT 行业的崛起，创业形式层出不穷，出现了网络创业、加盟创业、团队创业等多种创业形式。

选择合适的创业形式，会对今后创业之路的打通起到事半功倍的效果。在选择自己的创业形式时，非常重要的一点是对自身以及环境条件做客观的衡量，认清自己能做什么，投入到哪个环节会取得更大的收益，而不是盲目地去模仿和追随别人成功的模式。

根据近几年青年学生创业成功者的经验，适合学生的 5 种创业新形式为：网络创业、加盟创业、团队创业、概念创业、大赛创业。

（一）网络创业

目前，网络创业主要有网上开店和网上加盟两种形式。网上开店，即在网上注册成立网络商店；网上加盟，即以某个电子商务网站门店的形式经营，利用母体网站的货源和销售渠道。

网络创业的优势是门槛低、成本少、风险小、方式灵活，特别适合初涉商海的创业者。如淘宝、京东等知名商务网站，有较完善的交易系统、交易规则、支付方式和成熟的客户群，每年还会投入大量的宣传费用。

对于初次尝试网上创业的人来说，事先要进行多方调研，选择既适合自己的产品特点又具较高访问量的电子商务平台。一般来说，网上加盟的方式更为适合，能在投入较少的情况下开业，边熟悉游戏规则，边依托成熟的电子商务平台发展壮大。

| 经典案例 |

“布衣”如何创造“神话”

在淘宝网上，有一个专门卖休闲、运动服装的小店——布衣神话。这家小店一个月的销售额有10万元左右。在网络背后经营这个“布衣神话”的小老板，是浙江经济职业技术学院的毕业生徐虎和沈斌。他们踏实苦干，创造了属于他们的“神话”。创业之初生意惨淡，好在开网店之前两人就有“交学费”的心理准备。两人立刻转换创业思路，他们意识到，光是价格便宜不行，衣服的质量才是顾客最看重的。他们一个一个市场、一个一个工厂找过去，“地毯式”搜寻物美价廉的货源，终于打了一个漂亮的翻身仗，“布衣神话”掘到了第一桶金。

（二）加盟创业

分享品牌近况、分享经营诀窍、分享资源支持，连锁加盟凭借诸多优势成为极受青睐的创业形式。目前，连锁加盟有直营、委托加盟、特许加盟等形式，投资金额根据商品种类、店铺要求、技术设备的不同从几千元至几百万元不等，可满足不同需求的创业者。

其优势在于，加盟创业的最大特点是利益共享、风险共担。创业者只需支付一定的加盟费，就能借用加盟商的金字招牌，并利用现成的商品和市场资源，还能长期得到专业指导和配套服务，创业风险也有所降低。

但随着连锁加盟市场规模的不断扩大，鱼龙混杂现象日趋严重，一些不法者利用加盟圈钱的事件屡有曝光。因此，创业者在选择加盟项目时要有理性的心态，事先进行充足的准备，包括收集资料、实地考察、分析市场等，并结合自身实际情况再做决定。

（三）团队创业

创业并非纯粹追求个人英雄主义的行为，团队创业成功的概率要远高于个人独自创业。一个由研发、技术、市场、融资等各方面组成、优势互补的创业团队，是创业成功的法宝，对高科技创业企业来说，更是如此。

其优势在于，一群人同心协力、集合各自的优势共同创业，其产生的群体智慧和能量将远远大于个体。

创建团队时，最需要考虑的是成员之间在知识、资源、能力和技术上的互补，充分发挥个人的知识和经验优势，这种互补将有助于强化团队成员间的合作。一般来说，团队成员的知识、能力结构越合理，团队创业的成功率就越大。

| 经典案例 |

没有完美的个人，只有完美的团队

某中职毕业生罗汉明和同学开办了一家环保产品公司。他们拥有一种节能产品的完全自主产权，在所做的营销网站上一炮打响，每天问价、要求订货的客户源源不断。让人困惑的是，好几次，外地来公司订货的客户考察了公司、看过产品之后，都表示满意，但签约时总有些不放心。后来，小罗和一个客户深谈后才得知，他们看到公司全都是二十几岁的小年轻儿，怕有闪失。小罗灵机一动，招聘来一名懂技术会营销的退休工程师“坐镇”，销售形势大好。团队创业，就是要优势互补。

（四）概念创业

概念创业，顾名思义就是凭借创意、点子、想法创业。当然，这些创业概念必须标新立异，至少在打算进入的行业或领域是个创举。只有这样，才能抢占市场先机，吸引风险投资商的眼球。同时，这些想法还必须具有可操作性，而非天方夜谭。

其优势在于，概念创业具有点石成金的神奇作用，特别是本身没有很多资源的创业者，可通过独特的创意来获得各种资源。

不过，创业需要创意，但创意不等同于创业，创业还需要在创意的基础上，融合技术、资金、人才、市场经验、管理经验等各种因素。如果仅凭点子贸然行动，基本上是行不通的。

（五）大赛创业

大赛创业（创业孵化器），就是利用各种商业创业大赛为获得资金提供平台。大学生的创业计划竞赛已成为新技术的源泉，而且成立了世界大学生创业联盟，举办全球大学生创业大赛（The Global Student Entrepreneur Awards）。我国首届大学生创业计划大赛是由清华大学于1998年创办的。后来，共青团中央、全国学联和中国科协联合发起举办了“挑战杯”中国大学生创业计划大赛，之后每两年举办一次。

大学生创业计划竞赛是美国经济发展的驱动力。像Yahoo、Netscape、Excite等企业都是从商业竞赛中脱颖而出的。国内也有不少知名企业是大赛创业的受益者。

大赛创业的优势有很多。例如，投入小，投入资金具备一定的可靠性；拥有独立的知识产权；创新性强，技术具备一定的先进性；创业空间大，可灵活满足不同规模的企业需求；可以享受政府出台的一些优惠和扶持政策等。

| 经典案例 |

“扫位”App

上海物态智能科技有限公司开发的“扫位”App，在全国行业赛总决赛上获移动互联网企业组第三名后，就得到了九州建元的数百万元投资。2014年4月，“扫位”App正式上线，用户可以通过它了解附近饭店的空位情况，随后在线付费，把位子“抢”下来。公司创始人龚飞悦告诉记者，引入投资人担任评委，除了有利于参赛项目融资，还有一大好处：“他们在评审项目时，会提出许多刁钻的问题，逼我们思考解决办法，这对企业成长很有利。”

【自我检测】

1. 创业者可以通过哪些途径获取创业机会？
2. 创业者应用哪些方法评估创业机会？
3. 适合学生创业的项目和形式有哪些？

【拓展训练】

1. 随着我国就业形势的日趋严峻，中央及地方各级政府提出了鼓励和扶持大学生创业的各项政策，结合自己的具体情况，谈一谈你从中看到了怎样的创业机会？

2. 寻访创业者

设计一份简单的调查问卷，寻访一位创业者，以当面拜访、电话访谈、网络调查等形式对其进行了解，然后分析创业者成功或失败的原因，并寻找可参考、借鉴的经验或教训，使自己能够更快地走上创业之路。寻访结束后，将寻访成果进行小组分享。

注意，问卷可重点了解以下内容：创业者是如何识别和选择创业机会的？创业者是如何筛选和评估创业机会的？创业者是如何选择创业项目的？创业者是如何确定创业形式的？

第五章　做好创业计划

开篇寄语

李克强总理于2015年在北京中关村创业大街考察调研时指出：“当今时代，创业创新不再是少数人的专业，而是多数人的机会，要通过‘双创’使更多的人富起来，实现人生价值。”在“双创”的呼唤下，许多年轻人萌生了创业热情，产生了创业梦想，但由于害怕失败的心理作祟，很多人不敢迈出创业的第一步。创办新的企业，必须先做好完善的创业计划。创业计划既是谋划创业远景、目标、路径的市场策略，也是叩开投资者大门的敲门砖。选择适合的企业组织形式与经营场所是创业计划的重要部分，更是创业成功的重要保障。

案例导读

亚马逊的doordesk

亚马逊的创始人贝佐斯（Jeff Bezos）在1994年是投资管理公司D. E. Shaw最年轻的资深副总裁。他在寻找投资机会时得知网络用户一年激增23倍的信息，于是产生了创业的想法。几周后他便辞去了工资丰厚的职位，和太太一起驾车去西雅图，并在路上起草了商业计划。到西雅图后，贝佐斯立即在租住房子的车库里架起计算机，聘了4名助手开始编写软件。当时他们的办公桌是用门安上4根柱子做成的，称为doordesk，后来这种doordesk成了亚马逊的标配，以提醒大家仍在创业。激情让贝佐斯抓住了机会，1995年7月成立的亚马逊书城在早期就取得了出乎意料的成功：没有任何广告宣传，30天内亚马逊的书就卖到了美国和其他45个国家。

思考与讨论：

1. 贝佐斯有哪些值得我们学习的地方？

2. 贝佐斯抓住网络发展趋势迅速成功，你认为当下有什么新的社会发展趋势并能建立企业的构思？

第一节　做好创业计划

学习目标

1. 了解创业计划；
2. 了解创业计划书的制作原则；
3. 学会制作创业计划书。

名人名言

凡事预则立，不预则废。

——《礼记·中庸》

不为明天做准备的人永远不会有未来。

——卡耐基

知识讲解

在全球专业服务业处于领导地位的美国安达信会计师事务所，对全球几千家企业调查后，曾经做出两个结论："拥有商业计划的企业（项目）平均比没有商业计划的企业融资成功率高出100%。""拥有书面计划书的企业（项目）平均比没有书面计划书的企业利润高出100%。"所以，创业成功的关键一步，是做好创业计划，并撰写出创业计划书。

一、认识创业计划

（一）什么是创业计划

创业计划，又称"商业计划"（Business Plan），是对构建一个企业的基本思想以及与企业创建有关的各种事项进行的总体安排。创业计划既为创业者的行动提供指导和规划，促使创业团队及员工团结一心地工作，也可为创业者赢得潜在投资者和其他风险投资者的支持。

创业金言

创业对大多数人而言是一件极具诱惑力的事情，同时也是一件极具挑战性的事。不是人人都能成功，也并非想象中那么困难。但任何一个梦想成功的人，倘若他知道创业需要策划、技术及创新的观念，那么成功已离他不远了。

——［美］哈佛大学教授　拉克

（二）创业计划的内容

创业计划的内容一般是在市场调查的基础上，根据企业定位、运营模式、盈利模式、发展目标、竞争能力、企业环境等情况确立的。主要包括以下四个方面的内容：

1. 企业描述

企业描述是对创立企业的各项相关事宜的总体介绍。具体包括：企业成立的时间、成立的形式、创业者团队和分工，企业愿景，产业发展环境评价和预估，产品或服务的特性、优势和不足，主要合作伙伴，融资计划等。

2. 营销计划

营销计划主要包括对过去、现在和未来的市场需求的判定、对市场潜力的分析，对主要竞争者优势和劣势的分析，明确竞争策略，制订运营计划和销售计划等。

3. 组织与管理计划

组织与管理计划，包括营销团队与管理团队的专长和分工理念等基本资料、人才需求和培训计划、企业的组织机构及其关键人物的背景资料的说明等。

4. 财务计划

财务计划包括融资计划，融资后的财务预算与评估及未来一定时期内的损益平衡分析等。

鉴于创业计划在创业过程中的战略性地位，创业者在制订创业计划时应当从上述几方面入手，充实内容，力争资料详备、有理有据。

二、认识创业计划书

（一）什么是创业计划书

创业计划书也称商业计划书，是由创业者准备的书面文件，是创业计划的书面呈现，描述创建一个新企业或完成一个新项目所需要的所有相关因素。

创业计划书描述了创业意图达成的目标，是一份可用于创业组织内外两方面的文件。对组织内部来说，创业计划能帮助创业者设计出实施其战略和计划的“路线图”；对外部而言，创业计划用于向潜在投资者及其他利益相关者介绍企业试图追求的商业机会，以及如何把握机会的行动计划。因此，撰写一份创业计划书对创业者绝对有必要，不仅能节约创业者的时间和金钱，更重要的是它能提前预测企业创办时所需的资源保障和可能遇到的问题，减少失败的可能性。创业计划书不能做到万无一失、面面俱到，不能绝对保证创业的成功，但是，从创业计划的制订过程当中可以获得知识、厘清风险。

作为一名青年学生，在校期间或毕业后几年内，自己通常没有足够的资金使创意发展成为一个商业项目，那么获得投资将是一个非常关键的问题。如果没有人对我们的创意进行投资，使其发展成为可行的业务，那么这个创意就永远不可能变成现实。因此，需要依靠专业投资者，或者银行，或者父母、亲朋好友，或者合作伙伴等进行投资。此时，一份详尽、全面、科学的创业计划书会给我们提供很大的帮助。

创业计划书的形成过程是探索和学习的过程，是一个严谨的过程，需要提出问题、寻找答案，并为未来的市场做好规划。

创业金言

如果你想踏踏实实地做一份工作的话，写一份商业计划书能迫使你进行系统的思考。有些创意可能听起来很棒，但是当你把所有的细节和数据写下来的时候，自己就崩溃了。

——[美] 风险投资家　尤金·克莱纳

（二）创业计划书的撰写原则

创业计划书往往是投资者或其他利益相关者对项目的第一印象，如果计划不完善或漏洞百出，很容易让投资者认为项目本身也不完善或是有缺陷。在将创业计划书送交给投资者或其他任何与初创企业有关的人审阅前，要留意创业计划的结构、内容、版式的完整和整洁与否。创业者要把创业计划书的撰写过程看成是一个完善反思的过程，一个历练团队、明晰思路的过程。创业计划书的撰写原则包括以下几点：

1. 真实完整，用数据说话

确保创业计划书内容的真实性是前提，所有数据都应具有合理的出处。对于文字、数字还有图表而言，投资者更倾向于观看数字和图表，若数字、图表清晰明了，则阅读效率高。一定要确保数据的真实性，不能有任何的数据修饰和造假行为。否则，一旦被投资者发现，创业者不仅会失去投资者的信任，更会失去企业经营中最重要的原则——诚信。

2. 慎用模板，避免生搬硬套

网络上会有很多创业计划书模板，还有许多软件可以帮助我们撰写创业计划书。但是每一个项目都有自己的独特性，把模板上的名称、图表和数据直接替换的做法是不可取的，这样会失去创业项目本身的特色和创新点。因此，对于模板和软件要选择性地应用。对于内容相对固定的企业组织结构设计、财务报表格式等可以借鉴应用；而对于体现创业项目差异性的部分，如产品或服务描述、竞争分析、营销计划、商业模式等部分，一定要由创业者自己撰写，以突出项目的特点和优势。

3. 内容完整，结构合理

一份好的创业计划书至少应包括计划摘要、产品与服务、团队和管理、市场预测、营销策略、生产计划、财务规划、风险分析等，不应该遗漏任何要素。此外，创业计划书在呈现形式上要求条理清楚、叙述流畅。

4. 表达精准，突出重点

在撰写创业计划书时，应尽可能使用通俗易懂的语言，简明扼要地叙述问题，尽量少用专业术语。有些创业计划书的内容很多，很多投资者很难从头到尾完整地阅读一遍，这就要求创业者合理安排创业计划书的结构，内容前后衔接得当，结构安排合理，突出项目重点，以方便阅读。

5. 版式清晰，简洁大方

创业者必须认真设计创业计划书的版式，使它看上去鲜明醒目。要避免纠缠于文字处理程序的设计功能，如黑体字、斜体字、不同的字号和颜色等。避免过分的装饰，因为过分的装饰会使创业计划书显得花哨而不实用。

第二节　撰写创业计划书

案例导读

与众不同的创业计划书

在一次天使基金申报者见面会上，来自河北的创业者李鹏的发酵罐排放气流压差发电与能量回收项目引起了风投者的兴趣。Lu，Hayes & Lee 合伙人公司（纽约的一家私募基金）的陆东先生在会后和李鹏交流了半个多小时。当时吸引风投者目光的是李鹏的这份仅有一页纸的创业计划书，全文如下：

产品简介：

专利产品　国内空白　年节电100亿度　政府强力推广

公司简介：

我公司成立于2005年8月，从事节能节电业务，拥有自己的技术和知识产权，包括电机节电器技术、发酵罐排放气流压差发电的多项专利。

项目简介：

发酵罐排放气流压差发电与能量回收：发酵罐是药厂与化工企业普遍使用的生产工具，用量非常大，如华北制药、石药、哈药这样的企业，每家企业使用的大型（150吨以上）发酵罐均在200台以上。因生产需要，发酵罐前端需要压气机给管内压气，压气机功率一般在2000千瓦—10000千瓦，必须24小时运转，每年每台电费在900万—4000万元之间。为满足发酵罐生产，需要多台压气机同时工作。

所以，压气机耗电通常是这些企业很大的一项费用支出。经发酵罐排放的气流产生大量的压力能，浪费在减压阀上。如安装我公司研制的“发酵罐排放气流压差发电和能量回收”装置，可以回收压气机耗费电能的1/3左右。

同行简介：

目前该技术国际统称TRT，应用于钢厂的高炉煤气压力能力回收。主要的供货商有日本的川崎重工、三井造船，德国的GHH，国内的陕西鼓风机厂。年销售额20亿元以上。

进展简介：

本项目关键技术成熟，我公司已经与某制药集团达成购买试装与推广协议，项目完成时，预计可以在该集团完成5000万元以上的销售。

优势简介：

1. 我公司已申请该项目的多项专利。

2. 市场中先行一步，填补市场空白阶段。

3. 该项目属于节能减排项目，符合国家产业政策。温家宝总理亲自担任节能减排小组组长，要求各地政府落实节能减排指标。

4. 各地方政府有节能奖励。如，“三电办”有1/3的投资补贴，制药集团可获得约1600万元的政府补贴。

5. 可申请联合国CDM（清洁生产）资金（每减排1吨二氧化碳可以申请10万美元国际资金，连续支付5年）。制药集团每年节能6000万度，减排二氧化碳6万吨，可获得国际资金支持300万美元。

用户利益：

1. 减少电力费用支出。以某制药集团为例，如全部安装该装置，一年可以节约电费3000万—3600万元。收回投资少于2年。

2. 很少需要维护，无须增加人员，寿命在30年以上，可以为用户创造15倍以上的价值。

3. 降低原有噪音20分贝以上，符合环保要求。

4. 其他政府奖励。

目标用户与市场前景：

本项目目前主要针对国内药厂、化工厂。从和某集团达成的初步协议看，集团内需求量约100套，而全国存在同样状况的有多家药厂，再加上许多化工行业也采用了相同或类似的生产工艺，均为我公司的目标市场。总市场预计在100亿元以上。

思考与讨论：

1. 这份创业计划书与你见过的其他创业计划书有什么不同？

2. 这份创业计划书中有哪些方面值得你借鉴？

知识讲解

一、创业计划书的基本内容及撰写技巧

创业计划书应清晰简练，要完整地提供有关初创企业关键部分的信息，也要注

意篇幅问题。也就是说，必须具有一定的篇幅，以确保信息充分，同时又要避免信息冗长，以便吸引读者。

以下提供的创业计划书框架涵盖了创业计划的各个方面。对于创业者而言，撰写的计划书不必涵盖下面所列出的所有部分，而要根据自身创业项目的特点合理选择。

（一）封面

创业计划书的封面除了要设计简洁、美观外，还要包括一些必要的信息。首先要包括企业的名称；其次要有创业者的联系方式，如企业地址、联系电话、企业网址、电子邮件等。如果创业者已经有独特的商标，可以把商标融合到封面设计中，凸显企业的品牌和文化。

（二）目录

目录中标明各部分的内容及相应的页码，要注意确认目录页码同内容的一致性。

（三）摘要

摘要是风险投资者首先要看到的内容，它浓缩计划书之精华，反映创业之全貌，是全部计划书的核心所在。它必须让风险投资者有兴趣并渴望得到更多的信息。创业计划书摘要一般包括商机描述、产品或服务、行业概要、目标市场、竞争优势、经营模式以及盈利模式、团队及资源支撑等几个方面的信息。很多投资人就是靠摘要决定是否投资该企业。

想象一下，你需要在 2 分钟内向一个陌生人介绍自己的企业，你就知道应该在摘要中放入什么信息了。在写作上应注意的是，由于该部分是计划书中最主要的部分，所以放在计划书的最前面。但它不是最先完成的，而应该先完成计划书的其他部分，在对计划书有了深入了解之后，最后完成创业计划书摘要。

创业金言

一个好的概要能让我了解这个新的公司的吸引力所在。我希望在那里看到关于公司长期使命的明确论述，以及对于人员、技术和市场的总体情况。

——［美］风险投资家　安·温布拉德

（四）公司概述

把创意转化成商业组织，首先要完成的事情就是成立公司。在创业计划书中，公司概述一般包括以下几个方面：公司名称、注册时间、公司规模、公司性质、技术力量、项目介绍、员工人数、组织结构等。在创业计划书中对公司概况的介绍只需要从总体架构上进行言简意赅的陈述。若创业者还处在创意阶段，还没到注册公司的行动阶段，则要在公司概述中阐述公司的使命和愿景。此外，还要向投资者展示创业者在创业历程中所取得的成绩，列举在创业发展中重要的、具有里程碑意义的事件。

（五）产品或服务介绍

这一部分着重向投资者介绍创业项目的卖点。应该包含的内容有：基于市场的产品或服务的提出，新的产品或服务解决了消费者的何种需求，或者填补了哪一部分市场的空缺，突出产品或服务的特色。如果开展的是一项服务的话，可以陈述服务的流程；如果是科技类创业，应当向投资者介绍新技术能如何解决市场上存在的问题，带来何种便利。在描述过程中要避免采用过于专业的术语。创业者应当结合项目的实际情况，设计、规划安排产品开发流程，所取得的进度、后续的进度安排要体现在创业计划书中。

（六）市场分析

一般而言，创业者需要先从宏观的大环境下展开思考：所提出的产品或服务，其行业变革的驱动因素是什么，政治和社会环境因素是否会对创业者的产品或服务带来导向性的影响。基于这样的市场环境，再从微观的角度分析市场规模、市场增长速度、行业和产品在成长周期中所处的阶段、购买者的数量和规模、竞争对手的情况。市场概况中应该包含客户分析，这也是创业者必须重视的一环。创业必须是以问题为导向的，解决客户的问题是创业的价值所在。创业者需要通过客户画像进行客户细分。通过分析，创业者可以判断什么原因能让客户产生购买产品的强烈动机。

行业分析要求对其所属行业有一个清晰界定。在分析中，行业定义要宽泛一些，这样才能够清晰地看到商机的巨大潜力。可是在实际操作中必须聚焦于一个细分市场。创业者应该理性、客观地分析整个行业，关注创业项目能够解决的市场问题，最好用数据和图表来表达，以彰显商业机会的发展前景。

（七）竞争分析

竞争分析所包含的内容应当与产品或服务的独特性以及新产品的市场定位紧密相连。产品或服务定位是相对于竞争对手而言的。例如，如果你打算开一家新型冷饮店，你应该解释你的冷饮店与其他店有何不同，根据产品特点和客户需求进行市场定位。创业者可以结合行业分析，强调产品如何满足客户的需求：产品的内涵是什么？能给客户带来哪些不一样的体验或价值？你的产品为什么比别人的好？应该从质量、价格、配送、某项技术、专利产品和营销渠道等方面清晰有力地说明产品的竞争优势。

（八）市场营销计划

营销计划是产品或服务到达用户的有效桥梁。制定营销策略，才能在未来控制和应对市场环境的变化，获得持续的客户和销售额。很多人容易把销售和营销混为一谈，实际上，销售只是营销的一部分，而营销是一个系统。营销是以用户需求为中心，把如何有效地创造和满足用户需求作为首要任务，目的是让产品或服务受到用户的欢迎，是一种由外至内的思维方式。营销计划主要包括以下几个部分：

1. 产品构思及设想。主要描述产品或服务，确定市场需求，对产品或服务的整体市场进行简要说明。

2. 市场调研。市场调研可以放在营销计划中，也可以作为计划书的辅助材料单独进行，这部分对于创业项目的可行性论证十分重要。市场调研主要对消费者、竞争对手和市场的基本情况进行调研和分析。

3. 市场定位和用户选择。市场调研后，可以根据市场情况对产品或服务的市场进行细分，确定目标用户，为营销策略的制定打下基础。

4. 营销策略制定。常用的营销策略是4P营销组合，即产品（Product）、渠道（Place）、价格（Price）和促销（Promotion）。营销活动中，产品或服务是核心，价格是工具，渠道是途径，促销是推进器。营销活动的范围和方式需要根据产品或服务、企业发展的不同阶段以及市场环境的变化不断调整。

5. 销售预测。通过市场分析所获取的销售预测可以促进风险投资者理解营销目标和财务报表。这些预测数据包括预测市场份额、销售额、市场增长率等。

（九）创业团队

许多投资者和创业计划书审阅者会首先浏览执行总结或者摘要，然后直接翻到管理团队部分评价企业创建者的实力，看团队能否胜任创业项目。投资者阅读过的有创意、有市场的创业计划，远多于他所能实际资助的数量。因此，赢得融资支持经常不是因为创意或市场，而是投资者认为创业团队为开发创意做了更充分的准备。创业团队通常包括企业创建者和关键管理人员。创业计划书应该提供每个创业团队成员的个人简介。个人简介应该显示出该成员为何能够胜任，为何能对企业成功做出特殊贡献等。

（十）生产运营计划

生产运营是一个选择厂址、购买原材料、组织生产产品或提供个人服务的过程。在此部分需要介绍的内容以及内容的详尽程度完全取决于创业者的产品或服务本身。对于工业类企业而言，生产运营计划应当包括的具体内容有厂址选择、工艺流程、设备引进、生产周期标准和生产作业计划的编制、物料需求计划及其保障措施、劳动力供求、库存管理以及质量控制方法等。创意服务类企业相较于产品类企业，其运营成本低，在创业计划书中可以强调创意本身，阐明自己的优势、员工的特点等。无论是工业类还是创意类产品，在创业计划书中撰写生产运营计划这部分内容时，创业者都应该从以下几个方面思考：新产品或服务的成本结构是怎么样的？如何保证产品或服务的质量？如何保证原材料或物料的供应？

（十一）财务计划及融资

财务计划是针对创业项目的发展制订的一套可靠、全面的财务规划，以反映企业预期的财务业绩。财务计划是从财务角度对创业计划书的支持和说明。投资者期望从财务计划部分判断企业未来经营的财务预期，作为判断自身投资风险的一个依据。一份详尽、周全的财务计划对创业者而言尤为重要。如果财务计划准备得不好，会给风险投资者留下缺乏经验的印象，可能会降低初创企业的估值，同时也会增加初创企业的经营风险。

财务计划在创业计划中需要花费较多的时间和精力来制定和具体分析，主要包括资产负债表、利润表、现金流量表和盈亏点分析。此外，一些具体的财务数据信息也十分重要，如销售收入、销售成本、管理费用、销售费用、应收账款、应付账款、存货周转和资产利用率等。对于初创企业而言，能够给出 6 个月或 1 年的财务计划就可以了。

融资部分要写清楚你需要多少资金，在什么时候需要这些资金以及通过这些资金的投入，你的公司能够做到什么程度。这部分要和市场分析、发展规划、财务预测对应上，而且要在计划和预测里面确定几个清楚的关键点或里程碑，也就是公司在什么时候能够达到什么目标。这个目标应兼顾业务和财务。

（十二）风险应对及资本退出方式

很多人都说创业者就是个冒险家，他们有着高风险偏好。但是大部分创业者并不喜欢风险，而且会尽量避免风险，并把风险降至最低。创业者在创业开始阶段必须要对承担的风险和可能获得的利益进行评估。风险种类包括技术风险、市场风险、财务风险、管理风险、行业风险等。

风险应对是创业者在风险评估的基础上，选择最佳的风险管理技术，采取及时有效的方法进行防范和控制，用最经济合理的方法来综合处理风险，以实现最大安全保障的一种科学管理方法。

投资者都对风险收益格外关心。在撰写创业计划书的时候，创业者应该提供资本退出的方案。也就是说，创业者需要呈现给投资者在什么时候他们的投资将退出，并且届时能够获得的回报。资本退出的形式有：首次公开上市（IPO）退出、并购退出、回购退出和清算退出。创业者在提出资本退出方案的时候需要注意以下问题：企业面临的风险及其带来的影响是什么？面对风险，企业应采取怎样的应对方案？初创企业首选的退出方式有哪些？每一项的投资回报率是多少？

创业金言

做生意就像下棋：要想成功，你必须能预见几步棋之后的情况。

——［美］威廉·A. 萨尔曼教授

（十三）附录

撰写创业计划书的一个原则是言简意赅地传递企业的经营计划。在正文中呈现出来的数据需要有文档的支撑，这时候就需要在附录中把各种有关文档列出来，给读者和投资者提供决策的依据。一般而言，创业计划书的附录主要包括：合同资料、信誉证明、市场调查结果、技术信息、生产制造信息、宣传资料、授权书、获奖和专利、政策文件等。

二、青年学生可借鉴的创业计划书模板

初写创业计划书，不建议采用复杂的模板，可借鉴比较适合路演的计划书模板。

创业计划书

项目名称：

组号：

组长姓名：

电话：

电子邮箱：

成员姓名：

班级：

年　月　日

（注：以上为封面内容，封面须单独一张）

一、目标客户及其需求描述

1. 客户痛点（找到目标客户遇到的问题、难题或不方便之处等）

2. 客户需求（描述客户需要什么样的产品或服务以消除痛点）

3. 目标人群（确定项目组可以覆盖到的目标人群）

二、价值主张和产品体系

1. 主营产品或服务（通过什么产品或者服务为客户创造价值）

2. 核心竞争优势（技术创新、模式创新、应用创新、销售创新等核心优势）

3. 产品体系（给客户提供不同层次的产品，或者给不同类型的客户提供产品）

三、市场营销策略

1. 市场分析（简单的 SWOT 分析，即优势、劣势、威胁与机遇分析）

2. 市场策略（从大众人群中获得目标客户的策略）

3. 市场空间（项目组可以切入的市场范围）

4. 营销渠道（将产品销售到目标客户的管道）

四、商业盈利能力

1. 盈利机会（可以收费的项目）

2. 生命周期（替代产品或服务可能出现的时间）

五、成本构成与策略

1. 设计成本（设计方式和成本构成，降低成本的策略，如果没有可以不写）

2. 制造成本（制造模式和成本构成，如何降低制造成本）

3. 营销成本（营销方式及相应的成本构成，如何降低营销成本）

4. 管理成本（管理成本的构成及其降低策略）

六、团队成员与分工

1. 核心团队（股东成员和骨干人员介绍）

2. 人力资源风险防控（对于骨干以上人员的激励机制）

七、融资计划与策略

1. 融资额度（需要多少钱，股权融资还是债权融资）

2. 资金用途（列出主要资金用途）

3. 资金风险防控（如何防范出现资金断链）

【自我检测】

1. 什么是创业计划？创业计划包括哪些内容？

2. 撰写创业计划书应注意哪些技巧？

【拓展训练】

创业项目 SWOT 分析

1. 活动目标

学会用 SWOT 方法对创业项目进行分析。

2. 活动要求

（1）活动场地：室内；

（2）参加者：班级同学；

（3）活动准备：班级同学分组，按照个人兴趣组成各种创业项目团队，确定创业项目。

3. 活动过程

在小组成员确定创业项目后，运用 SWOT 的方法对其进行评价，展开充分讨论。

4. 讨论与分享

（1）我们做这个项目的优势在哪里？（和竞争对手相比，我们做这个项目有什么长处?）

（2）我们做这个项目的弱点在哪里？（我们做这个项目还有哪些困难?）

（3）我们能否抓住这个机会？（这个项目的市场究竟有多好?）

（4）我们可能受到的威胁是什么？（这个项目会经受哪些风险考验?）

5. 依据团队的创业项目，借鉴青年学生创业计划书模板，合理分工，完成一份创业计划书。

第六章 整合创业资源

开篇寄语

资源就像散落的珍珠，创业者需要一双慧眼去识别挖掘，将一颗颗散落的珍珠打磨穿起来，才能成为耀眼的珠宝。

案例导读

“蒙牛借力”

牛根生和他的创业团队把一个一无奶源、二无工厂、三无市场的“三无企业”发展成了乳制品行业的龙头企业。他们成功的核心因素之一就是借力。

逆向经营——面对困境，公司董事会在创业之初就确定了“先建市场，后建工厂”的发展战略，并通过“借鸡生蛋”迅速做大企业。

虚拟联合——蒙牛与当地政府协商，让他们组织建奶站，与蒙牛签订常年供应合同。蒙牛品牌的影响和从不拖欠资金的信誉使当地政府放心，奶站是当地人自己出钱建的，自然尽心尽力，质量、数量都有保证，这样就形成了双赢。

统一战线——蒙牛一直宣扬和伊利是兄弟，彼此间应相互促进，共建“中国乳都”的形象概念。

国际化之梦——借助摩根士丹利、鼎晖、英联三大国际财团，蒙牛一直在寻找和搭建向国际化发展的平台。

牛根生就是这样用别人的钱干自己的事，用智慧、灵活的战略战术创造了奶制品世界的神话。

思考与讨论：

1. 牛根生都在向谁借力？他为什么能借到力？

2. 借力对蒙牛早期的快速发展有什么好处？

第一节　认识与获取创业资源

学习目标

1. 掌握什么是创业资源及创业资源的分类；

2. 了解主要创业资源的获取途径；

3. 掌握整合创业资源的过程与方法。

名人名言

野蛮社会，体力可以统御财力和智力；资本社会，财力可以雇用体力和智力；信息社会，智力可以整合财力和体力。

——牛根生

高筑墙，广积粮，缓称王。

——朱升

知识讲解

俗话说，“巧妇难为无米之炊”。创业绝不是引“无源之水”，栽“无本之木”。没有资源，创业者只能望“（商）机”兴叹。创业资源的获取与整合伴随着整个创业过程，创业者需要有效识别各种创业资源，并且积极借助企业内外部力量对创业资源进行获取和整合，打造企业的核心竞争力，促进创业。

一、认识创业资源

（一）什么是创业资源

创业资源，是指企业在创立及成长过程中需要的各种生产要素和支撑条件，包括有形资源和无形资源，主要表现为创业人才、创业资本、创业机会、创业技术和创业管理等方面。简单地说，创业资源就是创业者需要具备的一些创业条件。

创业资源是新创企业创立和运营的必要条件，因为每一个人开始创业，都必然有其可以凭借的条件，也就是其拥有的资源，没有真正意义上的“白手起家”。创业过程实际上就是创业者建立、整合和拓展资源的过程。若获取不到创业所需的资源，创业机会对创业者而言就失去了意义。

（二）创业资源的分类

创业资源根据其性质，可分为政策资源、信息资源、资金资源、人力资源、管理资源和技术资源等六种不同类型，其内容和作用可见表6-1。

表6-1　　主要创业资源及作用

资源名称	资源内容	资源作用
政策资源	资金扶持、减免税收、财政补贴、社会保障等	创业活动需要政策扶持。政策的允许和鼓励，会帮助企业获得更多的人才、贷款和投资、各种服务与优惠等。
信息资源	市场信息、项目信息、资金信息、政策法规等	丰富、及时、准确的信息，可以帮助企业争取到更多的其他创业资源。
资金资源	资金、资产、股票等	资金资源为企业进行产品研发、采购、生产和销售提供支撑，充足的资金资源有助于加速新创企业的发展。
人力资源	创业者与创业团队的知识、经验、智慧、判断力、视野、愿景、人际关系网络等	高素质人才的获取和开发，是现代企业可持续发展的关键。

续表

资源名称	资源内容	资源作用
管理资源	企业的战略规划、员工开发、评价和薪酬系统等	完整而高效的管理制度是助力新创企业成功的宝贵资源。
技术资源	包括关键技术、制造流程、作业系统、专用生产设备等	积极引进寻找有商业价值的科技成果，加强与高校及科研院所的产学研合作，将有助于加快产品研发速度，为企业在市场上的竞争提供有力的支持。

二、获取创业资源

创业资源多种多样，对于青年学生而言，获取创业资源的主要途径有：

（一）获取技术资源的途径

目前学生创业者的技术意识还不够强，拥有的核心实用技术少，创业项目偏向于商务服务类。然而，真正成功的创业者，大多会在两个方面下功夫：一是拥有核心技术，二是拥有一流团队。因此，技术资源是创业初期最为关键的创业资源之一。美国的微软公司和苹果公司，最初的创业资本都不过几千美元，创业人员也只有几人。它们之所以走向成功，就是因为它们拥有独特的创业技术。

那么，如何获得技术资源呢？（1）吸引技术持有者加入创业团队；（2）购买他人的成熟技术，并进行技术市场寿命分析；（3）购买他人的前景型技术，再通过后续的完善开发，使之达到商业化要求；（4）同时购买技术和技术持有者；（5）自己研发。

我们还应该随时关注各高校实验室、老师或学生的研发成果，定期去国家专利局网站查阅各种专利的申请，养成及时关注科技信息和留意科技成果的习惯，以便于发现具有巨大商机的技术。

（二）获取人力资源的途径

创业者及其团队的洞察力、知识、能力、经验及社会关系等人力资源影响到创业的整个过程。创业前可在读书期间做一些校园创业实践活动，在这个过程中既能赚些钱，又能增长关于市场的知识，还可以锻炼组织能力，因为往往要组织创业小团队。也可以考虑进入一个企业为别人工作，通过工作的经历学习行业知识、建立客户资源渠道，了解企业运作的经验，学习开拓市场的方法，清楚盈利模式。概括起来，获取人力资源的途径有：（1）打工；（2）参加校园创业实践；（3）参加各类学生创新创业大赛；（4）拜访优秀创业者；（5）与优秀的人共事。

（三）获取财务资源的途径

创业资金是企业运营的血液，没有资金，创业企业及创业管理团队就无法生存。创业过程的每一个环节、每一个阶段都需要足够的资金支持。对于资金的获取，一般可通过以下几种途径：（1）个人存款；（2）依靠亲朋好友筹集资金，双方形成债权债务关系；（3）抵押、银行贷款或企业贷款；（4）争取政府某个计划的资金支持；（5）所有权融资，包括吸引新的拥有资金的创业同盟者加入创业团队，吸引现有企业以股东身份向新企业投资、参与创业活动，以及吸引企业孵化器或创业投资者的股权资金投入等；（6）做一个详尽可行的创业计划，以吸引一些学生创业基金甚至风险投资基金的目光。

（四）获取政策、信息、市场等资源的途径

信息时代，社会上存在着无数的创业政策、信息、市场等资源。创业者可以根据自己的实际需要，尽可能多地获取有效信息并加以选择，努力了解并分析包括竞争对手、政府、行业、合作伙伴、客户等在内的周边环境的变化信息。一般而言，我们可以通过以下途径获取相关资源：（1）电视、报纸、广播、互联网等各种新闻媒体；（2）市场调研；（3）政府机构网站；（4）图书馆、阅览室；（5）大学研究机构；（6）专业信息机构等。

三、整合创业资源

资源整合，简单地讲就是资源互补交换，从别人手里得到我们所欠缺和需要的资源，作为交换，我们要将自己手上能为对方所用的资源进行共享，这样双方都能借此互补来更快更好地完成自己的项目，从而达到双赢的局面。

（一）为什么要整合创业资源

很多创业者在初次创业的时候，经常会遇到创业资源短缺问题的困扰，解决这些问题的最好的方式就是进行资源整合。其实大量例证已经表明，许多成功企业家在创业之初可支配的资源几乎都是微不足道的。例如，1946 年井深大与和盛田昭夫创立东京通信工业公司（索尼公司前身）时，初创资本仅为 500 美元；惠普公司的创始人休立特和帕卡德创业之初身无分文，是用所借的 538 美元租用车库创立惠普公司的；苹果电脑公司是沃茨尼亚克和乔布斯于 1976 年在自家的车库创立的；中国刘氏家族创办的希望集团仅以 1000 元起家，现已发展成为中国最大的民营企业之一；香港上市公司金利来的创始人曾宪梓创业之初仅有 6000 港元的资本。实际上，这些企业家在新创企业成长的各个阶段，都会做到用尽可能少的资源推进企业向前发展。因此，对他们而言，资源的所有权并不是关键，关键是对其他人的资源的控资及影响程度。

我们可以这样认为：创业者能否成功地开发出创业机会，进而推动创业活动向前发展，通常取决于他们掌握和能整合到的资源，以及对资源的利用能力。在现实生活中，优秀的创业者在创业过程中所展现出的卓越的创业技能之一，就是创造性地整合和管理资源。

| 经典案例 |

两家企业的巧妙合作

在哈尔滨做水上运输、水上旅游生意的付总，一直以来有一个困扰：东北的一年中几乎有半年是冬季，河水结冰，水上生意根本没法做。但是，公司的很多工作人员，尤其是船上的技术人员又必须继续发工资雇佣，因为一旦流失了这些技术人员，来年再找人就非常难。如何解决这个问题？他深思熟虑后找到经营滑雪场的王总，提出两家企业进行淡旺季整合。

付总的企业业务主要集中在一年中的无冰季节，这个季节旅游和水上运输生意好，但是人员紧缺。此时付总整合滑雪场的闲置人员，由付总的公司开工资，员工在紧张充实的工作中，既能得到更多的酬劳，又能全心全意地投入工作。到了结冰期，付总公司的工作人员闲了下来，又可以被急缺人手的王总聘用过去，同样付总也不需要支付人员工资。这样，两家公司的人员都做到了全年无闲置，全年都有全额工资。如果两家公司长期合作的话，各自公司的人员也能熟悉对方公司的业务流程和技能，对双方的业务开展也会更加有利。经过资源整合，双方都解决了各自在淡季时人员的薪酬支付问题，工作人员的流失率大大降低，企业的经济效益增长明显。

思考与讨论：

1. 付总是如何解决工作人员流失的问题的？

2. 如果你是付总，你还会想到哪些可以利用或者整合的资源，以用于本企业的发展？

（二）创业资源整合的过程

创业资源的整合是一个复杂的动态过程，是创业企业对不同来源、不同层次、不同结构、不同内容的资源进行选择、汲取、配置、激活和有机整合的过程。这一动态过程包括资源识别、资源获取、资源利用和资源拓展四个相互影响、相互衔接的阶段。

1. 资源识别

创业者在新创企业成立之前，必须努力挖掘和反复评价自身现有的各种初始资源，包括各种有形资源和无形资源，如人才、技术、设备、品牌等。同时，要学会从中发现和识别哪些可以实现其创业目的，分析、评价自己的资源优势和不足，判断哪些资源属于战略性资源，哪些资源属于一般性资源，还要确定资源的数量、质量、使用时间和使用顺序。

在识别自身已有资源的同时，还要对外部资源进行识别和判断，及时发现企业所需的各种外部资源，分析所需要的创业资源可以从哪些渠道获得，并为各种资源渠道获得的难易程度进行排序；同时，要确定谁拥有这些资源，对资源所有者的利益需求进行深度分析，与自己所拥有的资源进行比较，找到利益契合点。

2. 资源获取

创业者要尽可能利用已有资源和能力去控制或获取那些尚无法得到的资源。

获取资源的方式通常有两种：购买和并购。资源购买主要是通过市场行为购入所需的资源；资源并购是通过股权收购或资产收购，将企业外部资源内部化。对于大多数新创企业，其占有和控制的资源必定是有限的，因此还需要通过其他的方式来获取资源。例如，创业者可以通过完美的商业计划、个人的网络关系和良好的社会声誉等资源，与资源所有者之间建立联系，吸引潜在的合作者并获得资源。

3. 资源利用

创业者在识别和获取资源之后并不一定能保证企业的存活。创业者还需根据不同的创业理念，将资源的价值和潜能进行整合，转化为新企业所特有的资源并加以利用。企业资源在未整合前大多数是零碎、低效的，要发挥这些资源的最大使用价值，就必须运用科学方法对各类资源进行细化、配置和激活，让它们相互匹配、有机融合、互为补充、互相增强，形成“1+1>2”的局面，为企业的进一步发展奠定基础。

4. 资源拓展

创业者在创业过程中，还需要将以前没有建立起联系的资源相互联系，将新获取的资源和已有的资源进行链接融合，进一步开发潜在资源为企业所利用。这一过程又称为资源的再开发，即开拓资源的范围和功能，为今后资源的识别、获取、配置和利用奠定更为坚实的基础，这也是企业保持持续竞争优势的根源。

四、创业资源整合的方法

（一）善用资源整合技巧

要学会拼凑。成功的创业者往往会善于运用发现的眼光，洞悉身边各种资源的属性，利用一切资源进行创业活动。这些资源可能对他人是无用的，但是创业者可以通过自己独特的经验和技巧，将其加以拼凑、整合和利用。

要步步为营。创业者分多个阶段投入资源，并在每个阶段投入最有限的资源，这种做法就是步步为营。步步为营，首先要求创业者要设法降低资源的使用量，降低管理成本；其次要求创业者要自力更生，减少对外部资源的依赖，降低经营风险。

（二）发挥资源杠杆效应

尽管创业过程中存在资源约束，但创业者并不会被当前控制或支配的资源所限制。成功的创业者善于利用关键资源的杠杆效应，利用他人或别的企业的资源来实现自己创业的目的，或者利用一种资源撬动和获得其他资源。

（三）设置合理利益机制

资源通常与利益相关，创业者之所以能够比较容易地从家庭成员那里获得支持，是因为家庭成员之间不仅是利益相关者，更是利益整体。既然资源与利益相关，创业者在整合资源时，就一定要设计好有助于资源整合的利益机制，尽可能多地找到利益相关者，借力发展。同时，分析清楚这些组织或个体和自己以及自己想做的事情的利益关系，利益关系越强、越直接，整合到资源的可能性就越大。

| 经典案例 |

借力修天桥

国际商场是天津市第一家上市公司，毗邻南京路——一条十分繁忙的主干道，对面就是繁华的商业街。在国际商场开业时，门口并没有过街天桥，行人穿越南京路不方便也不安全。路经那里的人都会产生应该修个天桥的想法，但都认为这是政府的事。不过，政府由于财政资金紧张，一直没有行动。

一个年轻人却从这件事中看到了商机。他找到政府相关部门，提出用自己的钱修天桥，但要允许他在天桥上设置广告牌。不花钱还让老百姓高兴，有关部门觉得不错，就同意了。这个年轻人拿到政府批文，立即想到找一些大公司洽谈广告业务。在这样繁华的街道上立广告牌，这是大公司求之不得的事情。很快，这个年轻人从大公司那里拿到广告的定金。他用这笔钱修建了天桥还略有剩余。天桥修建好了，广告也挂上了，年轻人从大公司那里拿到余款，获得了第一桶金。

第二节　筹备创业资金

学习目标

1. 了解创业融资的相关理论及其融资的主要渠道；掌握创业融资的选择策略。
2. 能针对不同创业阶段寻求创业资本；能办理银行贷款业务。
3. 重视创业资本的作用。

名人名言

要想知道钱的价值，就想办法去借钱试试。

——［美］富兰克林

知识讲解

创业成功，比较重要的条件有两个：一是创业者能够抓住商机，发现和开发出那些市场需求巨大的产品或项目；二是能够妥善解决创业全过程的融资问题。创业资金的筹集无疑是阻碍青年学生创业成功的一大拦路虎。

一、创业所需资金

资金是企业生产经营活动的起点。任何企业要开展生产经营活动，都需要一定数额的资金，否则就成了无源之水。创业融资之前，需要对创业成本进行适当的估计，测算出创业所需的资金数量。

（一）创业所需资金的用途及形式

创业所需资金的用途主要有两种：一是投资成本，即企业开始运营之前，需要投入一定数量的资金用于开办企业的各种支出。这笔资金主要用于购买或租用土地、建设厂房、购买机器、装修厂房、登记注册、通水通电、前期广告宣传等支出。二是运营成本，即企业投入运营之后，在实现盈利之前，要维持企业正常运转还需投入的资金。这笔资金主要用于购买原材料和员工薪酬、日常办公费用、电话费、水电费、税收费用等支出。

从资本的形式来看，可将资本分为固定资本和流动资本。固定资本包括用于购买厂房、机器设备、办公设备、车辆、工具等固定资产的资本。这些固定资产的使用寿命较长，所以固定资本的周转速度比较慢，不能在短期内收回。流动资本包括用于购买原材料和燃料、支付工资及其他日常费用的资本。这些资本在一个运营周期内就能收回，周转速度比较快。

（二）创业所需资金测算

1. 启动资金的测算

企业要开始运营，首先要有启动资金，启动资金用于购买企业运营所需的资产及支付日常开支。

创业者在测算启动资金时，要注意以下几点：

一是尽量节省支出，尤其是在固定资本上。企业最主要的固定资产投资就是场所和设备。在满足经营要求的情况下，可以考虑通过租用厂房、采购二手设备来节约资金。

二是尽量减少库存。库存越多，需要的流动资金就越多。所以，创业者应该尽量将库存降到最低限度。

三是不能低估运营前期的支出。创业者通常只考虑运营前的支出，而忽视或低估运营前期的支出，以至于企业刚运营不久就在支付员工工资、偿还贷款、支付租金等方面出现问题，企业最终因此而倒闭。所以，创业之初一定要预测企业在达到收支平衡之前一段时期内的各项支出，以保证提前筹集到充足的资金并预留所需的流动资金。

2. 运转过程的财务测算

新创企业要测算一定时期内企业的营业收入、营业成本和利润，在此基础上，预估财务报表，从而可以为测算相关资本需求量提供一定依据。其中，现金流量是新创企业面临的主要问题之一。现金短缺足以使一个本来有前途的企业破产。因此，对于新创企业来说，制订现金流量计划是非常重要的，逐月估计现金流量可以显示每个月预计会有多少现金流入和流出，使创业者明确资金流动情况，不会使企业陷入突然的现金短缺困境。这就要求在制订现金流量计划时，应充分考虑到各种因素的影响，做出各种情境的假设，以便创业者提前做好应对不同情况的准备，防止企业陷入可能的灾难。

二、常见创业融资渠道

创业初期，融资渠道多种多样，因此，我们需要对各类融资渠道的具体方式及其优缺点进行深入的了解，从而灵活掌握各种不同的融资渠道，结合自身项目特点以及个人资源优势，选择合适的融资渠道。

（一）自有资金

对于大多数创业者来说，自我筹资是新企业融资的一种基本途径。创业者如果将自有资金的大部分投入到新创企业中，不仅有利于企业的创立和正常运转，而且可以给外界一个信号，吸引其他投资者，也可以在新创企业中持有较多的股份。但创业者个人资金毕竟十分有限，对于一些资金需求量大的行业来说，几乎是杯水车薪。

（二）向亲朋好友融资

在创业初期，新创企业很难从银行和其他金融机构获得投资，凭借个人信誉和影响，从家人、亲戚、朋友处获得创业所需的资金就成为常见的融资方法。从亲朋好友处筹集资金有时容易引起纠纷，为尽可能地避免亲友关系在融资过程中出现问题，创业者应以对待其他投资者的方式对待家庭成员和朋友，用契约原则和法律形式来规范融资行为，保障各方利益，以减少纠纷。

（三）合伙人投资

合伙人出资不同于向亲朋好友借款，合伙人一般要参与企业的经营管理，其投资无须偿还。合伙人的加入可以给企业带来资金和人才，在实现利益共享的同时共担风险，这有助于促进创业成功。但是，若合伙人的选择不当或者合伙方式不明确，也容易引起纠纷，导致企业解散。

（四）风险投资

风险投资源于20世纪40年代的美国硅谷，在我国也已经过较长时间的引进和成长期。从政策制度和操作的角度看，风险投资应该说是一种较为成熟的中小企业融资方式。广义的风险投资泛指一切具有高风险、高潜在收益的投资；狭义的风险投资是指以高新技术为基础，对生产与经营技术密集型产品的投资。根据美国风险投资协会的定义，风险投资是由职业金融家投入到新兴的、迅速发展的、具有巨大竞争潜力的企业中的一种权益资本。

风险投资作为股权融资的主要方式之一，其突出特点是：无须任何财产作抵押，以公司股权与投资人的资金相交换。具有资金使用期限长，没有定期偿付的财务压力，可以获得投资人提供的资金以外的资源支持等优势。因此，风险投资是最受创业者欢迎的股权融资方式之一。不过，风险投资本身就属于高回报与高风险同时并存的投资行为，对于创业者而言，其主要风险在于：企业将面临分散乃至失去控制权的风险，融资成本较高（主要指股权稀释）。除了风险，风险投资设置的门槛也比较高，即对创业项目的商业模式以及创业者个人能力的要求都比较高。因此，风险投资尤其适合产品或项目技术含量高、具有广阔发展空间和市场前景的中小型高科技或者创新型企业，如IT、半导体、生物工程、互联网等行业的企业。

我国的风险投资人主要分为以下几类：

1. 政府背景的创业投资公司，以支持高新技术产业为主，例如生物、医药、新材料、新能源等。

2. 国内大企业战略资本，例如联想投资、四通投资等。

3. 国内外知名风险投资公司，例如IDG资本、红杉资本、软银中国、凯雷资本、高盛等。

4. 大中华经济圈的创业资金，例如李嘉诚的和记黄埔。

5. 天使投资人，例如沈南鹏、雷军等。

（五）银行贷款

向商业银行贷款是企业最常见的一种融资方式。对于创业企业来说，由于缺乏抵押品和信用积累，风险较大，银行一般不愿意提供贷款。但在提供担保的情况下，获得银行贷款还是比较容易的。总体来说，新企业从商业银行获得的贷款相对少，不一定能满足企业发展的需要。但随着企业的发展壮大，银行贷款会逐渐成为企业运营的重要支持。

对于创业者来讲，可以从以下几个方面来引起银行借贷的兴趣。

1. 提供可靠的担保，转移银行风险

银行感兴趣的是创业者是否能提供没有瑕疵的担保，而不是创业者的风险投资回报。目前，银行贷款的主要方式是担保贷款，即由借款人或第三方依法提供担保而发放的贷款。按照担保方式不同，担保贷款可分为保证贷款、抵押贷款和质押贷款。

（1）保证贷款

保证贷款是指按《中华人民共和国担保法》（以下简称《担保法》）规定的保证方式，由第三人承诺在借款人不能偿还贷款时按约定承担连带责任而发放的贷款。保证贷款对借款人以及保证人都有一定的要求。例如个人保证贷款，要求个人具有固定且稳定的职业收入、信用良好、有按期偿还贷款本息额的能力、无不良历史记录，保证人的担保也必须经银行的严格审核通过后方可生效。因此，为顺利取得银行贷款，创业者应该选择那些实力雄厚、信誉好的法人或公民作为贷款保证人，例如专业的中小企业信用担保机构等。若银行等金融机构能作为企业的保证人，则效果更为理想，借款企业取得银行贷款更为容易。

（2）抵押贷款

抵押是指按《担保法》规定的抵押方式，以借款人或第三人的财产作为抵押物而发放的贷款。当无法获得银行信用贷款，或者银行提供的信用贷款难以满足需要时，中小企业可以向银行提供抵押物以获得贷款。而且，对于银行来说，因为拥有抵押物，其承担的风险大大降低，往往乐意向企业提供贷款。因此，创业者也可以将个人消费抵押贷款用于创业，具体包括拟购的商业房产、汽车等。其风险在于，如果你无法履行债务，债权人有权以该财产折价或者以拍卖、变卖该财产的价款优先受偿。

（3）质押贷款

质押是指债务人或者第三人将其动产（或财产权利）移交债权人占有，将该动产（或财产权利）作为债权的担保。质押贷款是指按《担保法》规定的质押方式，以借款人或第三人的动产或权利作为质押物发放的贷款。质押贷款也是中小企业获得银行贷款的重要形式，是企业在不具备信用贷款优势条件下的重要补充，而且一旦向银行提供质物，从银行获取贷款的难度将大大降低。例如，对于个人而言，凡持有本人或他人名下的有价权利凭证，具有完全民事行为能力且符合贷款条件的自然人，都可以向银行申请个人质押贷款，可质押物包括存款单、国库券、银行本票、银行汇票、保险单；对于企业而言，可质押物的范围更广，包括产成品、原材料、无形资产（商标专用权、专利权、著作权中的财产权）等。其风险在于，当你不偿还债务时，债权人有权以该动产（或财产权利）折价或者以拍卖、变卖该动产（或财产权利）的价款优先受偿。

2. 贷款期限尽可能短，减轻银行风险

银行一般不愿意给小企业发放中长期贷款，而是提供短期贷款这种最安全、最能赚取利润的方式。银行特别考虑贷款在一年以内的情况，这样就便于及时地评估贷款的风险，决定以后的贷款方案。通常情况是，贷款期越长，银行需要的担保就越多，加到企业运作上的限制就越多。至于长期贷款，银行也可以发放，但一般需要用于购买重型设备、增加固定资产，或者购进别的小企业等方面。

3. 准备一份值得信赖的创业计划书

创业者要制定一份十分精细的创业规划，随时准备提交给银行审查，但大多数小本经营者却不能做到这一点。这是获得信贷的关键，深思熟虑的计划可以看作创业成功的蓝图，它强迫你考虑创业运作的每一个细节。为银行提供一份有职业水平的计划，也就意味着为银行考虑贷款申请打下坚实的基础。这样将留给银行一个好印象：计划周密、准备充分、实际可行、值得信赖、风险较小。这样得到贷款的机会就增加了。准备以上内容应当在具有专业知识的会计师、律师的协助下进行，因为他们在企业运作方面掌握不少供研究的统计资料，并能为我们的设想提出比较现实的分析。总之，要尽一切努力说服贷款银行相信企业是在良好地运作，是具有发展潜力的。可以视具体情况把样品、照片、顾客对产品需要的文字介绍、权威人士的推荐信以及有助于获得贷款的任何资料交给银行。

4. 同银行建立良好的业务关系

对创业者来说，最理想的情况就是同某一银行建立良好的业务联系，比如开户。在向银行申请贷款时，如果能有熟悉贷款业务的朋友陪你一起去，就一定要保持并增加同银行的联系，增强银行协助自己业务活动方面的作用，并结识在那家银行工作的人员，就商业问题向他们请教。银行除了能提供资金帮助外，还可以给你出些主意。银行有良好的信息服务网，很容易得到全面的统计资料，而这些资料可以影响到私营公司的发展方向。银行都愿意向自己的固定客户提供信息，因为这是十分受欢迎的服务项目。

（六）创业扶持资金

新企业在国民经济发展中具有重要地位，但是与既有企业相比，其竞争力不足。政府会采用多种方法支持新企业发展，我国财政部、科技部、商业部等相关部门及各级地方政府部门、企业、高校等推出了多种扶持创业企业的基金项目。这些基金通过拨补助款、贷款贴息、资金投入等方式扶持中小企业，成为中小企业创业的重要启动力量。

（七）典当融资

典当是一种特殊的融资方式，是指当户将其不动产、动产或权利作为当物抵押给典当行，交付一定比例的费用，取得当金，并在约定期限内支付当金利息、偿还当金、赎回当物的行为。当户有权在一定的当期内向典当机构偿还当金本息及其他合理费用赎回原当物。但过期不赎视为绝卖，典当机构则获得该当物的所有权或以拍卖、变卖所得的价款优先受偿，不足部分方由当户承担清偿责任。当物变价而优先受偿。

典当融资具有对借款人资信条件要求低、手续简便灵活、典当物品起点低（物品价值不限，千元、百元物品皆可）、典当质押范围广（动产与不动产都可以）、资金使用用途不受限制（可以解决资金急需、盘活闲置资产）等优势。不过，典当融资也有其突出的劣势，即成本相对较高。例如，与银行贷款相比，除了支付贷款月利息，典当贷款还需要缴纳较高的综合费用，具体包括保险费、保管费、典当交易成本支出等，因此，其融资成本通常比银行贷款要高。

创业者获取资金的渠道有很多，每种渠道各有优劣。融资本身就像一把双刃剑，在为企业带来资金的同时，也会带来义务和风险。如果对于融资渠道的选择和使用不正确，可能给企业带来不同程度的影响。因此，企业需要正确地评估每种渠道，从中选择最适合自己的渠道，以降低成本、减少风险。

第三节　组建创业团队

学习目标

1. 了解创业团队的含义与特征；
2. 明确创业团队的几种类型；
3. 学会组建高效创业团队。

名人名言

领军人物好比是阿拉伯数字中的1，有了这个1，带上一个0，它就是10，两个0就是100，三个0就是1000。

——联想集团创始人之一　柳传志

知识讲解

没有团队的创业并不一定会失败，但要创建一个高成长性企业，仅仅依靠一个人的单打独斗是很难实现的。“选择了正确的团队，就是完成了80%的工作。”这是很多风险投资家投资企业时的经验之谈。创业需要组建一个相互协作、有稳定组织结构的群体，使其成为一个既有统一意志又能分工协作、具有较强凝聚力和战斗力的团队。

一、创业团队的定义与特征

创业团队是指由两个或两个以上具有一定利益关系的，彼此间通过分享认知和合作行动以共同承担创建新企业责任的，处在新创企业高层主管位置的人共同组建形成的有效工作群体。狭义的创业团队是指有着共同目的、共享创业收益、共担创业风险的一群创建新企业的人。广义的创业团队则不仅包括狭义创业团队，还包括与创业过程有关的各种利益相关者，如风险投资家、专家顾问等团队。

创业团队一般具有如下特点：

（1）一个创建新企业的特殊群体。

（2）一个具有新价值创造与创新能力的群体。

（3）树立共同的目标，其根本目标是为顾客创造价值。

（4）团队成员之间才能互补，团队绩效大于个人绩效之和。

（5）团队成员共同承担责任，且共同拥有企业的所有权以及一切成果的分享权。

（6）创业团队是高层管理团队的基础与雏形。

| 经典案例 |

携程四君子

1999 年春节后的一天，季琦与梁建章、沈南鹏等上海交通大学校友聚会，几个年轻人就互联网、互联网经济、美国的网络公司等话题热烈地讨论了一夜。最后的结论是：一起在中国做一个向大众提供旅游服务的电子商务网站。

1999 年 5 月，季琦与梁建章、沈南鹏、范敏共同创建了携程旅行网。四个人按照各自的专长具体分工：梁建章任首席执行官，沈南鹏任首席财务官，季琦任总裁，范敏任执行副总裁。这四个交大校友一开始就以契约精神明确各自的股份，根据各自经历大体定下了人事架构。看起来这是个“绝配”组合：做民企出身的季琦有激情、锐意开拓；来自华尔街的沈南鹏擅长融资；搞企业咨询的梁建章偏理性，善于把握系统，眼光长远；国企出身的范敏则善于经营，方方面面的关系都平衡得好。

创业之初，季琦一直承担着重任，直到第二轮450万美元融资到位前，另外三位都还没真正“下海”。他的确是早期创业主角的最佳人选。半年后，携程找到了“订酒店、订机票”的盈利模式。通过订飞机票、订房和订购旅游线路这三个主导产品实现了盈利，其中订房收入占了大头，占总收入的80%以上。从2000年起，季琦开始有计划地吸纳全国订房业中的优秀队伍，业务量呈现出成倍放大的趋势。

2003年12月9日，携程在纳斯达克上市。

请思考：

1. 携程四君子各自具备哪些素质？这个团队有哪些特点？

2. 这个案例对你组建创业团队带来哪些启发？

二、创业团队的四要素

（一）有核心

当团队运作时代来临，主管的角色已经越来越重要，主管是整个团队的核心和灵魂。主管是舵手，能带领团队成员，描绘出团队未来的愿景，并分享意见产生共识，制订出具体的中、短、长期目标，拟定实施的计划；是精神领袖，能依据团队成员的个性，尊重其差异性，建立互信互助的团队文化，使团队运作能顺利进行并完成公司任务；是教练，能对团队成员进行合理分工，能够激励团队成员成长，并提供教练式的指导活动。

（二）有目标

人类因为梦想而伟大，团队更是这样。每个人都有梦想，有效的团队领导人应能找出团队所有人员的共同目标，并与团队成员达成共识，以吸引成员不懈地朝向目标迈进。

（三）有分工和协作

高效团队存在的基础是团队成员有明确的分工和职责，成员之间的技能要有互补性，团队内部要取长补短，创造高效团队。

（四）有文化

团队文化是指团队成员在相互合作的过程中，为实现各自的人生价值，并为完成团队共同目标而形成的一种意识文化和行为准则。团队文化是团队发展的内在动力和基石。

三、创业团队的类型

根据创业者的组成特性，可将创业团队分为星状创业团队、网状创业团队以及从网状创业团队中演化而来的虚拟星状创业团队。

（一）星状创业团队：核心主导创业团队

星状创业团队结构紧密，团队向心力强，主导人物在组织中的行为对其他个体成员的影响巨大；决策与组织效率高。但容易出现权力过分集中的现象，因而会加大决策失误带来的风险。当团队内部发生冲突时，由于核心人物权威过大，其他成员往往会处于被动局面。冲突一旦升级，很容易导致其他成员的离开。

（二）网状创业团队：属于群体性的创业团队

网状创业团队因没有明确的核心人物，所以组织结构比较松散；团队沟通氛围较好，一般采取集体决策的方式，但是决策效率较低。由于各组织成员的地位相差不大，所以容易出现多领导的局面。当发生冲突时，一般能秉承着平等协商、积极解决的态度消除冲突，团队成员不会轻易离开。惠普公司的戴维·帕卡德和他在斯坦福大学的同学比尔·休利特组成的创业团队就属于此类，连公司名字都是抛硬币决定的。

（三）虚拟星状创业组织

虚拟星状创业组织是由星状创业组织演化而来，可以说这种创业组织是星状创业组织和网状创业组织的中间形态。这种团队中有核心人物，但是该核心人物地位的确立是其他成员共同协商的结果，或者可以说这个核心人物是团队的代言人，并非主导型人物。所以这种创业组织能够防止权力过于集中，也能够提高决策效率。

四、组建高效的创业团队

创业开始，最宝贵的资产不是那个创业想法，更不是那个宏大的规划。创业就是一场马拉松式的接力赛，是一个长期、艰苦的过程，同时又要求你必须以百米冲刺的速度去竞争。这一切都需要优秀的创业团队来执行，前赴后继。建设一支优秀的团队，这是整个创业过程中都必须要面对的问题。要想建立一支优秀的团队，须注意以下几点。

（一）团队成员要有共同的愿景和明确的目标

大家为了同一个梦想和目标聚集到一起，共同努力，朝着既定方向迈进，即使遇到困难也能够相互帮助，渡过难关。只要团队成员有共同的愿望并朝着那个方向努力，硅谷里一个小小的软件开发公司也能创造出令世界震惊的奇迹。当然，这个愿景目标必须是明确的且切合实际的，分为长远目标和阶段性目标。长远目标指引我们方向，阶段性目标可以为我们增添信心和动力，激励我们不断进取。

（二）团队成员组织分工明确，能力互补

一个优秀高效的团队会形成一个固化的工作体系，成员之间组织分工明确。团队领导要有丰富的职场经验和果断的决策能力，还要有一双善于发现和利用成员潜力的慧眼，用其所长；团队成员要年龄和经验合理搭配，成员要有各自的特点和长处，避免职位职责重复，并且在能力上也要互补，甚至其性格和行为方式也要互补。这样的团队才是富有战斗力的。

| 经典案例 |

1998 年秋，马化腾与他的同窗张志东“合资”注册了深圳腾讯计算机系统有限公司。之后公司又吸纳了三位股东：曾李青、许晨晔和陈一丹。

为了避免彼此争权夺利，马化腾在创立腾讯之初就和四个伙伴将职责划分清

楚，各展所长、各管一摊。马化腾是首席执行官（CEO），张志东是首席技术官（CTO），曾李青是首席运营官（COO），许晨晔是首席信息官（CIO），陈一丹是首席行政官（CAO）。

虽然主资金都由马化腾出，但他却自愿把所占的股份降到一半以下——47.5%。“要他们的总和比我多一点点，不要形成一种垄断、独裁的局面。”而同时，他自己又要出主要资金，占大股。“如果没有一个主心骨，股份大家平分，到时候也肯定会出问题，同样完蛋。”

（三）团队成员之间沟通流畅，高度信任

团队成员畅通的交流信息，可以消除误解，凝聚战斗力。团队成员之间要高度信任，这样在对外竞争中才能劲往一处使。各国的特种兵小分队，队员之间以命相交，不会担心背后一枪，而专注于同一件事，这样才能事半功倍。相反，团队成员之间相互猜忌，各怀鬼胎，就不会成事。

（四）要建立有效的激励机制

无论是物质奖励还是精神奖励，其目的都应该是激发成员的创造力和团队合作精神。当一个成员表现十分杰出时，我们就应该给予物质鼓励，这是他努力付出后应得的。但很多时候我们会发现，仅仅发放金钱或是发放奖状是不够的，还需要一些人文关怀。这样，那些钞票就会变得富有人情味儿，队员会更加死心塌地追随着团队，全心全意贡献自己的力量。这样的激励也会使团队其他成员内心受到触动，争取下次受到表扬奖励。

| 拓展阅读 |

高效团队的20个特征

研究者在对大量创业公司案例以及创业团队的研究过程中发现，大多数高效团队都拥有以下20个特征。创业者在创业过程中，可以对照这20个特征，来评估一下自己的创业团队是否是高效团队，又存在哪些差距问题，以帮助创业者快速检测团队存在的不足之处并塑造一个高效的创业团队。

(1) 拥有一致认同的价值观。

(2) 有一位成熟自信、领导力强、不断带来精神动力且大家共同认可的领袖。

(3) 拥有清晰、共同认同的目标，且团队目标与个人目标同等重要。

(4) 为实现目标制订了行动计划，并按人员分工、时间进行了合理分解。

(5) 按照共同约定的授权范围以及决策原则制定每一项决策。

(6) 成员职责分明、权限清晰，且可以根据需要进行适当的角色轮换。

(7) 成员之间形成了互补性极强的技能组合。

(8) 呈现彼此信任、共同分享、自发性和敢于承担责任与风险的文化氛围。

(9) 制定了合理的绩效考核制度并严格执行，定期完善。

(10) 对内部竞争进行有效的管理与激励，并形成良好的竞争氛围。

(11) 所有成员都有被授权的感觉。

(12) 会议定期召开且效率高。

(13) 拥有高效解决内部冲突问题的机制与方法。

(14) 成员间沟通开放、坦诚、支持他人并容忍错误。

(15) 根据培训需求制订并开展持续的培训计划。

(16) 成员乐于接受新的思想、观念与信息，保持较强的创新力与变革力。

(17) 敢于接受挑战，渴望取得成就。

(18) 总是能够建设性地解决各种难题。

(19) 与外部构建了良好的关系网络，拥有充裕的外部资源。

(20) 始终致力于改进绩效、优化团队内部的技能组合支撑力。

【自我检测】

1. 什么是创业资源？创业资源的获取途径有哪些？

2. 简述整合创业资源的过程与方法。

3. 创业融资的主要渠道有哪些？

4. 什么是创业团队？应如何组建高效的创业团队？

【拓展训练】

1. 体验创业融资

假设某学生创业需要3000元启动资金，大家思考并讨论：这笔启动资金准备向谁借、怎么借？在借款之前，需要做哪些准备？

2. 创业资源包括的范围极其广泛，如：创业者拥有的有形资产、无形资产、性别、年龄、身体状况、智力、经验、经历、技能、知识、社会关系等，还包括对这些有形和无形资源的整合。只要唤起强烈的创业愿景，点燃头脑中的创业火炬，就会发现“商机满地跑，只要你肯找”。因此，创业者要从创业资源的角度对自身重新认识、分析和整合。

请对自身拥有的创业资源进行评估，分析自己所拥有的优势资源和劣势资源，并学会扬长避短，整合自己的创业资源，将其转化为创业的核心竞争力。

第七章　创办新的企业

开篇寄语

行动就是力量，唯有努力行动才可以成就一个人的事业。十个空洞的幻想远远比不上一个实际的努力后的行动。在生活中，我们总是在憧憬，有计划而不去执行，其结果只能是一无所有。成功，不仅要有想法，而且更要去努力把它变为现实。创办新的企业，是创业过程中最重要的一步。只有走好这一步，才能为今后企业的发展奠定坚实的基础。

案例导读

乔卫齐的创业之路

开创一条自己的创业之路，对于乔卫齐来说，这就是一直以来的梦想。大学毕业后，他曾在北京有一份不错的工作，但他毅然辞去这份工作回到了黑龙江农村创业。三年后，他创建的网店在2015年订单已达2万笔，销售额达140万。

创业并不是一帆风顺的事情，当初刚刚回到黑龙江明水县的乔卫齐从务农开始做起。由于从小生活在农村，乔卫齐对农村有很深的感情。黑龙江是中国的“大粮仓”，有肥沃的黑土地，有绿色、无污染、品质好的农副产品。慢慢地，乔卫齐发现，虽然家里耕地比较多，种的粮食品质也好，但是生产的粮食却“优质不优价”，好东西就这样“憋”在了手里。

如何能既“种得好”，也能“卖得好”，成为乔卫齐经常思考的一个问题。为此，他请教了粮食种植的能人、致富带头人、农业专家，加上上网查询相关信息，他发现虽然明水县地理位置上的劣势无法改变，但是互联网无边界，加上国家推行的“互联网 +”战略，只要嫁接上“电子商务”，一定能走出一条新兴的发展模式。最终，他把目光定位在了淘宝网上。

2013 年，乔卫齐在淘宝网上注册了“对面小城”淘宝店，通过网店销售农产品。开始销量并不高，通过促销、免费试吃，网店逐渐打开了销售市场。

乔卫齐表示，自己的经营理念就是和买家交朋友，通过他们的推广、介绍，扩大销量。最终，小店开张不到一年，就销售出自家生产的大豆、黑豆、大米、小米等农产品5000 多公斤，订单量2000 多笔，实现销售收入 10 万元。初尝成功甜头的乔卫齐感觉到自己选择的路是对的，是实现自己创业梦的舞台。

创业路上也会遇到一些困难。在乔卫齐想采购杂粮、扩大销售规模时，资金周转出现了问题。团县委在了解到情况后，主动帮乔卫齐与金融部门联系，协调了 20 万元的创业贷款，解决了货物供应所需资金问题。团县委还推荐乔卫齐担任绥化市青年电商协会副秘书长，通过这个创业交流平台，乔卫齐结交了很多从事电商创业的青年朋友。

从年销售额 10 万到带动 11 户农民加盟，实现销售额 140 万，乔卫齐只用了一年多的时间。其中既有乔卫齐本身的努力，也和当地大力助推农村电商产业分不开。

2015 年，乔卫齐与 121 户农民签订了 1400 亩杂粮、水稻购销协议，聘请了 8 名员工，订单量也达到 2 万笔。乔卫齐认为，在明水县这样的地方创业，电商是最好的平台之一，共青团组织协调创业贷款、提供培训和企业对接等创业资源要用好，电商协会这样的载体让创业人可以“抱团取暖”，有效应对市场变化。

由自己干得好转变为带领更多的人致富，让“对面小城”成为创业平台，乔卫齐期待着把自己所在的村建成杂粮专业村，让更多人在广阔的农村天地实现创业梦想。

（摘自《大学生农村淘宝实现创业梦 3 年 140 万》，应届毕业生网，节选改编）

第一节　选择创业组织形式

学习目标

1. 了解企业法律组织形式，掌握选择技巧。

2. 根据自己拟创建的企业，慎重选择一种企业法律组织形式，准备启动新企业生产经营。

名人名言

创建活动不仅是导致新企业形成的条件，而且是新企事业生成过程中的功能性要素。借助创建活动，创业者一方面创造出新企业实体，另一方面也在形成并塑造着新企业的竞争优势。

——［美］斯科特·纽伯特

知识讲解

创业者在创立企业的时候，必须解决的一个重要问题是企业应选择什么样的法律组织形式。这个决策主要取决于创业者和公司投资者的目标，并考虑纳税人地位、承担的法律责任以及在企业经营和融资活动中的灵活性。为此，需要了解我国企业的法律形态，学习并比较每一种企业法律形态的特点，这将有助于为自己的企业选择一种最适合的法律形态。

一、认识企业

（一）什么是企业

企业是指从事生产、流通、服务等经济活动，以产品或劳务满足社会需要，并以盈利为目的，依法设立，实行自主经营、自负盈亏的经济组织。

（二）企业的基本特征

1. 商品性。首先，企业具有价值；其次，企业生产具有实用价值的产品，为社会创造财富；再次，企业是国民经济的细胞。

2. 营利性。企业是以盈利为目的的经济组织，追求的是利润最大化。

3. 法人性。法人，是指依法成立并能独立行使法定权利和承担法律义务的社会组织。只有在工商行政管理部门登记、注册，经审定后领取营业执照，才具有经济法人的资格和地位。

4. 竞争性。市场经济就是一种竞争经济。市场如战场，市场竞争的结果是优胜劣汰。

5. 独立性。企业独立核算，自负盈亏，自主经营。

二、我国企业的法律组织形式

在创建新企业前，创业者应该事先确定企业的法律组织形式。目前，我国企业的主要法律组织形式包括个体工商户、个人独资企业、合伙企业、有限责任公司、股份有限公司等。各种法律组织形式没有绝对的好坏之分，对创业者来说各有利弊。但无论选择哪种形式，都必须根据国家的法律法规要求和新创企业的实际情况，科学衡量各种组织形式的利弊，决定合适的组织形式。

为了帮助创业者全面了解各种法律组织形式的基本概念、特征及其设立要求，从而正确选择适合自己的法律组织形式，我们从基本概念、特征、设立条件、设立程序或方式、优势、劣势等角度对各类组织形式进行了分析，对主要的法律组织形式进行了比较，如表 7-1 及表 7-2 所示。参照的法律文件主要有《中华人民共和国公司法》（2018 年修正版）、《中华人民共和国个人独资企业法》（2000 年版）、《中华人民共和国合伙企业法》（2007 年版）、《个体工商户条例》（2016 年修订版）等。

表 7-1　　　　我国企业主要组织形式及其法律规定

主要形式	法律规定
个体工商户	（一）个体工商户概述与特征 《个体工商户条例》（2016 年修订版）第二条第一款规定：“有经营能力的公民，依照本条例规定经工商行政管理部门登记，从事工商业经营的，为个体工商户。” 个体工商户可以个人经营，也可以家庭经营，但需对债务承担无限责任，不具备法人资格。个人经营的，以经营者本人为申请人，以个人全部财产承担民事责任；家庭经营的，以家庭成员中主持经营者为申请人，以家庭全部财产承担民事责任。个体工商户是一种最简便的创业组织形式，比设立企业的条件要低得多。 （二）个体工商户经营范围 《个体工商户登记管理办法》（2019 年修订版）第二章第九条规定：“经营范围，是指个体工商户开展经营活动所属的行业类别。登记机关根据申请人申请，参照《国民经济行业分类》中的类别标准，登记个体工商户的经营范围。”因此，新的条例与管理办法相对过去的《城乡个体工商户管理暂行条例》，放宽了个体工商户的从业范围，进一步明确国家对个体工商户实行市场平等准入、公平待遇的原则，个体工商户申请登记的经营范围不属于法律、行政法规禁止进入行业的，登记机关应依法予以登记。 （三）个体工商户申请与登记需提交的文件 申请个体工商户注册登记，应当提交下列文件： （1）申请人签署的个体工商户注册登记申请书； （2）申请人身份证明； （3）经营场所证明； （4）国家市场监督管理总局规定提交的其他文件。 申请注册、变更登记的经营范围涉及国家法律、行政法规或者国务院决定规定在登记前须经批准的项目的，应当在申请登记前报经国家有关部门批准，并向登记机关提交相关批准文件。
个人独资企业	（一）个人独资企业概述与特征 《个人独资企业法》（2000 年版）规定，个人独资企业是指依照该法在中国境内设立，由一个自然人投资，财产为投资人个人所有，投资人以其个人财产对企业债务承担无限责任的经营实体。独资企业是一种很古老的企业形式，至今仍广泛运用于商业经营中，其典型特征是个人出资、个人经营、个人自负盈亏和自担风险。 （二）设立个人独资企业应具备的条件 （1）投资人为一个自然人； （2）有合法的企业名称； （3）有投资人申报的出资； （4）有固定的生产经营场所和必要的生产经营条件； （5）有必要的从业人员。 （三）个人独资企业申请登记规定与程序 申请设立个人独资企业，应当由投资人或其委托的代理人向个人独资企业所在地的登记机关提交设立申请书、投资人身份证明、生产经营场所使用证明等文件。委托代理人申请设立登记时，需要出具投资人的委托书和代理人的合法证明。

续表

<table>
<tr><th>主要形式</th><th>法律规定</th></tr>
<tr><td>个人独资企业</td><td>申请设立个人独资企业，设立申请书应当载明下列事项：
（1）企业的名称和住所；
（2）投资人的姓名和居所；
（3）投资人的出资额和出资方式；
（4）经营范围。
登记机关收到设立申请文件之日起 15 日以内，对符合本法规定条件的，予以登记并发给营业执照，营业执照的签发日期为个人独资企业的成立日期。</td></tr>
<tr><td>合伙企业</td><td>（一）合伙企业概述
《合伙企业法》（2007 年）规定，合伙企业是指自然人、法人和其他组织依照该法在中国境内设立的普通合伙企业和有限合伙企业，是依法设立的，由各合伙人订立合伙协议，共同出资经营、共负盈亏、共担风险的企业组织形式。我国合伙组织形式仅限于私营企业。
合伙企业一般不具备法人资格，不缴纳企业所得税。其中普通合伙企业由普通合伙人组成，合伙人对合伙企业债务承担无限连带责任。有限合伙企业由普通合伙人和有限合伙人组成，普通合伙人对合伙企业债务承担无限连带责任，有限合伙人以其认缴的出资额为限对合伙企业债务承担责任。
（二）合伙企业的特征
（1）生命有限；
（2）财产共有；
（3）相互代理；
（4）组织形式仅限于私营企业；
（5）一般不具备法人资格，不缴纳所得税；
（6）普通合伙人对合伙企业的债务承担无限连带责任。
（三）合伙企业的设立条件
（1）有两个以上合伙人；
（2）有书面合伙协议；
（3）有合伙人实际缴付的出资；
（4）有合伙企业的名称和生产经营场所；
（5）法律、行政法规规定的其他条件。
（四）合伙企业设立的申请与设立程序
申请设立合伙企业，应当向企业登记机关提交下列文件：
（1）全体合伙人签署的设立登记申请书；
（2）全体合伙人的身份证明；
（3）全体合伙人指定的代表或者共同委托的代理人的委托书；
（4）合伙人的书面协议；
（5）出资权属证明；
（6）经营场所证明；
（7）国务院工商行政管理部门规定提交的其他有关批准文件。
营业执照的签发之日，为合伙企业成立日期。合伙企业领取营业执照前，合伙人不得以合伙企业名义从事经营活动。</td></tr>
</table>

续表

主要形式	法律规定
有限责任公司	（一）有限责任公司概述 《公司法》（2018 年修正）规定，有限责任公司是指由 50 人以下的股东共同出资，每个股东以其所认缴的出资额为限对公司承担责任，公司以其全部资产对其债务承担责任的企业法人。有限责任公司是一种比较普遍的企业法律形式。根据《公司法》的规定，必须在公司名称中标明“有限责任公司”或“股份有限公司”字样。 （二）有限责任公司的特征 （1）股东责任的有限性； （2）股东人数的限制性； （3）有限责任公司不能公开募集股份，不能发行股票； （4）有限责任公司是将人合公司与资合公司的优点综合起来的公司形式。 （三）有限责任公司设立的条件 设立有限责任公司，应当具备下列条件： （1）股东符合法定人数； （2）有符合公司章程规定的全体股东认缴的出资额； （3）股东共同制定公司章程； （4）有公司名称，建立符合有限责任公司要求的组织结构； （5）有公司住所。 有限责任公司由 50 个以下股东出资设立。 （四）有限责任公司设立的一般程序（简述） （1）发起人发起； （2）草拟章程； （3）必要的行政审批； （4）缴纳出资； （5）申请设立登记； （6）登记发照。
股份有限公司	（一）股份有限公司概述 股份有限公司是指将全部资本划分为等额股份，股东以其认购的股份为限对公司承担责任，公司以全部财产对公司债务承担责任的法人。《公司法》规定，股份有限公司全部注册资本由等额股份构成并通过发行股票（或股权证）筹集资本，股东以其认购的股份为限对公司承担责任。 （二）股份有限公司的设立条件与设立方式 设立股份有限公司，应当具备下列条件： （1）发起人符合法定人数； （2）有符合公司章程规定的全体发起人认购的股本总额或者募集的实收股本总额； （3）股份发行、筹办事项符合法律规定； （4）发起人制定公司章程，采用募集方式设立的经创立大会通过； （5）有公司名称，建立符合股份有限公司要求的组织结构； （6）有公司住所。

续表

主要形式	法律规定
股份有限公司	股份有限公司的设立,可以采取发起设立或募集设立的方式。发起设立，是指由发起人认购公司应发行的全部股份而设立公司。募集设立，是指由发起人认购公司应发行股份的一部分，其余股份向社会公开募集或者向特定对象募集而设立公司。

注：1. 人合公司是指以股东个人条件作为公司信用基础而组成的公司。

2. 资合公司是指一个或数个以达到法律规定的最低注册资金做资本金的自然人或法人注册成立的公司。

表 7-2　　有限责任公司与股份有限公司的法律规定比较

项目	有限责任公司	股份有限公司
公司性质	兼有人合与资合公司性质	典型的资合公司
设立方式	只能发起设立	可发起设立，也可募集设立
股东人数	50 人以下的股东出资设立，允许设立一人有限责任公司	由 2—200 人发起，其中半数以上的发起人需在中国境内有住所
章程制定	由全体股东制定，并由全体股东签名、盖章	由发起人制定，采用募集方式设立的须经创立大会通过
股权转让	股权可以在股东之间自由转让，若转让给股东以外的第三人，需要取得其他股东半数以上同意	股份既可以通过协议转让，又可以在公开证券市场转让，且转让不受限制
公司组织机构	可以不设立董事会和监事会，由执行董事或监事代替即可；若设董事会，其人数要求是 3—13 人	股份有限公司必须设立董事会，其人数要求是 5—19人；股东大会、董事会、监事会为必设机构
双权分离程度	股东会的权力较大，股东通常会出任经营职务，直接参与公司经营管理，所有权和经营权的分离程度较低	股东人数多而分散，召开股东会比较困难，股东会的权力有限，董事会的权力较大，所有权和经营权的分离程度较高
财务状况公开程度	财务会计报表可以不经过注册会计师的审计，也无须对外公告，只要按照规定期限送交各股东即可	会计报表必须经过注册会计师的审计并出具报告，还要存档以备股东查阅，其中，以募集设立方式成立的股份有限公司还必须依法披露公开其财务状况和经营情况
注册资本最低限额	根据新《公司法》的规定，除法律、行政法规以及国务院对有限责任公司或者股份有限公司的注册资本最低限额另有规定外，取消有限责任公司最低注册资本 3 万元、一人有限责任公司最低注册资本 10 万元、股份有限公司最低注册资本 500 万元的限制	

三、不同企业法律组织形式的优势与劣势

为了进一步帮助创业者准确地把握各种法律组织形式的优缺点，下面从创业者的角度，对各主要企业组织形式的优劣势进行比较分析，为创业者选择恰当的法律组织形式提供充分的决策依据（见表7-3）。

表7-3　　　　企业组织形式优劣势比较（从创业者角度）

组织形式	优势	劣势
个人独资企业	（1）所有者完全拥有企业控制权； （2）能够迅速对市场变化做出反应； （3）在技术和经营方面易于保密； （4）企业设立手续简便，且费用极低； （5）只需缴纳个人所得税。	（1）创业者承担无限责任； （2）企业成功过多依赖创业者的个人能力； （3）企业随创业者退出而消亡，寿命有限； （4）筹资、资源获取相对困难； （5）创业者投资的流动性差。
合伙企业	（1）经营方式比较灵活； （2）设立的手续简单、成本费用低； （3）相对于个人独资企业，企业拥有更多人的技术、能力与资源； （4）资金来源相对较广，信用度较高。	（1）普通合伙人承担无限连带责任； （2）企业更依赖于合伙人的能力，会因关键合伙人死亡或退出而解散； （3）合伙人的投资流动性差，产权转让困难。
有限责任公司	（1）创业股东承担有限责任，风险小； （2）公司具有独立寿命，易于存续； （3）可以吸纳多个投资人，促进资本集中； （4）股权结构有利于科学决策； （5）经营管理规范； （6）企业信用度较高。	（1）设立的程序比较复杂； （2）税收负担较重； （3）不能公开发行股票，筹集资金的规模和范围受限，无法与股份有限公司直接竞争； （4）公司转让股份限制严格，产权不能充分流动，资本运作受限； （5）与以上几种法律形式相比，公司治理更规范，对创业者素质及能力要求也较高。
股份有限公司	（1）股东承担有限责任、风险小； （2）筹资能力强； （3）公司具有独立寿命，易于存续； （4）一般由职业经理人进行管理，管理水平高且管理规范； （5）企业信用度较高； （6）股权可以股票形式自由流动。	（1）设立与注销的程序复杂，受限多； （2）税收负担较重； （3）公司所有权与控制权分离程度高，不利于创业者控制公司； （4）需披露财务及经营情况，须公开的信息较多，不利于掌握先机； （5）企业转型较为困难。

四、选择合适的创业组织形式

为保证企业稳定经营和持续发展，你必须选择一种合适的企业法律形态。在选择企业法律形态时，你要考虑以下几个因素：

1. 准备创办企业的规模；
2. 行业类型和发展前景；
3. 企业主或投资者的数量；
4. 创业资金的多少；
5. 充分利用政策的优势；
6. 企业的义务和应承担的责任；
7. 创业者的价值观念（倾向于个人决策还是协商合作）。

不同的企业法律形态各有利弊。在选择企业法律形态时，要考虑你的企业的实际情况，以及选择某种法律形态可能对企业产生的影响：

如果你准备创办的企业规模较小，投资人和资金较少，所有风险都由你一人承担，你就可以选择简单、经济的企业法律形态，如个体工商户或个人独资企业。

如果有国外的亲戚朋友愿意投资帮你创业，你可以选择中外合资企业或中外合作企业的法律形态。

如果你的创业资金和技术不足，但有志同道合的朋友愿意一起干，不妨选择合伙企业或有限责任公司的法律形态。

如果你有较强的独立意识，不喜欢与他人合作，怕麻烦或者怕得罪人，那么你可以选择个体工商户、个人独资企业或一人有限责任公司的法律形态。

| 案例分析 |

小钱是大学软件工程硕士，毕业后凭借自己的技术开始创办网站。公司发展最初阶段有3个人，其中两个人做电子商务，一个人做美工，在一小区租来的宿舍里开始办公。公司成立半年后才真正运营，第一单生意是为红酒企业进行网站制作，当初只有680元的收入。

做网站一个月只有几千块的收入，在艰难的运作下，小钱敏锐地领悟到电子商务服务的市场前景，整个公司开始转型做淘宝运营服务。在没有太多的案例，没人相信的情况下，广告收入直线下滑，他们只能以行业最低的价格来获取市场。但是他没有放弃，仍然坚持努力做淘宝运营服务，逐渐形成了良好的口碑，积累了一批忠诚客户。真正转型做淘宝后，企业逐渐有了发展。从目前的效果来看，转型的抉择是正确的。

如今，他们拥有400多家合作客户，公司的规模也从最初的3人到扩大到将近40人。公司网站作为省内规模最大、最完善的娱乐资讯网站，覆盖了20多万人，正扮演着领先省内电子商务运营服务商的角色。

思考与讨论：

1. 在企业初创阶段，小钱应该选择怎样的创业组织形式？

2. 在企业发展阶段，小钱应该选择怎样的创业组织形式？

提示：大学生初创企业因受资金限制，大多成立个人独资企业或合伙企业，这两种法律形式要求创业者承担无限责任。目前，国家对大学生创业提供优惠政策，准许零资本创立有限责任公司，所以有限责任公司越来越受大学生创业者的欢迎。由于股份有限公司对注册资本要求较高，且设立手续复杂，一般不为大学生创业者所采用。

第二节　企业选址

学习目标

根据拟创办的企业，尝试模拟企业选址与注册。

活动步骤

第一步，确认自己要办的企业是生产性、商业性还是服务性企业；

第二步，综合考虑成本、区位、劳动力等因素选择地址；

第三步，多走多看多比较，向已经创业的朋友请教，考虑成熟后定下地址；

第四步，给企业取一个响亮、易记的名字，还要准备3—4个备用名；

第五步，通过网络了解当地工商部门的注册要求和流程；

第六步，按流程注册企业。

案例分析

快餐的“百慕大”

在北京长江街上，集中了麦当劳、肯德基等大大小小的餐厅，就在这条街的头上，有家店面，生意却一直不好。虽然店址前人流量很大，它却成了多个快餐品牌的“滑铁卢”。一家韩式餐厅从这里撤走后由一家中式快餐店接手，后又转手给一家比萨店。为什么有这么多品牌栽在这里呢？难道这里是快餐的“百慕大”？

专家诊断：这个店周边是一个区域性商圈，逛街购物者、写字楼上班族、居民、学生四种类型的客源交织在一起，情况非常复杂。经过调查发现，店址前以步行进出的大学生等年轻人为主，用餐高峰期时会有部分上班族和逛街购物者前来找餐厅吃饭。这就是该店址的客流特征。

上述开店不成功的各品牌有一个共同的特点，那就是价位较高，人均消费超过40元。在这个价位上，白领上班族和中高档商场的顾客是主要消费者。但对一般逛街的人来说，花40元吃快餐有点奢侈，而且这些品牌对他们的吸引力远没有肯德基、麦当劳大。快餐的辐射范围很小，顾客主要来自半径500米范围之内。此店址距离商场和写字楼较远，逛街购物者和上班族前来消费很不方便。这使得该店址前虽然客流量很大，实际上却面临有效客流不足的局面。

选址提醒：快餐企业选址时一定要明确自己的顾客是谁以及他们主要在哪里出

现，顾客消费能力是最重要的区分标准。不能以商圈的特征来类推店址的特征，商圈提供的是一个大环境，只有店址周围的小环境对一个快餐店才有意义。如果把自己的店开在远离目标顾客的地方，最终必死无疑。

思考与讨论：

1. 快餐企业选址时应当考虑哪些因素?

2. 讨论一下大的商圈环境和店周围小环境的关系。

知识讲解

企业选址是关系到企业成败的至关重要的因素，也是创业初期涉及的主要问题之一。多数情况下，创业者都是就近寻找空闲的地方作为企业地点。创业者应该了解做出正确选址决策所需的信息和技能。一个好的地理位置虽然只可能使一个普通的企业生存下去，但一个糟糕的地理位置却可以使一个优秀的企业失败。要想选好经营场所，应该首先了解影响经营场所选址的关键因素。

一、选址时应考虑的内在因素

（一）企业生产类型

生产型创业企业选择的地址交通要方便，以便于产品对外运出；生产用电要满足；生产用水要保证。除此之外，生产所使用的原料基地尽量离企业要近，企业所使用的劳动力资源尽量就地解决。若能享受当地的税收等优惠政策则更好。

商业型创业企业经营地点的选择与商业圈有着密切的关系。一般一个城市有若干个商业圈，每个商业圈有一定的辐射范围。处于商业圈内的企业相对好经营，处于商业圈之外的则不好经营。创业型的商业企业应尽量将地址选择在商业圈之内。但是新创企业一般较小，商业圈之内的铺面租金又比较高，所以在商业圈内选择经营地址比较困难。创业者可视企业的具体情况，选择租柜台、联合经营、委托代销等方式开展业务。另外，还可以在商业圈边缘或客流量较多的地方选择经营地址。

服务型创业企业要选择有客源的地址。服务型的企业包括的门类很多，每一种类型的企业经营的特点不一样，所以选择地址的方式也不一样。但有一点是相同的，即必须有客流量。如果服务对象是居民，就要在居民区附近选址；服务对象是学生，就要在学校附近选址；服务对象是社团机关，就要在机关附近选址。

（二）企业自身技术特点

企业的选址要结合自身技术特点。新技术对高科技创业企业的成功的作用是显而易见的，但从某种意义上说，技术市场的变化是最为剧烈和最具不确定性的因素。因此，为了能够了解和把握技术变化的趋势，许多企业在创业选址时，常常考虑将企业建在技术研发中心附近，或者建在新技术信息传递比较迅速、频繁的地区。例如，美国加州的硅谷在20世纪50年代以后逐渐成为美国电子工业的基地，这里不仅是高科技创业企业的摇篮，而且以电子工业为基础所形成的“高科技风险企业团簇”被认为是20世纪产业集群的典范。

（三）创业者自身经济能力

价格应该是影响创业者选择经营场所的直接因素。例如，物业的配套设施和服务都与价格有直接关系，核心商圈地段的办公室租金肯定远比其他区域的高等。因此，对于创业者而言，应该根据合理的预算，综合比较以上各项因素，并将各个因素按照对个人的重要程度进行排序，最后选择一个性价比高的经营场所。

（四）公司内部文化氛围

公司所倡导的文化理念、核心业务、品牌定位的匹配度要与厂址的选择相匹配。正如我们难以想象在一个嘈杂的电子商品批发市场中，却开设着一家高雅的艺术品商店；同样，如果一个偏文化创意类的公司将经营场所设在某个高科技产业园区，似乎也不太“搭调”；如果一个高端品牌企业将经营场所设在一幢很不知名甚至破旧的写字楼中，场所档次与企业品牌定位不匹配，会严重影响企业的形象，导致消费者对品牌的不信任。

（五）创业者个人偏好

创业者的需求、偏好等个人因素，都会直接影响创业地点的选择，这也是因人而异的。其中，影响最大的个人因素依次是交际需求、交通距离要求、环境偏好。例如，有的创业者选择在市中心经营自己的企业，就是为了方便交际，方便与外界保持良好的沟通关系并获得更多的交际机会。

二、选址时应考虑的外在因素

（一）经济因素

在决定把一个小企业开在哪个社区时，应主要考虑社区经济方面的情况。比如，为什么人们居住在这个社区？他们的生活水平如何？其他企业为什么要设在这里？要对社区做一下行业分析。比如，是80%的人集中在同一个企业或少数几家企业呢，还是这个地区有很多企业？该地区各行业兴旺吗？该区域的企业活动具有季节性特点吗？企业正在搬出或者迁入吗？分析一下这些问题将会对你的企业产生哪些影响。当然，人们收入的高低决定着对商品（或服务）的需求，这就要求创业者收集有关所选地区人们收入的信息，包括：家庭平均收入是多少？收入水平如何（低、中、高）？就业（事业）情况如何？交通是否便利？因为，繁华的商业地段、交通便利的地理位置，会给自己以及客户、利益相关者都带来很大的便利，大家也乐意到这样的地方去谈生意。

此外，还要考虑国家宏观经济政策导向，主要指国内某些地区对高新技术企业、创新企业、创业企业的政策倾斜。很多经济开发区或科技园区为高新技术创业项目提供了优惠政策，如租金优惠、税收优惠、资金扶持等，甚至还有创业孵化。这对于创业者而言，是一个不小的诱惑。

（二）政治因素

政府对市场的调控也是值得创业者重视的一个方面。创业者评价现在已经存在的及将来有可能出现的法律、法规和各种政策，是否会影响到企业的产品或服务、分销渠道、价格及促销策略等，应将企业建在政府支持该产业的地区。当投资者到国外去设厂时，更应该考虑不同国家的政治环境，如国家政策是否稳定、有无歧视政策等。

（三）人口因素

创业者应该对可能成为其消费者的人群有所了解。比如，如果要开一家书店，就要了解哪里的青少年最多，因为这个群体购买书籍最多。其他人口问题还包括：

人口的稳定性怎么样？人口搬进搬出正常吗？人口数量是上升还是下降？如果某地区人口增长迅速，很可能有较多的年轻家庭。选址时这些问题都要考虑。

（四）竞争因素

收集竞争者的相关信息，对竞争者进行研究。要知道你有多少竞争者，他们都在哪里。还要知道过去两年内有多少跟你业务相似的企业开张和关闭了。对间接竞争者（产品或服务与你近似的企业）的情况也要做些研究。有三种情况有利于开一家新企业：该区域内没有竞争者；竞争者的企业管理很糟；消费者对该产品的需求正在增加。

除以上需要考虑的因素外，自然因素、社会文化因素等都可能成为创业者选址的影响因素，这需要创业者根据自身的条件和创业项目的具体情况来决定。

（五）自然因素

对于有些企业而言，自然环境并不是什么重要的因素。但是，对于一些对自然资源有依赖性的生产企业，可能就非常重要了。例如，一些有色金属、煤炭、水力、山林资源丰富的地方，对于那些能源依赖性强的企业来说，肯定是首选的经营场所。

（六）社会因素

对于那些需要门店、对周边市场环境依赖度高的创业企业而言，市场环境与商业氛围是非常重要的。例如，这里是否位于当地核心商业圈，是否有较大的人流量，周边的客户是否有足够的购买力，是否有很多竞争者等。即使是一些没有门店需求的企业，也喜欢选择在繁华的商业地段办公，因为在这种市场环境下，商业氛围浓厚，便于客户与合作者之间的高效沟通和交流。

（七）法律因素

比如物业产权的合法性。这就要求创业者必须清楚了解所选经营场所的规划用途与自己的经营项目是否相符，并弄清楚该物业是否有合法权证。如果其合法性存在问题，会给企业带来比较严重的法律风险，甚至影响企业正常的生产经营活动。

拓展阅读

企业选址的十个窍门

(1) 根据经营内容选择地址。经营商品的种类不同，对店址选择的要求也不同。有的地址要求设在繁华热闹的地方，有的更适宜设在偏僻安静的地方。

(2) 选择接近人们聚集的地点。这样一方面可以吸引大量顾客，另一方面也便于顾客记住公司店铺位置。

(3) 选择人口增加较快的地点。企业、居民区和市政的发展，都可能给公司带来更多的顾客，使其更具发展潜力。

(4) 选择较少横街或障碍物的道路一边。行人为了安全穿过马路，往往集中精力躲避车辆或其他来往行人，可能忽略一旁的店铺。

(5) 选择同类商品集中的地段。在长期的经营中，某街区会自发形成经营某类商品的集中市场，这种规模效应往往会吸引更多的顾客。

(6) 选择交通便利的地区。在主要车站附近或者顾客步行不超过20分钟路程的街区设址。观察马路两边行人流量，选择行人较多、有利于经营的一边为佳。

(7) 要有“傍大款”意识。即把店铺开在著名连锁店或品牌店的附近甚至旁边。与超市、商厦、饭店、咖啡店、茶艺馆、学校、银行、社区服务中心、社区文化体育活动中心等为邻可以让你轻松分得一杯“肉羹”。

(8) 注意地势和街道走向。东西走向街道最好坐北朝南；南北走向街道最好坐西朝东，尽可能设址于十字路口的西北拐角。另外，坡路上面不宜设址，路面与店铺地面高低不宜差别太大。

(9) 选择有广阔空间的位置。空间广阔可以设立独立门面，店门前就会形成独立的广告空间，便于为创业者发挥营销智慧提供余地。

(10) 选择前景看好的区位。地址选择要有前瞻性，尽可能去发现那些目前未被看好但将来可能由冷变热的街区。

第三节 企业工商注册登记与税务

企业工商注册登记是企业依照法定程序、将法定事项通过法定登记部门注册登记并予以公示的一种制度。企业工商注册登记是企业进入市场、获得实体权利的路径，也是政府对市场主体进行监管和服务的手段。企业工商注册登记一般包括受理、审查、核准、发照和公告等过程。

一、工商注册登记发展方向

最近几年，为了减少管制，让一切生产要素竞相迸发，有效对冲经济下行的压力，关于企业注册登记的具体操作一直在不断改革。改革的总方向是：

（一）便利化

便利化包括程序便利化和实体便利化。如“三证（照）合一”制度，即工商营业执照、组织机构代码证、税务登记证合一。一站式行政审批新体制，即一个机构审批、一张清单管理、一个窗口受理、一体化办理证照。“先证后照”制改为“先照后证”制等。

（二）电子化

可以预见，在不久的将来，企业注册登记可能在移动终端完成，所有提交的资料通过共享实现认证或审核，包括电子签名等。

（三）统一化

统一化就是整合关于企业注册登记的法律法规。当前，企业注册登记制度仍然由一系列条例和部门规章来规制，建立统一的《商事登记法》，将现行公司、合伙企业、个体工商户、农民专业合作社等市场主体登记统一由《商事登记法》来规范，是一个发展方向。

二、企业注册登记

（一）个体工商户注册登记需提供的材料

申请个体工商户注册登记，应当提交下列文件：

（1）申请人签署的个体工商户注册登记申请书；

（2）申请人身份证明；

（3）经营场所证明；

（4）国家市场监督管理总局规定提交的其他文件。

申请个体工商户登记，申请人或者其委托的代理人可以直接到经营场所所在地登记机关登记；登记机关委托其下属工商所办理个体工商户登记的，到经营场所所在地工商所登记。申请人或者其委托的代理人可以通过邮寄、传真、电子数据交换、电子邮件等方式向经营场所所在地登记机关提交申请。通过传真、电子数据交换、电子邮件等方式提交申请的，应当提供申请人或者其代理人的联络方式及通信地址。对登记机关予以受理的申请，申请人应当自收到受理通知书之日起5日内，提交与传真、电子数据交换、电子邮件内容一致的申请材料原件。

按照新规，个体工商户应当于每年1月1日至6月3日，向登记机关报送年度报告。个体工商户应当对其年度报告的真实性、合法性负责。另外，国家推行电子营业执照。电子营业执照与纸质营业执照具有同等法律效力。

（二）个人独资企业注册登记需提供的材料

申请设立个人独资企业，应当由投资人或者其委托的代理人向个人独资企业所在地的登记机关提交以下材料：

（1）设立申请书；

（2）投资人身份证明；

（3）生产经营场所使用证明；

（4）委托代理人申请设立登记时，应当出具投资人的委托书和代理人的合法证明。

个人独资企业注册登记还应注意以下信息：

个人独资企业的营业执照的签发日期为个人独资企业成立日期。特别需要注意的是，在领取营业执照前，投资人不得以个人独资企业名义从事经营活动。未领取营业执照，以个人独资企业名义从事经营活动的，责令停止经营活动，处三千元以下罚款。

个人独资企业存续期间登记事项发生变更的，应当在做出变更决定之日起的15日内依法向登记机关申请办理变更登记。未按规定办理有关变更登记的，责令限期办理变更登记；逾期不办理的，处二千元以下罚款。

个人独资企业使用的名称与其在登记机关登记的名称不相符的，责令限期改正，并处二千元以下罚款。涂改、出租、转让营业执照的，责令改正，没收违法所得，处三千元以下罚款；情节严重的，吊销营业执照。伪造营业执照的，责令停业，没收违法所得，处五千元以下罚款。构成犯罪的，依法追究刑事责任。

登记机关应当在收到设立申请文件之日起15日内，对符合法定条件的申请，予以登记，发给营业执照；对不符合规定条件的不予登记，并应当给予书面答复，说明理由。对于创业者而言，这意味着登记机关不得不作为或慢作为，公民有依法监督的权利。

个人独资企业成立后无正当理由超过六个月未开业的，或者开业后自行停业连续六个月以上的，吊销营业执照。

（三）合伙企业注册登记需提供的材料

（1）全体合伙人签署的登记申请书；

（2）全体合伙人的身份证明；

（3）全体合伙人指定的代表或者共同委托的代理人的委托书；

（4）合伙人的书面协议；

（5）出资权属证明；

（6）经营场所证明；

（7）国务院工商行政管理部门规定提交的其他文件（比如设立合伙企业须报经审批的，还应当提交有关批准文件）。

（四）公司制企业注册登记需提供的材料

（1）公司法定代表人签署的公司设立登记申请书；

（2）全体股东签署的公司章程（先确定公司章程，再由全体股东签名）；

（3）法人股东资格证明或者自然人股东身份证及复印件；

（4）董事、监事和经理的任职文件及身份证复印件；

（5）指定代表或委托代理人证明；

（6）代理人身份证及其复印件；

（7）住所使用证明。

关于“住所使用证明”材料，可以依据以下分类准备：如果自己是房产权属人，需要房产证复印件以及身份证复印件；如果是租他人房产，需要房产权属人签字的房产证复印件和身份证复印件、双方签字盖章的租赁合同；如果是租赁其他公司的写字楼，需要该公司加盖公章的房产证复印件、该公司营业执照复印件、有效的租赁合同以及租金发票。

三、企业税务登记

企业税务登记与企业注册登记一样，也在通过不断改革实现便利化、网络化、电子化和统一化。

依法纳税是每一个企业的法定义务，为此就需要进行税务登记。对纳税人来说，就是要向主管税务部门申请办理税务登记手续，接受登记管理。这是纳税人依法履行纳税义务的前提，也是纳税人合法经营的标志。同时，只有履行了税务登记手续，才能得到税务部门的管理和服务，享受税收优惠并保证生产经营活动顺利进行。

（一）办理税务登记的对象和期限

1. 办理税务登记的对象包括许多主体，但对创业者而言，如果你取得了营业执照，就应该办理税务登记。

2. 税务登记的期限是自领取营业执照之日起 30 日内，持有关证件向税务机关申报办理税务登记。纳税人税务登记内容发生变化的，应当自工商行政管理机关或者其他机关办理变更登记之日起30日内，持有关证件向原税务登记机关申报办理变更税务登记。

（二）税务登记的内容

税务登记证件应当载明纳税人名称、统一代码、法定代表人或负责人、详细地址、经济性质或经济类型、经营方式、经营范围（主营、兼营）、经营期限和证件有效期限等。

（三）税务登记的程序

1. 申报。向当地税务机关申请办理开业税务登记并提交申报材料。

2. 受理。税务机关收到申请报告和有关材料后将进行初步审查，对符合登记条件的纳税人发放相关登记表，纳税人应当如实填写表格内容。

3. 核准。对纳税人填报的登记表格、提供的证件和资料，税务机关应当在法定期限内审核，确定纳税人所适用的税种、税目、税率、报缴税款的期限和征收方式等。符合规定的予以发证登记。

（四）税务登记所需材料

根据《税务登记管理办法》，纳税人在申报办理税务登记时，应当根据不同情况向税务机关如实提供以下证件和资料：

（1）工商营业执照或其他核准执业证件。

（2）有关合同、章程、协议书。

（3）组织机构统一代码证书。

（4）法定代表人或负责人或业主的居民身份证、护照或者其他合法证件。

税务登记其他需要提供的有关证件、资料，由省、自治区、直辖市税务机关确定。

【自我检测】

1. 小微企业所适用的法律形态及其优劣势是什么？

2. 企业选址应考虑哪些因素？

【拓展训练】

完成下面的创业轮廓图，这将帮助同学们明确自己的创业目标。

1. 企业名称及建立的日期：

2. 企业形式为：□个体□合伙企业□有限责任公司

3. 我的顾客主要是：□个人□团体□公共机关□其他（简述）

4. 目前的产品和服务包括：

5. 我的五个最主要的竞争对手是：

6. 可能的竞争来自：□其他公司□技术□行业人员

7. 我的竞争地位：□弱□较弱□平均水平□较强□强

8. 对我的产品或服务的需要在递增/递减：

9. 我可能引进的产品或服务是：

10. 我可能进入的市场是：

11. 本企业与众不同的是：

12. 当前企业最大的营销障碍是：

13. 我最大的营销机会是：

14. 我的总体经营目标和增长计划是：

第八章　防范创业风险

开篇寄语

近年来，随着国家“大众创业、万众创新”热潮的兴起，越来越多的人走上自主创业的道路。与此同时，大学生的就业形势越来越严峻，各级政府与高校纷纷出台政策，鼓励大学生创业，并且为他们提供便利的条件。但青年学生毕竟长时间身处象牙塔，经验不足，在创业过程中容易遭遇各种难题而又没有办法及时解决。如何正确应对创业风险，勇敢地接受挑战并抓住机遇，是当前青年学生创业群体共同面临的一个问题。

案例导读

两个月就关张的食品杂货店

学生小刘毕业后一直想自己做老板，看到邻居在小区里开了一个食品杂货店收益一直不错，他颇为心动。于是，小刘租了小区内一个库房做店面，筹集了一万多元钱做启动资金，进了一些货品，开了一家食品杂货店。但是经营了两个月后，小刘的食品杂货店就撑不住了，不得已关张。为什么同样是食品杂货店，邻居可以干得红红火火，小刘的店就经营惨淡呢？原来，小刘为了突出自己食品杂货店的特色，没有像邻居一样进茶、米、油、盐等生活用品，而是将经营范围锁定在沙司、奶酪、芝士等一些西餐调味食品上。但是小区里的居民对她的货品需求少，加之她店面的位置在小区边缘，而且营业时间不固定，由着她的性子开，很多邻居都不愿意绕道过去，所以生意不红火。

创业培训中心专家指出：小刘创业之初求新求异的心理，很多大学生都有，这是优点但也是致命的缺点。经营需要有自己的特色，但是经营要符合市场环境的需要。像小刘的食品杂货店之所以会关张，是因为她没有搞好市场调研，这个食品杂货店如果在一个涉外社区内也许会经营得很好，但是她选择的是一个普通居民区，普通社区里的食品杂货店对茶、米、油、盐的需求远远要大于沙司、奶酪、芝士等西式调味品。此外，铺面的选址不合适，营业时间不固定，也是小刘创业失败的原因。

第一节　识别和防范创业风险

学习目标

1. 了解创业风险的概念以及几种常见的创业风险类型；
2. 了解青年学生在创业过程中面临的主要风险及规避措施。

名人名言

风险来自于你不知道自己在做什么。

——巴菲特

我绝不同意为了成功而不择手段，如果这样，即使侥幸略有所得，也必不能长久。

——李嘉诚

创业的机会和风险仿佛是一对双胞胎，形影相随，哪里有创业机会，哪里就有创业风险。创业机会越大，则创业风险也就越大。对于青年学生而言，虽然目前的创业环境和机制得到不断完善，但创业过程和创业结果的不确定性，仍使创业面临较大的风险。因此，要成功创业，就必须了解、识别和防范创业风险。

一、认识创业风险

（一）什么是创业风险

创业风险，是指在创业过程中由于创业环境的不确定性，创业机会与创业企业的复杂性，创业者、创业团队与创业投资者的能力与实力的有限性，而导致创业活动偏离预期目标的可能性及其后果。

| 经典案例 |

刘某的特许经营创业陷阱

2013 年 2 月，刘某专程赴北京考察一家公司的时尚布鞋项目。公司招商部介绍了公司基本情况、商业经营模式以及专营合作方式等内容。刘某现场参观了公司时尚布鞋展厅，认为样品质量合格、样式新颖，比较适合县（市）级城市消费者的需求。

2013 年 2 月 19 日，刘某与公司签订了专营合同协议，刘某向公司缴纳了 2.5 万元的专营合作费。合同签订后，刘某积极进行租赁装修店面、广告宣传等开业准备，其间，公司依约向刘某免费赠送价值 3.6 万元的市场价的布鞋。

2013 年 3 月，刘某的专营店正式营业，刘某累计进货的市场价值为近 5 万元，按照 3.6 折实际支付近 1.8 万元。经营期内，刘某发现公司赠品及供货存在严重质量问题，根本无法正常销售，刘某多次给公司打电话协商，公司均以各种理由搪塞推托。2013 年 7 月，刘某专程来北京找公司协商，要求公司返还合作费并赔偿损失，但协商未果。

经事后调查，该公司不具备特许经营资质，产品确实存在严重的质量问题，专门骗取加盟合作费。

（二）几种常见的创业风险

创业路上，风险无处不在、无时不在。现代企业面临的主要风险通常表现为以下几个方面：

1. 市场风险

市场风险是指市场主体从事经济活动所面临的盈利或亏损的可能性和不确定性。

一个全新的产品，打开市场需要一定的过程与时间，若创业企业缺乏雄厚的财力投入到营销广告中去，产品为市场接受的过程就会更长，因而不可避免地出现产品销售不畅、前期投入难以回收等问题，从而给创业企业资金周转带来极大困难。世界著名的贝尔实验室在20世纪50年代就推出了图像电话，但直到20年后，才开始了商业应用。

2. 资金风险

资金风险是指因资金不能适时供应而导致创业失败的可能性。

对于新创企业，资金缺乏是最为普遍的问题，如果创业者不能及时解决，非常容易造成创业夭折。企业加速扩张时，往往因为遭遇资金瓶颈，一口气喘不匀，影响整个企业协作；而当企业拥有融资渠道时，往往热衷做项目，铺张无度，资金绷得像一条橡皮筋，一旦一个地方断裂，不但无从补救，而且往往殃及整个企业。这样的典型案例比比皆是。

| **案例** |

温州百信鞋业、德隆集团倒闭

2001年，号称中国第一家专业连锁店的温州百信鞋业，辉煌一时，5年间在未得到银行支持的情况下，曾在全国发展了100多家连锁百信鞋城，号称拥有30多亿资产。当资金被连锁店消耗殆尽，资金链终于断裂，如今仅存几家门店，也已经卖给了别人，但仍然难抵巨额债务。创始人因拖欠货款、涉嫌偷漏税而被逮捕，百信随之倒闭。原鞋城已卖掉，但仍然难偿其巨额货款。

辉煌一时的新疆德隆集团，短短几年内一下子进入十几个产业，总负债高达570亿，酝酿了巨大的资金风险。2004年初，德隆系资金链开始断裂，建造在沙滩上的堡垒顷刻间分崩离析。“百信鞋业”“德隆”等创业的“死穴”均归于资金风险。

3. 管理风险

一个优秀的创业家，可以不具备精深的技术知识，但必须具备这样一些素质：具有强烈的创新精神与创业意识，讲诚信，不墨守成规，不人云亦云；具有追求成就的强烈欲望，富于冒险精神、献身精神和忍耐力；具有敏锐的机会意识和高超的决策水平，善于发现机会、把握机会并利用机会；具有强烈的责任感和自信心，敢于在困境中奋斗，在低谷中崛起。发达国家创业企业的成功经验之一，就是技术专家、管理专家、财务专家、营销专家的有机组合，形成团队的整体优势，从而为创业企业奠定坚实的组织基础。那种由技术所有者包揽一切、集众权于一身的家长式管理，往往由于管理水平、管理模式等方面的问题，导致创业夭折。

有的创业企业为了追求利润，不顾后果，铤而走险，生产或售卖假冒伪劣产品，比如黑心棉花、工业油盐、发霉米面、漂白蔬菜、纸壳“皮鞋”、夺命药物。最终在政府、法律严打中受到致命打击，企业也就陷入万劫不复之地。

4. 决策风险

管理者决策水平的高低对创业企业的成败影响巨大，据美国兰德公司估计，世界上破产倒闭的大企业，85%是因企业家决策失误造成的，中国的企业也是如此。

多元化经营决策的企业比比皆是，但因此获益的企业并不多。目前来看，涉足多元化经营的多为一些实力强，且有核心业务的企业。但行业跨度过大，仍然不为人看好。

| 经典案例 |

五粮液集团多元化投资失败

五粮液投资百亿元杀入电脑芯片业，这就意味着其原有的人才资源、渠道资源、管理经验、企业文化等不能共享，一切从零开始。这种不相关多元化遭到了多方质疑。此前，其制药、威士忌、塑胶等项目已经屡遭失败。“活力28”洗衣粉成为全国知名品牌后，沙市日化在短短几年之内涉足洗衣机、制药、啤酒等行业，之后各项目都被拖住，一个好端端的企业现在仍在奋力挣扎。

5. 技术风险

技术风险是指在企业技术创新过程中，因技术因素导致创业失败的可能性。创业者在选择投资项目时，当一项投资花费巨大，可能需要较长时间才能收回成本并获得盈利时，投资者就不但要考虑它的现在，还要考虑它的将来。一项产品现在有市场，不等于将来也同样有市场。

一项高技术含量的产品即使能成功地开发和生产，但若达不到创业前所预期的效果，也会造成大的损失甚至创业夭折。

| 经典案例 |

初涉商海的山东人侯某选定一项自认为大有前途的专利技术，决定投巨资将这项技术的专利权买下来。有人提醒他这项专利虽然现在看好，但操作周期太长，而且听说某某研究所正在研究一项更先进的技术并即将开发完成。侯先生却不听劝告，执意投资。当他将这项专利技术买到手，并且投资将其转化为产品后，新的技术已经问世，人们已不再需要它了。

以上仅列举了几类创业风险，除此之外，还有机会风险、环境风险、人力资源风险、法律风险等。

二、青年学生常见创业风险及规避措施

下面列举青年学生创业面临的主要风险以及相关的防范措施。

（一）盲目选择项目

创业时如果缺乏前期市场调研和论证，只是凭自己的兴趣和想象来决定投资方向，甚至仅凭一时的心血来潮做决定，有可能会碰得头破血流。

学生创业者在创业初期一定要做好市场调研，在了解市场的基础上创业。一般来说，学生创业者资金实力较弱，选择启动资金不多、人手配备要求不高的项目，从小本经营做起比较适宜。

（二）创业能力不足

很多学生创业者眼高手低，当创业计划转变为实际操作时，才发现自己尚不具备解决问题的能力，这样的创业无异于纸上谈兵。要想解决创业能力不足的问题，可通过去企业打工或实习来积累相关的管理和营销经验；也可积极参加创业培训，积累创业知识，接受专业指导，提高创业成功率。对于理财、营销、沟通、管理等方面的能力缺乏的问题，可以从合伙创业、家庭创业或从虚拟店铺开始，锻炼创业能力，也可以聘用职业经理人负责企业的日常运作。

（三）融资渠道单一

资金风险在创业初期会一直伴随在创业者的左右，是否有足够的资金来创办企业，几乎是每一个学生创业者都会遇到的难题。

要想解决资金问题，就要增加融资渠道，除了银行贷款、自筹资金、民间借贷等传统方式外，还可以充分利用风险投资、天使投资、创业基金等融资渠道。完成融资后，还应该注意科学有效地管理资金。

（四）社会资源贫乏

企业创建、市场开拓、产品推介等工作都需要调动社会资源，学生创业者在这方面会感到较为吃力。所以平时应多参加各种社会实践活动，扩大自己的人际交往范围。创业前，可以先到相关行业领域工作一段时间，通过这个平台，为自己日后的创业积累人脉。

（五）同行竞争残酷

如何面对竞争是每个企业时时都要考虑的事，而对新创企业更是如此。如果创业者选择的行业是一个竞争非常激烈的领域，那么在创业之初极有可能受到同行的强烈排挤。一些大企业为了把小企业吞并或挤垮，常会采用低价销售的手段。对于大企业来说，由于规模效益或实力雄厚，短时间的降价并不会对它造成致命的伤害；而对初创企业而言，则可能意味着面临彻底毁灭的危险。因此，考虑好如何应对来自同行的残酷竞争是创业企业生存的必要准备。

（六）产生团队分歧

现代企业越来越重视团队的力量。创业企业在诞生或成长过程中最主要的力量来源一般都是创业团队，一个优秀的创业团队能使创业企业迅速地发展起来。但与此同时，风险也就蕴含在其中，团队的力量越大，产生的风险也就越大。一旦创业团队的核心成员在某些问题上产生分歧不能达到统一，就极有可能对企业造成强烈的冲击。因此，创业过程中必须始终注意团队建设。

（七）缺乏核心竞争力

对于具有长远发展目标的创业者来说，他们的目标是不断地发展壮大企业，但一个依赖别人的产品或市场来打天下的企业是永远不会成长为优秀企业的。核心竞争力在创业之初可能不是最重要的问题，但要谋求长远的发展，核心竞争力就成为最不可忽视的问题。没有核心竞争力的企业终究会被淘汰出局。因此，必须在创业过程中增强自身的核心竞争力。

（八）人力资源流失

一些研发、生产或经营性企业需要面向市场，大量的高素质专业人才或业务队伍是这类企业成长的重要基础，防止专业人才及业务骨干流失应当是创业者时刻注意的问题。在那些依靠某种技术或专利创业的企业中，拥有或掌握这一关键技术的业务骨干的流失是创业失败的最主要风险源。针对这种情况，可建立研发与技术团队，在可能的情况下不要过分依赖某一个或少数几个员工，对关键人才可签订“竞业禁止”协议。

（九）意识上的风险

意识上的风险是创业团队最内在的风险。这种风险来自无形的意识中，却有强大的毁灭力。学生创业者须避免风险性较大的意识，如投机心态、侥幸心理、试试看的心态、过分依赖他人的心理等。

第二节　了解创业政策法规

学习目标

1. 了解国家和地方鼓励青年学生创业的政策；
2. 了解在创业过程中将会遇到的法律问题。

名人名言

我认为做企业要有这些素质，特别在中国市场上，那就是：诗人的想象力、科学家的敏锐、哲学家的头脑、战略家的本领。

——宗庆后

知识讲解

青年学生要想成功创业，要想更好地防范和规避创业风险，除了必须具备良好的创业能力和素质外，还应当充分了解和把握国家和各级政府的创业扶持政策，并灵活运用，还要增强法律意识，学习法律知识，通过政策和法律为自己的创业之路保驾护航。

一、国家和地方鼓励大中专学生创业的政策

为支持大中专学生创业，国家和地方出台了许多优惠政策，涉及市场准入、税费减免、贷款补贴、场地支持、培训指导等各个方面。对于打算创业的大中专学生而言，需要了解这些政策，灵活运用这些优惠，才能更好地开展创业活动。

案例分析

大学生创业优惠政策鼓舞了小王的创业信心

王博文同学今年就要大学毕业了，他认为自身的性格和条件适合创业，他为创业的事已经筹划了很长时间。一个偶然的机会，他看到一些国家对大学生创业的支持措施，于是他到学校的创业指导中心咨询，咨询中心的老师向他介绍了大学生创业的优惠政策。

1. 大学毕业生在毕业后两年内自主创业，到创业实体所在地的工商部门办理营业执照，注册资金（本）在 50 万元以下的，允许分期到位，首期到位资金不低于注册资本的 10%（出资额不低于 3 万元），一年内实缴注册资本追加到 50% 以上，余款可在 3 年内分期到位。

2. 大学毕业生新办咨询业、信息业、技术服务业的企业或经营单位，经税务部门批准，免征企业所得税两年；新办从事交通运输、邮电通信的企业或经营单位，经税务部门批准，第一年免征企业所得税，第二年减半征收企业所得税；新办从事公用事业、商业、物资业、对外贸易业、旅游业、物流业、仓储业、居民服务业、饮食业、教育文化事业、卫生事业的企业或经营单位，经税务部门批准，免征企业所得税一年。

3. 各国有商业银行、股份制银行、城市商业银行和有条件的城市信用社要为自主创业的毕业生提供小额贷款，并简化程序，提供开户和结算便利，贷款额度在 2 万元左右。贷款期限最长为两年，到期确定需延长的，可申请延期一次。贷款利息按照中国人民银行公布的贷款利率确定，担保最高限额为担保基金的 5 倍，期限与贷款期限相同。

4. 政府人事行政部门所属的人才中介服务机构，免费为自主创业毕业生保管人事档案（包括代办社保、职称、档案工资等有关手续）两年；提供免费查询人才、劳动力供求信息，免费发布招聘广告等服务；适当减免参加人才集市或人才劳务交流活动收费；优惠为创办企业的员工提供一次培训、测评服务。

5. 以上优惠政策是国家针对所有自主创业的大学生所制定的，各地政府为了扶持当地大学生创业，也出台了相关的政策法规，而且更加细化，更贴近实际。

小王同学在系统地了解有关大学生创业的政策之后，对自己大学毕业后创业的信心更足了。

思考与讨论：

1. 为什么国家和各级政府会出台针对大学生创业的优惠政策？

2. 假设你毕业后将创办一个新的企业，你将从哪几个方面来运用国家和政府的优惠措施？

二、青年学生创业涉及的主要法律问题

（一）创业组织的设立形式

企业的设立，首先面临的就是组织形式的选择。按照我国的法律规定，企业的组织形式有股份有限公司、有限责任公司、合伙企业、个人独资企业、个体工商户等。不同的组织形式，投资者承担的法律责任不同。作为初次创业的学生，应当仔细评估各种企业形式的利弊，根据自己的实际情况，做出客观合理的选择。

（二）财务税收问题

财务和法律是企业成功生存和发展的两只翅膀。企业设立后，需要进行税务登记、财务管理等一系列的工作，这就需要创业者及时了解这方面的法律法规，必要时可聘请企业法律顾问。涉及财务税收的法律法规主要有《中华人民共和国企业所得税法》《中华人民共和国增值税暂行条例》《中华人民共和国税收征收管理法》等。2014 年以来，我国加大了税费改革的力度，费改税、营改增等措施极大地减轻了企业的税负，也为学生创业提供了极大帮助。

（三）劳动人事问题

劳动合同和社会保险是学生创业者在企业初创阶段经常面临的两个问题，突出表现为不签订劳动合同、不尊重员工的劳动权利，或者不缴、少缴社会保险费等问题。

《中华人民共和国劳动法》《中华人民共和国劳动合同法》《中华人民共和国社

会保险法》以及国务院各部委和各省出台的部门规章、地方性法规等对劳动合同和社会保险问题做了强制性的规定。签订劳动合同，保护劳动者权利，为劳动者缴纳社会保险，是创业者必须要履行的义务。考虑到学生创业的资金困难，国家已经出台了许多政策来减轻他们的负担。

（四）合同问题

合同是当事人或当事双方之间设立、变更、终止民事关系的协议。合同的签订与履行是企业取得经济效益的主要途径，现代企业的运营过程实际上就是合同的签订和履行过程。依法成立的合同，受法律保护。与合同相关的法律主要是1999年实施的《中华人民共和国合同法》。合同纠纷是创业过程中最容易出现问题的环节，尤其在创业之初，更要注意规避合同陷阱。

（五）知识产权问题

知识产权，是指权利人对其所创作的智力劳动成果所享有的专有权利，它主要包括专利权、著作权、商标权等。大部分学生在创业初期往往更注重融资、开拓市场、企业管理等方面，而忽视了对于知识产权的保护，所以经常出现自己的知识产权被他人假冒、模仿与被抢注等法律风险；或者由于不熟悉我国的知识产权方面的法律，侵犯了他人的知识产权，导致创业的失败。

我国制定的《中华人民共和国专利法》《中华人民共和国商标法》《中华人民共和国著作权法》及相应的实施细则或实施条例对我国的知识产权做了明确的规定。另外，我国还参加了《保护工业产权巴黎公约》《保护文学和艺术作品伯尔尼公约》等保护知识产权的国际公约，与世界上许多国家签订了知识产权保护协议，将知识产权保护延伸到了整个世界。创业者应当认真了解这些法律规定，从一开始就重视加强公司管理者的知识产权保护及风险防范意识，建立健全知识产权保护体系。

【自我检测】

1. 创业风险产生的途径有哪些？分析产生创业风险的成因。

2. 常见的创业风险有哪些？

【拓展训练】

1. 随着我国就业形势的日趋严峻，中央及地方各级政府提出了鼓励和扶持大学生创业的各项政策，结合自己的具体情况，谈一谈你从中看到了怎样的创业机会？

2. 去年初，眼看着大学生活即将结束，而工作仍无着落，小于和同寝室两个朋友一合计，决定携手创业开酒店。三人盘下学校附近的一个酒店，转让费和一年的房租近 4 万元，装修近 3 万元，添置冰箱、锅碗瓢盆等基础设施 2 万元，2 名厨师和 7 名杂工、服务员的工资就有 1 万多元，加上万余元的流动资金，三人前后共投入 11 万元。

开业之初，店里就推出了全场八折的优惠活动，男士就餐送一瓶啤酒，再加上“干锅手撕鸡”“火焰排骨”等特色可口菜，酒店经营迅速走上正轨。连续两个多月，小店每天的毛利近 3000 元。看着酒店生意日渐红火，朋友们纷纷前来祝贺，免费招待的客餐几乎天天都有。虽然大家都知道此举会增加成本，依然碍于面子硬撑。此外，酒店每天的原料都由大厨按实际需求，就近到酒店旁的菜市场购买。这样做的缺陷是，菜市场的价格比大市场的批发价高很多，加上厨房的配菜工是新手，配菜、洗菜时“丢头”也很大。这样一来，成本很难降下来。

随着客流量加大，两个炉灶明显不够用，但厨房空间有限，要增加炉灶就必须对厨房进行较大改造。对此，三个合伙人意见不同，有人认为不加炉灶会影响服务质量，等待的客人会因此流失；有人认为上菜稍慢没关系，来客爆满排队反而更吸引顾客。最后，考虑到工程较大，炉灶最终没有增加。渐渐地，由于不满上菜速度，就餐客人越来越少。

眼看生意渐差，三人开始相互抱怨，争吵日渐频繁。员工们见此情形，工作也日渐涣散，服务态度变差。酒店勉强维持到 7 月份学校开始放暑假时，已没多少生意。无奈之下，三人决定将门面转让。

原先在门面上的投资近 9 万元，经过几个月与下家的交涉，最终仅以 5 万元低价转让出去，光这一笔就损失惨重。

试分析：小于创业失败的原因是什么？在处理创业风险时当事人有哪些失误？

实战篇

SHIZHAN PIAN

如何赢得创新创业大赛

一、大学生参加创新创业大赛的意义

创新创业教育是我国建设创新型国家一系列战略举措的重要组成部分。创新创业大赛是创新创业教育融入人才培养全过程的一个平台，是探索专创融合、产教融合、科创融合，提升创新创业教育水平的切入口。只有参与进去，我们才能知道比赛能够给创新创业教育带来什么，哪些是创新创业教育的需求，存在哪些问题，从而提高创新创业教育的针对性。只有参与其中，创新创业教育融入人才培养全过程才不是一句空话。大学生参加创新创业大赛的意义包括以下几点：

（一）有助于培养大学生的科学探索精神

创新创业是有方法的，开展创新创业活动需要具备创新思维。设计创新创业项目是一项创造性的活动，大学生参加创新创业大赛有助于培养创新思维，开拓创业思路。

大学生思维活跃，想象丰富，对创新创业抱有美好的期待。但只是敢想还不够，创新创业必须符合客观实际，在创业前需要做大量的市场调研。在对市场有全面的了解后，再进行综合分析，找到最适合自己的创业项目。在这个过程中，参赛者及参赛团队培养了自身的科学分析精神，为今后的创业或就业打下了良好的基础。

（二）有利于激发学习兴趣，培养良好的学习习惯和拼搏精神

创新创业大赛以赛促学，能够激发大学生的学习兴趣。参赛项目往往源自大学生的兴趣，源自学生感兴趣的事物，而兴趣是学习的动力，大学生在参加创新创业

比赛的过程中，能够体验到求知的乐趣。

创新创业大赛是一项艰苦的脑力和体力劳动，参赛者必须具有顽强的拼搏精神和不屈不挠的斗志，才能取得成功。创新创业大赛包含的知识面广，很多知识超出了本专业的范围。由于比赛时间的限制，参赛者须尽快掌握创新创业需要的理论知识才能更好地完成这项比赛。通过参加比赛，大学生学习文化知识的积极性能得到较大提高。

参加创新创业大赛是将所学理论知识运用于实践的一次训练。很多参赛项目需要做出实物或模型，路演要求参赛者必须运用理论知识把项目清晰地讲出来，如果没有扎实的理论基础，这些都是难以胜任的。大学生在参赛中既动脑又动手，促使大学生活学活用。大学生参加一次创新创业比赛相当于经历过一次“血与火”的洗礼，有助于促进自身的成长成才。

（三）有利于培养团队精神

参加创新创业大赛要取得成功，离不开参赛团队集体的力量。创业团队需要心往一处想，劲往一处使，需要科学地分工协作。通过参加比赛，同学们学会了服从大局，懂得了尊重与合作。

此外，创业项目是一个多学科知识综合应用的载体，包括社会学、经济学、统计学、管理学等方方面面的知识。因此，学生参加创新创业大赛必须组成一个跨界跨专业团队，这个团队必须拥有不同的专业背景。每个团队成员在参赛过程中，互相学习，取长补短。

（四）有利于开展创业实践

大学生开展创业实践一般会遇到两个方面的问题：一是缺乏创业理论知识，二是缺乏创业技能。创新创业大赛以赛促创，大学生积极参加创新创业大赛是解决以上问题的一个重要途径。创新创业大赛要求理论与实践相结合，通过参加创新创业大赛，大学生能够补足创业理论知识，进行创业模拟实践，培养创新创业技能。

大学生参加创新创业大赛的项目，有的是大学生正在进行创业实践中的项目，通过参加比赛，提高创业实践的效率和质量；有的是大学生获奖后产生创业冲动，直接进行创业。

（五）有助于对大学生进行爱国主义教育

创新创业大赛项目策划都要有项目背景。项目背景来自对国家政策的了解，对行业发展前景的调查，对国家关于乡村振兴、精准扶贫、新旧动能转换、健康养老、美丽中国建设等政策的研究。从国家、社会和人民群众的需求中设计创业项目，能够大大提高项目的层次和影响力。从这个层面上讲，参加创新创业大赛有助于大学生了解国情，对大学生进行爱国主义教育，进而推进大学生思想政治教育工作。

二、参赛项目来源

关于参赛项目的来源，我们以中国“互联网+”大学生创新创业大赛为例。自2015年首届中国“互联网+”大学生创新创业大赛开办以来，涌现出一批又一批优秀的大学生创新创业项目，从中我们可以梳理出十大项目来源。

（一）把兴趣发展为项目

这类项目具有自发创意、自主创新、自我发现商机的特点。由于是兴趣使然，学生愿意干，并乐此不疲，因此，这类项目落地非常高效。比如，大学生家教等课业辅导项目，校园中的广告、产品推广与调研项目，手机、书籍等二手商品交易项目，提供毕业聚会、摄影等服务类的项目。这些项目在开始阶段规模较小，多为创业练手之作，如果精心挖掘也能做成优秀项目。

| 案例 |

“兼客”项目

——福州大学第二届中国“互联网+”大学生创新创业大赛银奖

项目简介：让信息有用而透明。

福州大学至诚学院学生陈明富在运营“123外卖网”过程中发现，许多大学生兼职人员存在信息不对等，而市场上人力资源供求双方受到虚假信息及黑中介的困扰。

“兼职信息真假难辨，有兼职意向的学生很难找到合适的工作。”兼职市场积弊已久，非一剂猛药可以痊愈。

于是，陈明富瞄准兼职市场，为大学生打造“真实、免费、便捷、精准”的理想O2O兼职平台。

经过团队努力研发，2015年“兼客”App（客户端）得以上线。但刚开始就遭遇挑战——平台出现黑中介。随后，团队加强信息审核，并鼓励用户举报黑中介。“我们要求工作人员必须对所有兼职信息进行两轮电话审核，甚至实地认证，宁愿减少发布数量也要保证信息的真实性。”陈明富态度明确，兼职诚信体系随即建立。

而该项目最大的亮点是实现了岗位订阅。用户只要在“兼客”App上选择想要兼职的时间、地区和岗位，App就会根据其兴趣，进行兼职工作的精准匹配，大大节约了用户时间。

在“互联网+”大赛中，学生自发而成的双创项目表现尤为抢眼。如华中科技大学的“粉丝网”项目，充分体现了“九〇后”大学生的特色；上海交通大学的59STORE项目、北京大学的ofo共享单车项目、北京邮电大学的“学生圈新媒体”项目、山东师范大学的“大川乒乓”项目等，这些都与学生的日常学习与生活直接相关。

（二）科创融合项目

这类项目依托于科技成果的转化。创新创业大赛一直大力提倡并切实助力高校科技成果向产品、产业侧进行转化。据统计，在以往的“互联网+”创新创业大赛中，共带动累计超过10万件专利进行转化。这类项目通常以“师生共创”的方式组建团队，其转化的产品所服务的产业方向具备较大的市场空间和想象力，同时其转化的产品也具备较强的技术创新性或领先性。

这类项目在大赛金奖项目（尤其是总冠军项目）中的占比很高，基本一直在50%左右。对于科创融合项目来说，目前首先需要解决的是思维方式的问题，也就是从以往固有的搞科研的技术思维向创业所需要的产品思维、市场思维转变。

| 案例 |

“慧淬”铁轨延寿项目

——华中科技大学第二届中国“互联网＋”大学生创新创业大赛金奖

项目简介：提高钢轨寿命周期10倍以上。

“如何提高钢轨耐磨性，已成为一个全球性难题。”华中科技大学武汉光电国家实验室曾晓雁教授开篇点题，直指当前铁路设施存在的一大通病。

在专业背景下，曾晓雁联想到，是否能通过激光淬火的方法使钢轨的硬度和耐磨性得到大幅度提高？于是，专门为钢轨延寿的“慧淬”学生团队诞生了。

“最初试验阶段，广泛采用了激光全面积淬火方法。该方法虽然大幅度提高了耐磨性，但存在于硬化层中的大尺寸疲劳裂纹会严重影响列车运行的安全性。”在研究团队一筹莫展时，武汉铁路局工程技术人员一同参与到此项试验和探索中来，这让团队在重重失败中看到了曙光。

经双方研究决定，团队采用激光选区淬火技术，即使钢轨在服役过程中产生疲劳裂纹，也可在其向基体扩展之前就通过磨损去除。在大量实验探索的基础上，团队又提出高重频飞行激光扫描淬火技术，突破了传统激光淬火功率密度的限制，将激光选区淬火的效率提高了15倍以上。

完成实验室突破后，该团队又突破第三项技术，即钢轨现场激光强化技术，其更大的意义在于在不拆卸钢轨的前提下，对钢轨表面进行二次甚至多次强化，使钢轨的全寿命周期较以往提高10倍以上。

类似项目还有：西北工业大学的“微小卫星”项目（先进制造业、信息类技术），北京理工大学的“中云智车”项目（先进制造业），重庆大学的“微纳刀肿瘤治疗新方案”（生物医学健康），福州大学的“北斗”技术民用项目（信息技术类）。这些项目具有鲜明的科技成果转化特色。

（三）产创融合项目（红色旅游项目）

这类项目依托产教融合、协同创新，与当地产业或区域发展相结合，服务于国家战略和区域发展。项目特点是结合区域特点、发挥区域优势、满足区域需求、助力区域发展，最终助力自身项目或企业的发展。

| 案例 |

“采薇民绣”项目

——云南大学滇池学院首届中国“互联网+”大学生创新创业大赛金奖

项目简介：云南大学滇池学院“采薇民绣”项目，该项目通过“互联网+非物质文化遗产（滇绣）”的思路，将藏在深山人未识的云南民族刺绣“跨界”到互联网平台上，开创了一条“政府（非物质文化遗产保护性开发）+高校（产品研发中心）+公司（销售平台）+绣娘（产品生产）”的现代化民族刺绣产业链。

在云南大学滇池学院就学的刘玺，偶然在大街上看到美丽的民族刺绣服装，在了解了服装所代表的含义后，她便疯狂迷恋上了云南刺绣。

2015年初，她与团队成员仇健共同拿出3万元，成立了昆明后浪文化传播有限公司。2015年8月，她们在指导老师徐东明的带领下，深入云南省大理白族自治州洱源县。整整15天，他们与当地少数民族绣娘同吃同住。

最初以为来到洱源县就可以看到当地人穿着具有白族刺绣特色的服饰，可他们失望了。村里只有零星的几位老人还穿着白族的传统服装，也只有村里的老人才懂得古老的白族刺绣针法。

回到学校，他们冒出一个新想法——帮助绣娘脱贫致富，让白族刺绣这个非物质文化遗产得以传承并发展。随后，仇健和徐东明借助互联网，设立创业项目“互联网+”非物质文化遗产云南民族刺绣——“采薇民绣”。刘玺担任“采薇民绣”项目负责人，后招募同学杨钦龄、明超、桂佳斌等13人组成“互联网+”非物质文化遗产云南民族刺绣——“采薇民绣”项目组。

在云南省大理地区，历史悠久的白族刺绣以其独特的技法、丰富多彩的纹样图案历来受到学术界的高度重视。但刘玺团队在调查中发现，全国刺绣市场销售额80%为苏绣，12%为湘绣，云南少数民族刺绣的比例不足5%，这也表明白族刺绣有极大的潜力和前景。他们通过微信平台建立“村村通”以联系该地区大学生村官，进一步整合绣娘资源，建立云南少数民族绣娘库，创办了刺绣传习所。他们还聘请楚雄、大理的非物质文化遗产传承人为公司技术总监，收集遗失在民间的云南少数民族刺绣图纹集，逐步建立云南少数民族刺绣图纹库。

类似项目还有：沈阳农业大学的“本溪满族自治县三阳大果榛子种植专业合作社项目”（第二届金奖），云南大学的“彩云本草”项目（第四届金奖）。

（四）校企合作项目

这类项目的优势是学以致用，其特点是项目团队与地方政府、行业企业、科研院所、相关大学研究团队，实现资源对接、产业结合、联合研发，促进地区企业转型升级。其作用是瞄准企业现实人才需求，努力培养与企业对口的创新型人才，促进校企合作，建立产教融合的导向机制，为企业转型升级提供智力支持。

校企合作为高校和企业之间搭建了一座资源共享的平台，学生通过企业提供的实践基地或实训场景等方式，在理论指导实践的过程中实现创新发展，而企业则将学生的创新转变为产业化生产。所以，产教融合协同创新的大学生双创项目，成为越来越多地方性院校在双创工作中重点关注的发力点。

| 案例 |

“互联网+”水产品无水保活物流集成技术项目

——山东商业职业技术学院第二届中国“互联网+”大学生创新创业大赛金奖

项目简介：无水之鱼也能活上千公里。

内陆地区海产品价格一直居高不下，海产品盛产地又时常发生产品滞销，这就会造成市场供需失衡。

“现有的运输方式由于使用丁香油等一些麻醉剂的原因，导致海产品存在非常严重的安全问题。”山东睿隆农业科技有限公司的职员宋佳琪介绍，她现在还是山东商业职业技术学院的一名在读学生。在立足当地产业发展的基础上，该公司推出无水保活物流集成技术。

据介绍，该技术的核心即首先通过对海产品停食暂养和梯度降温技术，再结合纯天然植物源休眠诱导剂，让鲜活的海产品进入休眠状态，然后向密闭容器内灌入不同比例的混合气体，送达目的地后，再对海产品进行唤醒，从而实现无水运输技术。

“为进一步拓展无水保活物流集成技术，我们还搭建了互联网 O2O 电商平台，即海产品分销商可以通过线上下单，我们直接从产地进行配送运输，分销商线下收货，形成鲜活海产品的产地直销模式。”宋佳琪生动地讲解道，“就如曾经一辆载重10 吨的海产品运输车，其中海水占 7 吨，海产品则仅占 3 吨，使用我们的技术以后，海产品可以占到 9 吨以上，不仅经济效益可观，也直接带动了产业升级。”

类似项目还有：吉林动画学院的“三味动漫”项目，北京航空航天大学的“ULBRIAN 机器人视觉”解决方案项目，广东文艺职业学院的“音乐窝”项目。

（五）专创融合项目

这类项目的特点是与自己所学的专业知识相结合，充分发挥和运用专业优势和优势学科进行项目的创意和实践。这与大赛一直提倡的“专创融合”的大赛精神相契合，这类项目获得金奖的几率较高。

| 案例 |

“天然木质纤维素锂离子电池隔膜”项目

——西南石油大学第二届中国“互联网 +”大学生创新创业大赛银奖

项目简介：一毛钱就可解决手机爆炸。

“只需要一毛钱的成本，我们就能解决最近闹得沸沸扬扬的手机爆炸问题了。”西南石油大学材料工程与科学学院学生钟雪鹏，毫不夸张地介绍着团队的创新产品——“天然木质纤维素锂离子电池隔膜”。

据了解，一些厂商为了能在更小的体积内提供更多能量，总是想方设法挤压辅助材料所占的空间，给电池“瘦身”，但这也恰恰为锂电池的安全埋下了隐患。

因此，要让锂电池既能“瘦身”，又“安全”，隔膜技术是关键。

“寻找适合的隔膜材质的过程，犹如爱迪生发明电灯寻找钨丝的过程，痛苦而备受煎熬。”钟雪鹏回想起最初的过程，仍表示很头疼，研究了大半年，对数十种材料反复比较、筛选和融合，可实验结果都不理想。

无心插柳柳成荫。团队成员陈泽民在写总结报告时，不小心将墨水瓶打翻，瞬间墨水浸透了整张报告单。他突然想到锂电池之所以会爆炸，是因为隔膜不能有效地吸收电解液。

“既然纸能吸收水，是否可以用纸的原料木质纤维素来做隔膜?”陈泽民这一奇思妙想“拯救”了整个团队，真是柳暗花明又一村。

最终，经过两年多的研制，世界上第一张由天然木质纤维素制成的锂离子电池隔膜诞生了。经过性能测试，该电池隔膜与世界上最先进的三家隔膜公司的产品相比，更高效安全，且生产工艺简便，每张手机锂电池的隔膜生产成本只要一毛钱。

类似项目还有：南开大学的“起智时代”项目（人工智能），四川大学的“DEEPNET肺结节人工智能”项目，“云病理共享平台”项目（医疗医学），哈尔滨工业大学的“万州焊接”（焊接技术与工程），西北农林大学的“侍酒师”项目，河北师范大学的“子衿教育”项目以及云南大学的“律品”项目等。这些项目都是很好地将学校专业和学科特色与团队项目紧密结合的典范。

（六）“互联网+”新技术项目

当前，基于“互联网+”的技术创新与应用创新层出不穷，出现了很多与虚拟现实技术、增强现实技术、人工智能、物联网、大数据及云计算深入结合的双创项目。互联网是人类在技术领域的巨大进步，将重新建构世界的连接方式，重新配置社会资源。在这个过程中，不断涌现的新技术将大大激发大学生创新创业的热情，大大促进基于“互联网+”的技术创新与应用创新。

| 案例 |

“兰亭数字——国内最大的虚拟现实影像内容公司”项目

——江南大学第二届中国“互联网+”大学生创新创业大赛金奖

项目简介：抓住“数字”时代的机遇。

对于年轻的创业者来说，这是一个最好的时代。

毕业于江南大学物联网学院电子信息工程专业的孙文博与数字媒体学院动画专业的庄继顺等人就抓住这个时代最有力量的工具开启创业之路。

2014年，虚拟现实（简称VR）技术还属于一个新兴领域，国内只有不足10家公司在做与其相关的项目。一直专注于研究各种新技术的孙文博发现了VR市场的空缺，并且当时做的一些项目也恰好和VR有些结合，这让孙文博对VR虚拟现实技术的推广和应用产生了想法。

与孙文博因摄影相识的庄继顺得知这一想法后，毅然从公司离职，两人共同创立北京兰亭数字科技有限公司。

“为了能做出专业的VR作品，我们制作团队在很长一段时间里都达到了‘716’的工作强度（即每周工作7天，每天工作16个小时），用尽可能短的时间，将客户需要的作品做得专业和完美。”孙文博感慨，这或许就是为什么兰亭数字能够被定义为高端VR影像内容制作公司的原因。

在制作了多部VR电影之后，该团队继而将VR体验延伸到直播中，为客户带去全新的沉浸式体验。

类似项目还有：北京大学的ofo共享单车项目、广西大学的“遁迹墨盒”项目（大数据）、浙江大学的“云象区块链”项目（区块链）、南昌工程学院的“花脸——引领刷脸支付新时代”项目（互联网新技术）。

（七）大手拉小手项目（师生共创、校友共创）

在“互联网+”时代，教师对知识的掌握不再具有绝对优势。这类项目体现了教学相长，使教师和学生成为学习的合作者，师生共创，教师于项目实施中进行教学指导，学生则在项目进行中使知识得以转化应用。

| 案例 |

果蔬生长不用喂“农药”

——华南农业大学第二届中国“互联网+”大学生创新创业大赛银奖

项目简介：果蔬生长不用喂“农药”。

“建立先防高科就是希望能推出高新材料替代农药用于果蔬生产，彻底改变传统的防虫抗病方法，轻松培养无毒绿色的放心果蔬，并带动产业升级。”刘永林与博士生导师蒋刚彪教授进行多次讨论后，决心与导师一同创新创业。

就读于华南农业大学材料与能源学院微生物学专业的刘永林发现，南方的气候导致果蔬病虫害现象非常严重，农民为了保证果蔬质量，只能采用极不便利的传统套袋护果与大量喷洒农药的方式。于是，刘永林在蒋刚彪的支持下，将产品实验组中的四位学弟学妹召集起来，进行产品研发与调研。

当初代产品成形时，团队并没有急于一时地投入市场。为了脚踏实地把技术研发成熟，刘永林积极寻找有经验的农果蔬专业生产合作社进行产品试验，在一次次的失败中进步，直到成熟产品诞生。

先防高科已得到校内创业孵化基地、当地农果蔬专业生产合作社及农业科技推广中心的诸多支持，他们将继续书写属于他们的创业传奇。

类似项目还有：武汉工程大学的“秋叶 PPT”项目、华南理工大学的“荔枝微课”项目、广西师范大学的“万卓——轻餐饮创业孵化平台”项目、江西师范大学的“芒果青年”项目。这些项目通过师生同创，成为优秀的双创项目。

（八）第三方电子商务平台项目

电子商务的发展给小微企业提供了很多发展空间，给生活带来了很多变化，也给创新创业项目带来新思路。

电子商务作为现代服务业中的重要产业，有“朝阳产业和绿色产业”之称，在云服务及大数据等“互联网+”工具协助下，更是呈现出高速增长态势。

目前中国有诸多电子商务平台，资源丰富，可为大学生提供创新创业机会，如淘宝与天猫、京东商城、微信微店等。利用第三方电子商务平台创新创业，创业门槛较低，可以发挥大学生熟悉互联网的优势，帮助线下传统企业电商运营。基于第三方“电子商务平台”的创新创业，更适合小微创业，成就了更多“小而美”的企业，并能够较好地实现“通过创业带动就业”。

| 案例 |

“六膳门”项目

——对外经济贸易大学第二届中国“互联网 +”大学生创新创业大赛银奖

项目简介：餐饮在线直通“六膳门”。

北京六膳门科技有限公司由国际经济贸易学院的哈楠、张子昂等 4 名本科生共同组建，是年轻人外卖品牌制造商，餐饮智能供应链托管商，是一家专注于“新餐饮”消费服务的互联网餐饮公司。

“踩了很多个坑。”哈楠笑谈创办“六膳门”这一年多的感受。

“比起白领市场，校园市场因为用户消费水平较低一直被放在次要位置。”于是，对外经济贸易大学的哈楠，率先以对外经贸大学为起点，建立 6 个外卖配送点，覆盖北京市朝阳区及海淀区 8 所高校，并在校园内配送环节，组建公司特有的物流众包团队。“有时一次可以配送 40 单至 50 单，每单的配送成本被压缩到 1 元至 2 元。”开学期间，校园市场平均每天的订单量则在 1000 单至 2000 单。

“其实，学生的消费能力并不像预想的那样低，而且配送区域比较集中，可以实现批量的并单，节约配送成本，因而利润并不单薄。”哈楠觉得有必要将这一模式进行拓展延伸，继而又在白领市场开始布局。

与校园市场纯外卖的模式不同，白领市场的主要运营方式是“线下体验店 + 外卖”。

“互联网餐饮的真正门槛是生产力，一方面是互联网工具，利用它提高配送效率；另一方面是餐饮生产力，省掉中间环节，提高加工效率，实现标准化。”哈楠眼光犀利。

因此，他在外卖以外，追求拓展供应链托管业务。即利用其供应链与中央厨房，向门店直接供应餐品，同样，门店只需完成加热就可直接售卖。

类似项目还有：南开大学的“农梦成真”项目，西藏职业技术学院的“圣地天堂”项目、“藏宝精品”项目，江西科技师范大学的“尘熙”项目，宁波大学的“西木科技——农村电商云仓配一体化服务专家”项目。

（九）政府公共服务采购与社会公益需求项目

追求美好生活品质成为人们的广泛需求，随着中国政府的简政放权，越来越多的政府职能将通过面向社会采购服务的方式进行，此类市场受众群体范围广，市场空间大，且极易得到快速普及，存在巨大的创新创业空间。这类公益项目能够极大地提升政府公共服务质量与效率，实现双赢。

| 案例 |

“空气洗手装置”项目

——浙江大学第二届中国“互联网+”大学生创新创业大赛金奖

项目简介：在空气里把手洗干净。

“每个人洗一次手，平均大概要用500毫升水。然而，在洗手过程中，仅有5%的水是用于溶解手上的污渍，而95%的水都用于冲走污渍。”浙江大学能源工程学院本科生李启章认为，水资源短缺及污染已然成为全球性问题，洗手的用水量比例就显得有些浪费资源。

“用水洗手多浪费啊，我们为什么不能用空气洗手?”基于专业的本能反应，同班同学陈璞阳不经意提出假设。

于是，二人一拍即合，他们决心做一项社会公益项目，在能源大战中出一份力。

在查阅资料和咨询老师的过程中，他们发现，要完成这一项目，得需要其他专业同学加入。比如做控制系统，得靠电气专业的学生；做机械结构，要靠机械专业的学生等。李启章就迅速联合相关专业学生，组成最强大脑。

经过一年的努力研究，一台简洁、实用的“空气洗手装置”成为该团队的心血结晶：当使用者站到洗手装置前约22厘米高的踏板上时，水龙头喷出的雾状水滴便可冲洗手上的污渍。

“这跟平时用水洗手相比，手洗得同样干净，但能节约90%的用水。”考虑到市场需求，团队还将推出重力驱动系列：使用者只需站上洗手台下方的一个台阶，即可压缩空气以供洗手，整个过程不会产生任何能耗。

类似项目还有：陕西理工大学的“含氟水净化”项目、兰州理工大学的“墨隐”项目、山东师范大学的“雨点公益”项目。

（十）“一带一路”项目

全球经济一体化进程必将推动中国高等教育的国际化，而国家“一带一路”的发展计划，则更深入地发掘了区域内的市场潜力，创造了需求并促进了投资和消费。

其中，越来越火的跨界电商就是一个很好的缩影。具有语音与区域优势的学校则可以充分把握机会，为大学生在该领域的“双创”活动开辟渠道，搭建国际化平台。

| 案例 |

“语音 +”

——新疆大学第二届中国“互联网 +”大学生创新创业大赛银奖

项目简介：用“语音”翻越千山万水。

“我认为每个人都要有一个自己的梦想并坚信其能够实现，这样我们的‘中国梦’才能更早更好地实现。”吾提库尔·艾尔肯意识到个人梦与中国梦相结合的重要意义。

说起梦想的实现，吾提库尔·艾尔肯从 6 岁就开始一步一步踏上征程。

由于父亲曾担任编辑一职，经常在家用电脑排版，他就跟着学习打字和简单操作。10 岁那年，吾提库尔·艾尔肯在父母的支持下创建了一个维吾尔族少年网站，这奠定了他的创业路。

高考的时候，吾提库尔·艾尔肯毫不犹豫地选择了新疆大学软件工程专业，在创业路上勇敢探索。

当“一带一路”成为我国与沿线国家的合作发展理念，吾提库尔·艾尔肯似乎找到了“个人梦”与“中国梦”的契合点。新疆作为古丝绸之路东西方文化交流中心，已形成独特的地域和民族文化。“我们要用一种最简单的方式与智能手机交互，实现汉语和维吾尔语语音翻译，扩大新疆的对外交流。”

从这一需求出发，该项目团队选择当时最先进的技术，通过语音识别、语音合成、自然语言理解技术、机器翻译及大数据技术，创立了能实现语音输入、语音翻译和语音搜索等功能的“语音+”项目。

类似项目还有：福建农林大学的“点草成金”项目、广东工业大学的“一带一路教室”项目、华东师范大学的“云佛艺术”项目。

（十一）来自家族产业与产权的项目

中国越来越多的家族产业与拥有的知识产权面临传承接班问题，需要创二代们更好地发展家族事业。在民营经济发达的江浙地区，越来越多的家庭企业的新生代——“创二代”，实现家庭产业与“互联网”对接，实现升级跨越发展。基于家族产业与产权传承的大学生创新创业项目，也会成为未来大学生创新创业项目的来源之一。

第二届“互联网+”大赛中，桂林电子科技大学的“减速机”等项目就是很好的例子。该类项目可实现家庭产业的升级。其特点在于该项目拥有丰富的资源，且技术成熟。其优势在于产业产权接班，“创二代”实现家庭产业与互联网对接。

类似项目还有：成都职业学院的“绿府农业”项目、天津大学的“水盼科技”项目。

三、创新创业大赛的团队素质

创新创业大赛是一项充满竞争性的活动，实行优胜劣汰制。大赛中强手如林，项目是基础，参赛人员是关键。那么，参加创新创业大赛的团队，应该具备哪些素质呢?

（一）学生有创新创业的激情和热情

大凡参加创新创业大赛的同学，都是对创业感兴趣和有想法的，这是他们参加大赛的原动力。对一个参赛团队而言，这个有想法、有思路的人十分重要，他对于能否引领和开展创新创业活动起到非常关键的作用。而要取得创新创业大赛的成功，就需要团队有创新性的想法、有创新性的思维。当这些人的不同想法在一起发生碰撞时，就会激起火花、产生灵感、启发他人，而往往这个时候就会产生创新的想法，产生金点子，从而做成项目。

（二）指导教师的热情

项目指导教师应发挥领导和伯乐的作用。因为教师在学生心目中具有很高的威信，他能高瞻远瞩，是项目的引领者、指挥者。指导教师是学生的主心骨和精神支柱，教师的参与程度决定着参赛团队凝聚力的高低，决定着团队能否取得成功。教师的任务是发现有创业兴趣的学生、发现有实力的项目，推着学生往前走，关键时候找出问题的症结，利用自己的能力和资源为学生助力，引导学生用科学的精神对待项目。当学生在准备比赛的过程中遇到困难和挫折时，需要指导教师打气鼓劲，培养学生一往无前的毅力。若指导教师缺乏热情，那么这个参赛项目一般是走不远的。

（三）团队师生的勤奋和拼搏毅力

天才出于勤奋，干任何事业都需要勤奋和拼搏精神，要坚持到最后一公里。参加创新创业大赛也是这样。大凡参加大赛取得好成绩的团队，多数是师生在一起学习研究时间很长的团队。师生为了把项目做得更好，可以相互探讨，相互鼓励，有的参赛学生甘愿做配角，甘愿受委屈。团队成员的学习精神、钻研精神和拼搏精神，是取得比赛好成绩的最关键的因素。

（四）专业组合

创业是一项复杂的系统工程，需要多个具有不同专业背景知识的人共同完成。在进行项目设计时，需要掌握国家政策、行业背景，需要进行客户调研，需要进行商业模式的创造，需要资金、技术与设备场所，还需要进行长远规划。这些光靠同一个专业的学生远远达不到要求，因而需要多个专业的学生发挥各自的优势，形成更有力的团队效应。

四、参赛准备

1. 学习文件

首先要拿到文件好好学习，必须研究透参赛要求及作品评分标准，把握好参赛时间。

2. 做好创业计划书

写好创业计划书是参加创业大赛的第一步，是其他参赛环节的基础。创业计划书是网评阶段评审专家必看的材料。创业计划书要求言简意赅、重点突出；要求材料翔实，从中能够看出项目团队具体做了哪些工作；是不是真懂，是不是深入进去了，思路是不是清晰，水平够不够专业，项目是真做还是假做。对创业计划书的题目、目录及具体内容都要精心设计，做到重点突出，以调动评委继续往下看的兴趣。做创业计划书时要求换位思考，要做到让别人看懂，并能产生共鸣。

评委一般都要在短时间内完成上百份创业计划书的评审，不可能面面俱到，所以首先看标题，然后浏览目录，看看是否完整，有没有可以重点关注的点。在审阅内容时，评委一般重视数据、图示、照片，重视技术原理、目标客户、客户痛点、竞品分析、SWOT 分析以及远景规划等，看看分析得是否准确。

3. 制作项目幻灯片文件

幻灯片文件分网评幻灯片和路演幻灯片。网评幻灯片用于参评的第一阶段，路演幻灯片用于参评的最后阶段。制作网评幻灯片要求详细而准确。但路演幻灯片不要过多，最多 12 张，但实物、资料、照片都要有；要求合乎逻辑，重点突出。

4. 精心制作项目视频

视频用来对项目进行广告宣传，因此视频制作不能敷衍了事，必须精心制作。视频要求时长 1 分钟，无论是拍摄或剪辑、配音都要认真对待。素材储备要多，然后从中精挑细选。视频的画面必须清晰，分辨率要高。配音内容以介绍项目背景、选手基本情况、项目实际运作、服务效果以及感悟体会等为主。风格不限，配音中可综合使用独白、旁白、解说、音乐、同期声各种形式。

视频展示通常是项目展示的弱项，因为很多学生往往用手机简单一拍，效果很差。

5. 设计制作模型或实物

有些项目特别是技术发明类项目最好制作出样品或模型，以证明项目进入实施阶段。样品或模型应力求精细，便于解说、操作和展示。

6. 做好项目路演

项目路演即项目现场展示，包括视频展示、幻灯片展示、演讲和答辩四个环节。要做到展示流畅，演讲精彩，答辩准确。

五、参赛程序

1. 网评阶段

这一阶段是参加创新创业大赛的第一关，一般要求参赛者提供创业计划书、幻灯片文件、视频、实物或模型图片、营业执照图片、专利证书图片。

网评阶段，学生作品海量，评委人数少，评审作品多，评委要在有限的时间内对几百份作品进行打分。这就要求项目名称新颖有创意，项目简介言简意赅，有关键词。创业计划书中既要体现创意，又要有社会调查数据支撑，还要对重点内容分析透彻。视频、图片应精心筛选，既不能太多，也不能太少。吸引评委看下去，才能评出好成绩。

一般来讲，网评作为第一关最容易被忽视，因为参赛团队不重视，很多作品成了分母。在这一阶段，质量高的作品被刷下来的几率较小，中奖率较高。这一阶段评审的目的是寻找比赛种子，评委不和学生见面。

2. 初赛阶段

初赛阶段要进行项目的第一次路演。初赛的第一阶段有项目报告、视频展示与实物展示环节，第二阶段有评委提问、学生答辩环节。

在这一阶段，评委和学生第一次见面。上台演讲的学生要做到仪表整洁大方，语言表达流畅，答辩有条理且清晰准确。

3. 决赛阶段

通过初赛后，参赛团队要注意根据现场表现的得失进行总结分析，以更好地应对决赛。决赛阶段是优秀项目的对决阶段，因此赛前最好请专家对项目做进一步的修改，提高视频等各类文件的内容与质量，并对演讲、答辩环节进行多次演练。上台演讲者可以挑选形象好、演讲能力强的选手，答辩者必须是项目的负责人。

上台演讲者应在有限的时间内言简意赅、重点突出地将项目介绍给评委和观众。注意在演讲和展示时不要留下任何破绽，比如证书、效益测算分析等方面存在不实信息，要做到实事求是、科学严谨；否则会被评委抓住把柄，成为评委提问的关键点。

六、部分大学生创新创业大赛评审规则

各类大学生创新创业大赛有不同的评审规则，现以中国“互联网＋”大学生创新创业大赛和全国高职高专“发明杯”大学生创新创业大赛的评分标准为例，进行展示和说明。

1. 中国国际“互联网＋”大学生创新创业大赛

第八届中国国际“互联网＋”大学生创新创业大赛分为五个赛道：高教主赛道、“青年红色筑梦之旅”赛道、职教赛道、萌芽赛道、产业命题赛道。其中，适合高职生参加的有“青年红色筑梦之旅”赛道、职教赛道，其评审规则如表1至表5所示：

第八届中国国际“互联网＋”大学生创新创业大赛评审规则

表1　“青年红色筑梦之旅”赛道项目评审要点：公益组

评审要点	评审内容	分值
教育维度	1. 项目应弘扬正确的价值观，体现家国情怀，恪守伦理规范，有助于培育创新创业精神。 2. 项目体现团队扎根中国大地了解国情民情，遵循发现问题、分析问题、解决问题的基本规律，将所学专业知识、技能和方法应用于解决各类社会问题，展现创新创业教育对创业者基本素养和认知的塑造力和提升创业者综合能力的效力。 3. 项目充分体现团队解决复杂问题的综合能力和高级思维；体现项目成长对团队成员创新创业精神、意识、能力的 锻炼和提升作用。 4. 项目能充分体现院校在新工科、新医科、新农科、新文科建设方面取得的成果；项目充分体现专业教育、思政教育、创新创业教育的有机融合；体现院校在项目的培育、孵化等方面的支持情况。	30
公益维度	1. 项目以社会价值为导向，以谋求公共利益为目的，以解决社会问题为使命，不以营利为目标，有一定公益成果。 2. 在公益服务领域具有较好的创意、产品或服务模式的创业计划和实践，追求社会效益的最大化。	10
团队维度	1. 团队的组成原则与过程是否科学合理；是否具有从事公益创业所需的知识、技术和经验；是否有明确的使命愿景 。 2. 团队内部的组织构架、人员配置、分工协作、能力结构、专业结构、激励制度的合理性情况；团队外部服务支撑 体系完备（如志愿者团队等）、具有一定规模、实施有效管理使其发挥重要作用的情况。 3. 团队与项目关系的真实性、紧密性情况；团队对项目的各项投入情况；团队的延续性或接替性情况。 4. 支撑项目发展的合作伙伴等外部资源的使用以及与项目关系的情况。	20

续表

评审要点	评审内容	分值
发展维度	1. 项目通过吸纳捐赠、获取政府资助、自营收等方式确保持续生存能力情况。 2. 团队基于一定的产品、服务、模式，通过高效管理、资源整合、活动策划等运营手段，确保项目影响力与实效 性 。 3. 项目对促进就业、教育、医疗、养老、环境保护与生态建设等方面的效果。 4. 项目的模式可复制、可推广、具有示范效应。 5. 项目对带动大学生到农村、城乡社区从事社会服务就业创业的情况。	20
创新维度	1. 团队能够基于科学严谨的创新过程，遵循创新规律，运用各类创新的理念和范式，解决社会实际需求。 2. 项目能够从产品创新、服务创新等方面着手开展公益创业实践，并产生一定数量和质量的创新成果。 3. 鼓励将高校科研成果运用到公益创业中，以解决相应的社会问题。	20
必要条件	参加由学校、省市或全国组织的“青年红色筑梦之旅”活动。	

表 2　“青年红色筑梦之旅”赛道项目评审要点：创意组

评审要点	评审内容	分值
教育维度	1. 项目应弘扬正确的价值观，体现家国情怀，恪守伦理规范，有助于培育创新创业精神。 2. 项目体现团队扎根中国大地了解国情民情，遵循发现问题、分析问题、解决问题的基本规律，将所学专业知识、技能和方法应用于乡村振兴和农业农村现代化、城乡社区发展，展现创新创业教育对创业者基本素养和认知的塑造力和提升创业者综合能力的效力。 3. 项目充分体现团队解决复杂问题的综合能力和高级思维，体现项目成长对团队成员创新创业精神、意识、能力的 锻炼和提升作用。 4. 项目能充分体现院校在新工科、新医科、新农科、新文科建设方面取得的成果；项目充分体现专业教育、思政教育、创新创业教育的有机融合；体现院校在项目的培育、孵化等方面的支持情况。	30
团队维度	1. 团队的组成原则与过程是否科学合理；团队是否具有支撑项目成长的知识、技术和经验；是否有明确的使命愿 景 。 2. 团队的组织构架、人员配置、分工协作、能力结构、专业结构、合作机制、激励制度等的合理性情况。 3. 团队与项目关系的真实性、紧密性情况；对项目的各项投入情况；创立创业企业的可能性情况。 4. 支撑项目发展的合作伙伴等外部资源的使用以及与项目关系的情况。	20
发展维度	1. 充分了解乡村振兴、农业农村现代化、城乡社区发展的内容和要求，了解其中的痛点、难点，进而形成对所要解 决问题完备的认知。 2. 在服务乡村振兴、农业农村现代化、城乡社区发展等方面有较好的创意、产品或服务模式，追求经济效益和社会 效益的平衡。 3. 项目对推动乡村振兴、农业农村现代化、城乡社区发展等方面的贡献度。 4. 项目的持续生存能力，模式可复制、可推广、具有示范效应等。	20

续表

评审要点	评审内容	分值
创新维度	1. 团队能够基于科学严谨的创新过程，遵循创新规律，运用各类创新的理念和范式，解决乡村振兴、农业农村现代 化、城乡社区发展中遇到的各类问题。 2. 项目能够从产品创新、服务创新等方面着手开展创新创业实践，并产生一定数量和质量的创新成果。 3. 鼓励院校科研成果和文创成果在乡村或社区进行产业转化落地与实践应用。 4. 鼓励组织模式或商业模式创新，鼓励资源整合优化创新。	20
社会价值维度	1. 项目直接提供就业岗位的数量和质量。 2. 项目间接带动就业的能力和规模。 3. 项目对社会文明、生态文明、民生福祉等方面的积极推动作用。	10
必要条件	参加由学校、省市或全国组织的“青年红色筑梦之旅”活动。	

表 3　“青年红色筑梦之旅”赛道项目评审要点：创业组

评审要点	评审内容	分值
教育维度	1. 项目应弘扬正确的价值观，体现家国情怀，恪守伦理规范，有助于培育创新创业精神。 2. 项目体现团队扎根中国大地了解国情民情，遵循发现问题、分析问题、解决问题的基本规律，将所学专业知识、技能和方法应用于乡村振兴和农业农村现代化实践，展现创新创业教育对创业者基本素养和认知的塑造力和提升创业者综合能力的效力。 3. 项目充分体现团队解决复杂问题的综合能力和高级思维，体现项目成长对团队成员创新创业精神、意识、能力的 锻炼和提升作用。 4. 项目能充分体现院校在新工科、新医科、新农科、新文科建设方面取得的成果；项目充分体现专业教育、思政教育、创新创业教育的有机融合；体现院校在项目的培育、孵化等方面的支持情况。	20
团队维度	1. 团队的组成原则与过程是否科学合理，团队成员的教育和工作背景、创新能力、价值观念、分工协作和能力互补 情况，是否有明确的使命愿景； 2. 公司是否具有合理的组织构架、清晰的指挥链、科学的决策机制；是否有合理的岗位设置、分工协作、专业能力 结构；是否有良好的内部沟通机制；是否有合理的股权结构、激励制度。 3. 团队对项目的各项投入情况及团队成员的稳定性情况。 4. 支撑公司发展的合作伙伴等外部资源的使用以及与公司关系的情况。	20
发展维度	1. 充分了解乡村振兴、农业农村现代化、城乡社区发展的内容和要求，了解其中的痛点、难点，进而形成对所要解 决问题完备的认知。 2. 在服务乡村振兴、农业农村现代化、城乡社区发展等方面有较好产品或服务模式，追求经济效益和社会效益的平 衡 。 3. 项目通过商业方式推动乡村振兴、农业农村现代化、城乡社区发展等方面的贡献度。 4. 项目的持续生存能力，模式可复制、可推广、具有示范效应等。	30

续表

评审要点	评审内容	分值
创新维度	1. 团队能够基于科学严谨的创新过程，遵循创新规律，运用各类创新的理念和范式，解决乡村振兴、农业农村现代 化、城乡社区发展中遇到的各类问题。 2. 项目能够从产品创新、服务创新、组织创新等方面着手开展创新创业实践，并产生一定数量和质量的创新成果，获得相应的市场回报。 3. 鼓励院校科研成果和文创成果在乡村或社区进行产业转化落地与实践应用。	20
社会价值维度	1. 项目直接提供就业岗位的数量和质量。 2. 项目间接带动就业的能力和规模。 3. 项目对社会文明、生态文明、民生福祉等方面的积极推动作用。	10
必要条件	参加由学校、省市或全国组织的“青年红色筑梦之旅”活动。	

表 4　　职教赛道项目评审要点：创意组

评审要点	评审内容	分值
教育维度	1. 项目应弘扬正确的价值观，体现家国情怀，恪守伦理规范，有助于培育创新创业精神。 2. 项目符合将专业知识与商业知识有效结合并转化为商业价值或社会价值的创新创业基本过程和基本逻辑，展现创 新创业教育对创业者基本素养和认知的塑造力。 3. 体现团队对创新创业所需知识（专业知识、商业知识、行业知识等）与技能（计划、组织、领导、控制、创新等）的娴熟掌握与应用，展现创新创业教育提升创业者综合能力的效力。 4. 项目充分体现团队解决复杂问题的综合能力和高级思维；体现项目成长对团队成员创新创业精神、意识、能力的 锻炼和提升作用。 5. 项目能充分体现院校在职业教育建设方面取得的成果；体现院校在项目的培育、孵化等方面的支持情况；体现多学科交叉、专创融合、产学研协同创新、产教融合等模式在项目的产生与执行中的重要作用。	30
创新维度	1. 具有原始创意、创造。 2. 具有面向培养“大国工匠”与能工巧匠的创意与创新。 3. 项目体现产教融合模式创新、校企合作模式创新、工学一体模式创新。 4. 鼓励面向职业和岗位的创意及创新，侧重于加工工艺创新、实用技术创新、产品（技术）改良、应用性优化、民生类创意等。	20
团队维度	1. 团队的组成原则与过程是否科学合理；团队是否具有支撑项目成长的知识、技术和经验；是否有明确的使命愿 景 。 2. 团队的组织构架、人员配置、分工协作、能力结构、专业结构、合作机制、激励制度等的合理性情况。 3. 团队与项目关系的真实性、紧密性情况；对项目的各项投入情况；创立创业企业的可能性情况。 4. 支撑项目发展的合作伙伴等外部资源的使用以及与项目关系的情况。	20

续表

评审要点	评审内容	分值
商业维度	1. 充分了解所在产业（行业）的产业规模、增长速度、竞争格局、产业趋势、产业政策等情况，形成完备、深刻的 产业认知。 2. 项目具有明确的目标市场定位，对目标市场的特征、需求等情况有清晰地了解，并据此制定合理的营销、运营、财务等计划，设计出完整、创新、可行的商业模式，展现团队的商业思维。 3. 其他：项目落地执行情况；项目对促进区域经济发展、产业转型升级的情况；已有盈利能力或盈利潜力情况。	20
社会价值维度	1. 项目直接提供就业岗位的数量和质量。 2. 项目间接带动就业的能力和规模。 3. 项目对社会文明、生态文明、民生福祉等方面的积极推动作用。	10

表 5　　职教赛道项目评审要点：创业组

评审要点	评审内容	分值
教育维度	1. 项目应弘扬正确的价值观，体现家国情怀，恪守伦理规范，有助于培育创新创业精神。 2. 项目符合将专业知识与商业知识有效结合并转化为商业价值或社会价值的创新创业基本过程和基本逻辑，展现创 新创业教育对创业者基本素养和认知的塑造力。 3. 体现团队对创新创业所需知识（专业知识、商业知识、行业知识等）与技能（计划、组织、领导、控制、创新等）的娴熟掌握与应用，展现创新创业教育提升创业者综合能力的效力。 4. 项目充分体现团队解决复杂问题的综合能力和高级思维；体现项目成长对团队成员创新创业精神、意识、能力的锻 炼和提升作用。 5. 项目能充分体现院校在职业教育建设方面取得的成果；体现院校在项目的培育、孵化等方面的支持情况；体现多学科交叉、专创融合、产学研协同创新、产教融合等模式在项目的产生与执行中的重要作用。	20
商业维度	1. 充分掌握所在产业（行业）的产业规模、增长速度、竞争格局、产业趋势、产业政策等情况；具有明确的目标市 场定位，充分掌握目标市场的特征、需求等情况；具有完整、创新、可行的商业模式。 2. 经营绩效方面，重点考察项目存续时间、营业收入（合同订单）现状、企业利润、持续盈利能力、市场份额、客 户（用户）情况、税收上缴、投入与产出比等情况。 3. 经营管理方面，是否有清晰的企业发展目标；是否有完备的研发、生产、运营、营销等制度和体系；是否采用先 进、科学的管理方法，以确保企业具有较强的竞争力。 4. 成长性方面，是否有清晰、有效、全方位的企业发展战略，并拥有可靠的内外部资源（人才、资金、技术等方面）实现企业战略，以建立企业的持续竞争优势。 5. 现金流及融资方面，关注项目融资情况、获取资金渠道情况、企业经营的现金流情况、融资需求及资金使用情况 是否合理。 6. 项目对促进区域经济发展、产业转型升级的情况。	30

续表

评审要点	评审内容	分值
团队维度	1. 团队的组成原则与过程是否科学合理；团队是否具有独特的支撑项目成长的知识、技能、经验以及成熟的外部资 源网络；是否有明确的使命愿景。 2. 公司是否具有合理的组织构架、清晰的指挥链、科学的决策机制；是否有合理的岗位设置、分工协作、专业能力 结构；是否有良好的内部沟通机制；是否有合理的股权结构、激励制度等。 3. 团队对项目的各项投入情况及团队成员的稳定性情况。 4. 支撑公司发展的合作伙伴等外部资源的使用以及与公司关系的情况。	20
创新维度	1. 具有原始创意、创造。 2. 具有面向培养“大国工匠”与能工巧匠的创意与创新。 3. 项目体现产教融合模式创新、校企合作模式创新、工学一体模式创新。 4. 鼓励面向职业和岗位的创意及创新，侧重于加工工艺创新、实用技术创新、产品（技术）改良、应用性优化、民生类创意等。	20
社会价值维度	1. 项目直接提供就业岗位的数量和质量。 2. 项目间接带动就业的能力和规模。 3. 项目对社会文明、生态文明、民生福祉等方面的积极推动作用。	10

2. 全国高职高专“发明杯”大学生创新创业大赛评分标准

以全国高职高专“发明杯”大学生创新创业大赛的评分标准为例，评委从作品选题、作品完整性、作品创新性、作品可行性及作品团队 5 个方面进行评分，具体如表 6 所示：

表 6　　全国高职高专“发明杯”大学生创新创业大赛评分标准

评审要点	评审内容	分值
作品选题	着重关注参赛项目能解决实际的管理问题，创业项目独特，调研项目新颖；选题有鲜明的个性，具有吸引力，能突出自身特有的优势。	10
作品完整性	着重对企业/市场的现实调查，方案的目标、实施策略与计划，资源与可行性分析，对工具及方法的理解和合理选择，项目描述全面、思路清晰、简洁明了、少有冗余。初创作品还需要佐证材料（店址、营业执照、学生在实体中的任职证明）齐全，并已经实施。发明类作品还需要说明发明原理、创新点，也需要佐证材料，并已制作完成。	25
作品创新性	着重关注具有明显的创新点、创新意图明确，应用新方式、新理念、新做法，能够结合企业实际情况进行创新、具有企业特色，能够突破传统的形式、富有创新性和突破性。	25

续表

评审要点	评审内容	分值
作品可行性	着重关注创意对现实问题的适应性与可行性，所需资源（包括时间和能力等）和企业支持的可获得性及可利用程度，方案的实施是否能有针对性地、有效地解决企业存在的现实问题或瓶颈，如销售、市场影响、创新模式建立、成本等。	25
作品团队	着重关注团队组建合理、组织机构严谨、能力互补、分工与职责清晰。	15

七、专家评委的组成

各类大学生创新创业大赛的评委，多由大学专家评委、企业专家评委、孵化基地专家评委、创业融资评委和往届大赛获奖选手评委组成，他们各有所长，会从不同的角度对参赛项目进行评分。

1. 大学专家评委。通常由创新创业学院院长、创新创业课的教授担任。他们往往从创新创业教育角度考评项目团队的创新创业素养，比如知识面、专业技能、学习能力以及创业激情。

2. 企业专家评委。通常由企业老总或职业经理人担任。他们具有丰富的创业和企业管理经验，侧重从企业实践角度考察项目团队的经营管理能力。

3. 孵化基地专家评委。通常由创业孵化园负责人担任，他们掌握丰富的有关政策方面的知识，具有多年的创业项目孵化经验，善于发现项目落地的可能性。

4. 创业融资评委。通常由风险投资经理担任，他们拥有雄厚的风险投资资金，是项目的战略投资人，具有超前投资的慧眼。他们能为企业提供规范的企业发展模式、高质量的资本运作策略，能够培育创业公司高速发展直至上市。创业融资评委的关注点在创业项目的股权比例和投资潜在回报能力上。风险投资者一旦选中某一创业项目，就会对其进行天使基金种子轮、天使轮投资，助力创业项目孵化。

5. 往届大赛获奖选手评委。他们具有丰富的大赛实践经验，对项目比赛的各个环节都非常熟悉。

八、创业计划书的展示与评估

（一）创业计划书的展示

创业计划书要得到合作者、投资者、评判者的青睐，其展示环节就显得极为重要。很多团队意识到了这个问题，就外请表达能力强的人员与投资人或合作伙伴进行沟通。不过大量的实际经验表明，外请人员非创业团队核心成员，常对公司产品的理解不够深刻，在关于融资的沟通中并不到位，反而导致情况更糟糕。

因此，由团队核心成员向投资人或合作伙伴展示创业计划就显得更为重要，即使创业团队成员不善言谈，也常能以真诚、务实、客观的态度获得投资方的好印象。

演示创业计划书虽然短暂，但却是起决定性作用的。如果一个项目或企业非常好，即便你的演示过程平淡无奇，甚至有些差错，也足以吸引风险资本家拿出大把的钞票。但是，绝大多数的创业计划书并不能达到这样的高度。更何况风险资本家投资的时候，除了考虑项目本身的优劣外，更重要的是基于创业者的能力和个人魅力，而演示创业计划是创业者展示自己能力的难得机会。很难想象，风险资本家会把巨额资金投给一个说话磕磕绊绊、连自己的创意都讲不清楚的人。要展示出自己想表达的东西，要注意以下几点：

1. 要充分准备

演讲者要全面把握创业计划书的各项内容，详略得当，突出重点，有节奏地把计划书表达清晰。提前准备好资料，准备好 Word 版和 PPT 版两种版本的完整计划书，做到充分周全。完成一个好的创业计划书是一项困难的任务，有关参赛者可以各自完成他自己的相关部分，然后相互审阅其他人完成的部分，再进行讨论。必要的时候可请财经顾问、会计师、律师、咨询顾问等共同讨论。

演讲者要控制好自己的情绪，克服焦虑、羞怯、自卑等不良心理，并且事先想好对方可能提出的问题，谨慎而有条理地回答。

2. 要精益求精

计划书的格式、文本要仔细检查，不能出现明显的错误。涉及财务计划，数字计算应精益求精，不应出现前后矛盾或明显的误差。要给人一种求真务实、精打细算的感觉，千万不可给人一种马马虎虎、随意草率的印象。因为一个风险投资公司通常一年能收到几百份甚至几千份创业计划书，而每年通常只投资几个新的企业，所以，一份创业计划书最终能达成交易的概率不足1%。

3. 不要有过多的技术资料

演示过程中，不要过分强调技术因素或故意使技术环节复杂化。至于技术问题，可以准备一份专门介绍的活页，在需要的时候适时插入。计划书里不应该附有需要保密的专业信息，如专有产品、独有工艺等有关的详细资料，以免该项技术被他人“克隆”。因为风险投资公司不能保证创业计划书不被泄露，尽管他们会尽量做好有关的保密工作。

4. 保持团队合作精神

演讲者自始至终要贯穿计划书属于整个团队的思想。切忌和本方其他成员发生意见上的分歧和争执。要让评议人觉得这是一个团结上进、值得信任的团队。

5. 要与对方保持良性互动

演讲者在演示时不要只顾自说自话，要创造机会让到场的投资者参与发言，实现交流和互动。演示应保持条理清晰的风格，突出市场前景，刺激投资者的兴奋点。用眼神、表情与对方保持良好的交流，用热情洋溢、有理有据的陈述打动对方。创业计划书的提交最好通过与目标风险投资公司有关系的人，如风险投资咨询公司、其投资伙伴、以前所投资的企业的有关人员等。在他们的推荐之下，成功率将会倍增。因为风险投资界本身是一个非常注重人际关系的领域。

当然，创业计划书不等于经营业务或生意。创业计划书的成功展示可能会形成有利于你的机会，但仅有计划并不意味着创业就会成功。

| 拓展阅读 |

创业计划书的演讲技巧

创业计划书的口头陈述是与投资者或评审委员沟通的一个重要环节。因此，在与投资者或大赛评委会面之前，演讲者一定要做好充分准备，并严格守时，即演讲内容要以会议预定的演讲时间为限。演讲要流畅通顺，简洁鲜明，切忌堆砌资料。业内的经验是：“成功的演讲通常遵循10、20、30准则：10张幻灯片、20分钟、30号字体文本。”也就是说，向投资者或者盟友的展示应以10页幻灯片为基础，每页幻灯片应该至少使用30号或以上的字号，在20分钟之内结束演示和讨论。因此，创业计划书的展示者通常要准备好幻灯片，以提高效率和突出重点。

一、演讲的关键点以及演讲技巧

1. 公司：用1张幻灯片迅速说明企业概况和目标市场。

2. 机会（尚待解决的问题和未满足的需求）：这是演讲的核心内容，最好占用2—3张幻灯片。

3. 解决方式：解释企业将如何解决问题或如何满足需求，该项内容需要1—2张幻灯片。

4. 管理团队优势：用1—2张幻灯片简要介绍每个管理者的才能和经验。

5. 知识产权：用1张幻灯片介绍企业已有的或待批准的知识产权。

6. 产业、目标市场和竞争者：用2—3张幻灯片简要介绍企业即将进入的产业、目标市场及直接和间接竞争者，并详细介绍企业如何与目标市场中的现有企业竞争。

7. 财务：简要陈述财务问题，强调企业何时能盈利，为此需要多少资本，以及何时现金流能够持平，这部分内容最好占用2—3张幻灯片。

8. 需求、回购和退出战略：用1张幻灯片说明需要的资金数目及设想的退出战略。

二、演讲时必须避免的常见错误

1. 内容复杂，重点不突出，因准备幻灯片过多而不得不在规定时间内走马观花地陈述内容。

2. 超过了规定时间而违背了遵守安排的首要原则。

3. 演讲前的准备工作不充分。如果需要视听设备，在投资者没有的情况下，陈述者应事先自行准备，这些应该在面谈前就准备好。

4. 演讲不通俗易懂，过多使用专业术语。

5. 遗忘了一些重要材料，如提交专利申请的具体日期等。

（二）创业计划书的评估

尽管近几年许多机构对日益泛滥的创业计划书有淡化的倾向，认为创业评估不能仅凭一份计划书，但通过创业计划书进行评价依然是大多数评判者采用的基本方法。由于所选择的产品（服务）不同，创业环境、创业人员的能力等也存在差异，所以要对一份创业计划书的优劣进行评价是一件非常困难的事情。目前，投资人员和创业大赛的评审者多采用量化打分制来评定创业计划书。

参考以往比赛和专家的经验，提供以下创业计划书的评价指标体系供同学们对自己的创业计划书进行自评：

1. 执行概要

评价标准：简明、扼要、具有鲜明的特色。重点包括对公司及产品（服务）的介绍、市场概况、营销策略、生产销售管理计划、财务预测等，指出新思想的形成过程和企业发展目标的展望，介绍创业团队的特殊性和优势等。

2. 产品（市场）

评价标准：如何满足关键用户需要；进入策略和市场开发策略；说明其专利权、著作权、政府批文、鉴定材料等；介绍产品（服务）目前的水平是否处于领先地位，是否适应市场的需求，能否实现产业化；产品不过分超前以至市场无法接受。

3. 市场

评价标准：市场容量与趋势、市场竞争状况、市场变化趋势及潜力，细分目标市场及客户描述，预估市场份额和销售额。市场调查和分析应当严密科学。

4. 竞争

评价标准：包括公司的商业目的、市场定位、全盘策略及各阶段的目标等，同时要有对现有和潜在的竞争者的分析，以及对替代品竞争、行业内原有竞争的分析。总结本公司的竞争优势并研究战胜对手的方案，并对主要的竞争对手和市场驱动力进行适当分析。

5. 营销

评价标准：阐述如何保持并提高市场占有率，把握企业的总体进度，对收入、盈亏平衡点、现金流量、市场份额、产品开发、主要合作伙伴和融资等重要事件有所安排，构建一条畅通合理的营销渠道和与之相适应的新颖而富有吸引力的促销方式。

6. 经营

评价标准：原材料的供应情况、工业设备的运行安排、人力资源安排等。这部分要求以产品或服务为依据，以生产工艺为主线，力求描述准确合理，可操作性强。

7. 组织

评价标准：介绍管理团队中各成员有关的教育和工作背景、经验、能力、专长；组建营销、财务、行政、生产、技术团队；明确各成员的管理分工和互补情况、公司组织结构情况、领导层成员、创业顾问及主要投资人的持股情况；指出企业股份比例的划分。

8. 财务

评价标准：包含营业收入和费用、现金流量、盈亏能力和持久性、固定和变动成本；前两年财务月报，后三年财务年报。数据应基于经营状况和未来发展的正确估计，并能有效反映公司的财务绩效。

9. 总体评估

评价标准：条理清晰；表述应避免冗余，力求简洁、清晰，重点突出、条理分明；专业语言的运用要准确和适度；相关数据科学、真实、详尽；计划书总体效果好。

依据上述指标设立相应权重，按权重设定分数比例，然后分项评分，计算总分，依据总分高低排名。

九、参赛路演技巧补充

1. 礼仪

路演是参赛大学生展示自我的一个舞台，良好的精神风貌能够给人以朝气蓬勃、奋发向上的气势。同时，具备良好的精神风貌也是尊重评委和观众的一个表现。因此，参加路演的大学生要注意穿着大方得体，服装不能过于休闲，最好穿正装，也可以是工作服；发型整洁，女生可化淡妆。

2. 视频展示

项目视频能够给评委和观众留下深刻的第一印象。应保证视频播放流畅、画面美观大气，视频的配音应悦耳或震撼，主题突出、展示精准。

视频中不能出现与现行法律、法规、政策等相悖的观点、语言或图像；不能出现国家领导人的图像；不能有明显的产品或项目的广告宣传；采访图像不宜出现话筒等穿帮镜头。

3. 演讲

演讲是路演展示的重点，作品的创意、性能、创新创业思路都离不开语言的表达。要把产品和技术路线阐述清楚，特色竞争优势重点突出讲解。参赛选手应语速适中、表达流畅，可以借助适度的形体和手势。因此要精心设计演讲稿，根据比赛时间进行删繁就简，并多次修改演练。

演讲稿要熟记，在此基础上可以转化成口语脱稿。大赛对时间要求严格，选手务必在规定的时间内完成演讲。

4. 答辩要求

答辩是评委根据选手回答他们所提出的问题，了解选手对项目的熟悉程度、研究深度、实践程度，验证项目的真实性，考察项目的可行性和选手的应变能力。选手只有深入研究项目、充分准备才能应对自如。答辩时要诚实、诚恳，回答问题简捷明了，不吞吞吐吐。对不了解、不清楚的问题，要实事求是地回答，不要不懂装懂。另外，手势等形体语言要自然、放松，不要刻意造作。

十、参赛淘汰项目问题集锦

1. 对初赛不重视

有的参赛大学生以应付的心态参加比赛，他们觉得参加初赛只是为了完成任务。所以创业策划书写的字数很少，有的直接从网上抄袭。

2. 没有进行充分准备

确定了参加创新创业大赛的项目后，参赛团队成员必须进行精心地调研、策划和设计，甚至进行创业实践；需要下功夫进行文字编辑、PPT 设计、视频制作。有的参赛作品一看就是粗线条作品，很显然不具备竞争力，从而被淘汰。

3. 弄虚作假

有的参赛选手直接念 PPT 文件，这让人感觉他对项目并不熟悉，而且评委会怀疑其实践与动手能力。还有的参赛选手为了取得较好的名次或引起评委的注意力，编造数据或者提供假的证据，这往往会得不偿失。事实上，评委都是火眼金睛，对参赛选手的造假行为一目了然。

4. 其他问题

参赛选手对 PPT 的整体内容设计把控不够（例如产品不明确、核心技术不突出）；路演过程中以自我为中心，虽然演讲已完成，但评委还不知道你做的是什么，要干什么事；答非所问、拐弯抹角或固执反驳等；整体呈现不自然，不能很好地与评审、设备等自然互动，时间把控不当等问题。

十一、参赛案例分享

（一）猫九参赛创业计划书

2017 年山东省黄炎培职业教育奖创新创业大赛高职组申报评审书

（仅供高职学生使用）

作品名称：猫九校园

领衔人：王 阳

申报学校：泰山职业技术学院

申报时间：2017. 7. 10

黄炎培职业教育奖创新创业大赛组委会

2017 年制

填表说明

一、本表须使用计算机如实准确填写。

二、创业作品名称应准确规范，最多不超过 40 个汉字（含标点符号）。

三、团队成员名单和指导教师一经上报不得更改，每个团队由 3—5 名学生组成，指导教师不超过 2 名。

四、纸质材料要求用 A3 或 A4 纸双面打印，左侧装订成册，一式一份，不需特别包装设计。如有相关附件，可另行装订成册一并报送。

五、如有其他不明事宜，请与黄炎培职业教育奖创新创业大赛主、承办方联系。

一、基本情况表

<table>
<tr><td rowspan="10">团队基本情况</td><td>领衔人</td><td>王阳</td><td>电子邮箱</td><td></td><td>专业</td><td>物联网</td><td>年级</td><td>2015 级</td></tr>
<tr><td rowspan="2">学校全称</td><td colspan="5" rowspan="2">泰山职业技术学院</td><td>邮编</td><td>271000</td></tr>
<tr><td>初赛负责人</td><td></td></tr>
<tr><td>学校地址</td><td colspan="5">泰山职业技术学院</td><td>初赛负责人电话</td><td></td></tr>
<tr><td rowspan="6">团队成员（含领衔人）</td><td>姓名</td><td>性别</td><td>专业</td><td>年级</td><td>任务分工</td><td colspan="2">联系电话</td></tr>
<tr><td>王阳</td><td>男</td><td>物联网</td><td>2015 级</td><td>首席执行官（CEO）</td><td colspan="2"></td></tr>
<tr><td>钟子豪</td><td>男</td><td>软件开发与项目管理</td><td>2015 级</td><td>技术负责人</td><td colspan="2"></td></tr>
<tr><td>李昱贤</td><td>男</td><td>计算机应用</td><td>2015 级</td><td>项目负责人</td><td colspan="2"></td></tr>
<tr><td>李优</td><td>男</td><td>计算机应用</td><td>2015 级</td><td>行政助理</td><td colspan="2"></td></tr>
<tr><td>满颖</td><td>女</td><td>旅游管理</td><td>2015 级</td><td>财务</td><td colspan="2"></td></tr>
<tr><td colspan="2">作品所属领域（划√）</td><td colspan="3">产品（ ）</td><td colspan="4">服务（√）</td></tr>
<tr><td rowspan="3">指导教师</td><td>姓名</td><td colspan="3">职务或职称</td><td colspan="2">电子邮箱</td><td colspan="2">电话或手机</td></tr>
<tr><td>钱长松</td><td colspan="3">校企合作办公室主任</td><td colspan="2"></td><td colspan="2"></td></tr>
<tr><td></td><td colspan="3"></td><td colspan="2"></td><td colspan="2"></td></tr>
<tr><td>资格确认</td><td colspan="8">1. 本申报评审书申报者均为在校学生。
2. 本申报评审书是学生独立（合作）完成或在教师指导下完成。
3. 本申报评审书所提供的申报材料真实可信。

学校负责人签字：

学校公章：

年　月　日</td></tr>
</table>

二、领衔人和项目简介

（1. 领衔人简介，重点介绍业务专长和所取得的业绩；2. 对创业项目和市场机会进行简要描述。）

1. 负责人介绍

王阳，自2015年9月进入泰山职业技术学院物联网专业学习；2016年12月获得新华网创客大学项目首届全国创客挑战赛冠军称号；2017年3月成立猫九信息科技有限公司，并担任公司法人；2017年4月众筹200万资金建设泰山职业技术学院猫九创客咖啡厅（大学生创业孵化基地）。

2. 取得业绩

2017年3月，猫九团队成立泰安市信息科技有限公司。

2017年4月，建设猫九创客咖啡厅，为大学生提供一站式投融资解决方案。

2017年8月，猫九校园项目获得以色列英飞尼迪集团天使轮200万元投资。

3. 项目市场背景和机会

大学生用共享电车租赁效益可观。多数高校面积较大，校园内各功能区分布较远，校内学生上课、去图书馆、外出购物等短途出行极为频繁。共享电车比共享单车有着省力快捷的优势，经调查，大学生愿意选择电车共享出行者占77%，每月每人出行频率12次，按照每1万人投放400辆的投放比例测算，每天可满足大学生4000—6000次的出行需求，共享电车租赁市场效益可观。

泰山职业技术学院大学生短途出行调研情况，如下表所示：

出行理由	日均次数
上课	1.5
去图书馆	0.5
吃午饭/晚饭	1.5
校内活动	0.5
外出购物/逛街	0.5
夜间自习/外出	1
合计	5.5

大学生快消品消费市场前景广阔。2016年国内各类院校在校大学生约3742万人，年消费金额约4524亿元。据艾瑞咨询数据，2016年，大学生互联网消费金融交易规模达到801亿元，预计2017年将达到1412亿元，同比增长76.3%。按照大学生每人每月在快消品消费400元计算，大学生每年在快消品消费领域约有1184亿元的消费额。

4. 项目简介

“猫九校园”基于互联网、共享经济环境，在校园内运用B2C线下直营的快消品零售新模式打开市场。通过租赁猫九共享电车，引流共享电车客户群到猫九校园超市线上交易平台，从而成为快消品消费潜在客户群，进行大学生快消产品的营销与配送。“猫九校园”通过线上平台订单交易，线下统一配送，5分钟订单速达宿舍，满足校园学生的快速消费需求。其特点是运营成本低、推广成本低、回报率高，且配送迅速、服务标准、货源充足。猫九校园快消品配送营销，在运营初期的12天击垮在校学生宿舍自营店、宅米店，迅速在校园内打开市场。

（1）校园共享电车租赁项目现已获得以色列英菲尼迪投资集团种子轮投资在校园内做试点运营，目前共投入电车30辆，测试时间为21天，获得总利润为5743元，平均每天盈利273元，平均每辆车每日使用时间为3.5小时，平均每天的使用频率为2.2次。预计2017年下半年在泰安市7所高校逐步投放电车780辆。

（2）猫九校园超市通过快消品配送，满足了在校大学生吃、穿、住、行、学等全方位需求。目前已在泰安许多高校复制、推进，一切运转良好。未来将通过大学生创新创业团队、团建培训、校园创业团队孵化等，进一步打开校园市场，完善服务体系，提高服务质量，向全省乃至全国高校快速复制推进，抢占高校学生市场。

三、项目主要内容

（1. 介绍项目的技术原理、技术水平、新颖性和独特性，用途和应用范围，经济寿命和所处阶段；2. 项目的市场保护措施，如是否取得专利或者经营许可；3. 项目研发计划；4. 项目生产计划。）

1. 猫九共享电车技术开发和生产计划

猫九共享电车电动车安装GPS微型定位终端系统，用户通过手机微信小程序搜索或扫码解锁电动车。如果用户在行驶中出现意外情况，可以联系微信客服，客服可根据GPS定位，精准找到用户，进行紧急情况处理。安装智能限速器，保障用户行驶安全。停车区域建立蓝牙停车桩，规范管理。现已与相关企业达成合作，以色列英菲尼迪投资集团种子轮投资，由江苏雅迪电动车根据技术要求研发设计生产，统一配送到猫九合作指定高校。

在泰山职业技术学院初期投放共享电车30辆，二批投放数量达到校园学生人数的0.5%—1%，三年内计划投放的车辆数量将达到校园学生人数的4%—5%。

2. 猫九校园技术开发

通过微信公众号与微信小程序对接，用户可以在微信公众号中租赁猫九电车，也可以在公众号中购置文具、零食等用品。猫九校园微信小程序现处于开发阶段，2017 年国庆节前完成商城前台开发，10 月份完成商城后台及 ERP 的开发。

3. 猫九快销品运营技术

（1）开发网上猫九校园超市，通过微信公众号与微信小程序对接，使用户可以在其中购置所需的零食与生活、学习用品等。

（2）线下合伙人运营　　猫九快销品配送校园合伙人流程图

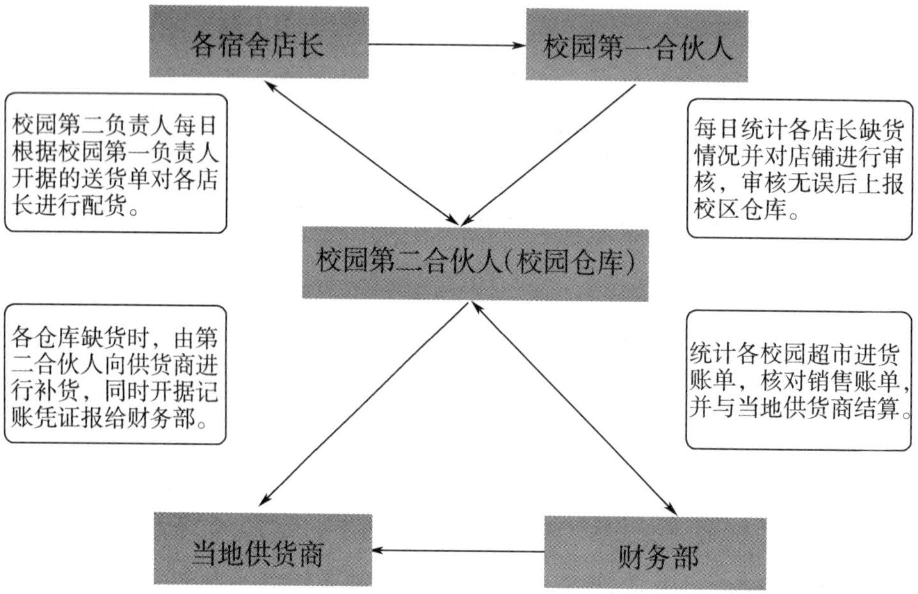

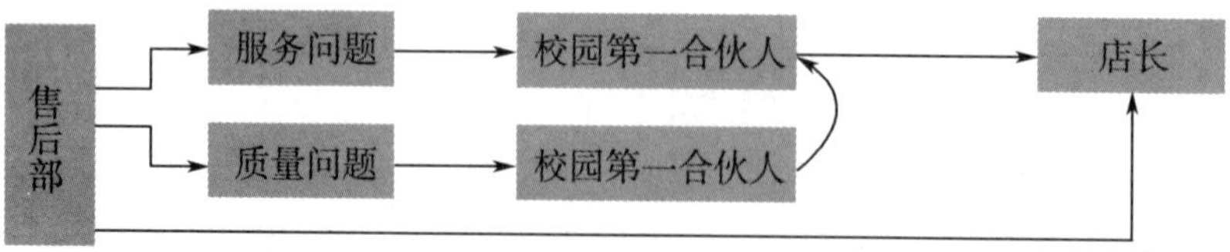

（3）财务物流管理。开发猫九 ERP 后台财务物流管理系统，通过此系统，可以统计整理好商品库存以及每日货物情况，公司可以及时方便快捷查询各个学院坏账漏帐情况，保障公司利益不受损失。

4. 大数据技术

泰山职业技术学试运营情况

A. 共享电车运营数据（随机抽取的 20 天监测数据）

日期	使用频率（次）	使用时长（小时）	每日收入（元）
2017. 6. 13	1. 85	3. 17	266
2017. 6. 14	2	4. 17	313
2017. 6. 15	2. 5	3. 6	302
2017. 6. 16	2. 6	5. 2	337
2017. 6. 17	2. 1	4. 1	332
2017. 6. 18	2. 8	3. 41	277
2017. 6. 19	2. 1	3. 9	316
2017. 6. 20	0. 4	0. 52	42
2017. 6. 22	1. 6	2. 7	219
2017. 6. 24	2. 7	4. 5	357
2017. 6. 25	2. 3	2. 97	241
2017. 6. 26	3	3. 8	310
2017. 6. 27	2. 5	3. 6	268
2017. 6. 28	2. 2	3. 3	248
2017. 6. 29	3. 6	4. 12	309
2017. 6. 30	2. 2	3. 8	289
2017. 7. 1	3. 1	4. 2	315
2017. 7. 2	2. 6	4. 9	299

B. 猫九超市运营数据（随机抽取的 18 天监测数据）

日期	3 号楼营业额（元）	4 号楼营业额（元）	总营业额（元）
2017. 6. 12	248. 13	335. 97	284. 1
2017. 6. 13	354. 25	430. 8	385. 05
2017. 6. 14	328. 6	579. 17	307. 77
2017. 6. 15	453. 9	472. 5	326. 4
2017. 6. 16	481. 8	343. 3	275. 1
2017. 6. 17	575. 8	389. 5	365. 3
2017. 6. 18	451. 45	424. 05	375. 5
2017. 6. 19	396. 15	320. 91	317. 06
2017. 6. 20	200. 18	363. 45	563. 63
2017. 6. 21	336. 13	496	532. 13
2017. 6. 22	446. 35	310. 47	456. 82
2017. 6. 23	445. 15	464. 25	509. 4
2017. 6. 24	310. 3	458. 3	368. 6
2017. 6. 25	384. 44	385. 62	470. 06
2017. 6. 26	584. 5	439. 75	424. 25
2017. 6. 27	321. 3	450. 2	471. 5
2017. 6. 28	438. 5	219. 75	358. 25
2017. 6. 29	547. 34	437	384. 34

C. 大学生快销品商品需求问卷调查

你的性别是?

调查对象	小计	比例
男生	723	52.3%
女生	659	47.7%
本题有效填写人次	1382	

你喜欢吃零食吗?　[单选题]

选项	小计	比例
喜欢，经常买	785	56.8%
还行，偶尔吃	316	22.8%
偶尔，尝尝味	232	16.8%
不吃，会长肉	49	3.5%
本题有效填写人次	1382	

你喜欢的泡面口味有哪些?　[多选题]

选项	小计	比例
老坛酸菜面	946	73.9%
红烧牛肉面	418	32.7%
红烧排骨面	231	18.1%
鲜虾鱼板面	447	34.9%
金汤肥牛面	109	8.5%
酸辣牛肉面	855	66.8%
无所谓，有啥吃啥	117	9.1%
不经常吃泡面	172	13.4%
本题有效填写人次	1279	

你吃泡面的时候喜欢搭配什么?　[多选题]

选项	小计	比例
火腿肠	1012	79.1%
卤蛋	724	56.6%
辣条	231	18.1%
鱼豆腐	36	2.8%
其他	2	0.0%
啥也不加	84	6.6%
本题有效填写人次	1279	

你喜欢吃什么口味的薯片？［排序题］

选项	平均综合得分
番茄味	5.5
原味	6.8
川香麻辣味	5.2
黄瓜味	4.9
红烩	1.8
不喜欢吃薯片	1.3
无所谓，有啥吃啥	2.1

以下零食合你胃口的有哪些？［多选题］

选项	小计	比例
鱼豆腐	122	9.5%
辣条	781	61.1%
干脆面	347	27.1%
锅巴	430	33.6%
豌豆	698	54.6%
怪味胡豆	312	24.4%
花生	575	45.0%
石柱土豆片	339	26.5%
脆藕片	103	8.1%
华夫饼	51	4.0%
QQ 糖	74	5.8%
泡椒凤爪	248	19.4%
豆干	671	52.5%
溜溜梅	322	25.2%
本题有效填写人次	1279	

你喜欢喝的饮料有哪些？［多选题］

选项	小计	比例
AD 钙奶	862	67.4%
可乐	609	47.6%
旺仔牛奶	437	34.2%
柠檬茶	844	66.0%
纯甄酸牛奶	391	30.6%
本题有效填写人次	1279	

四、市场营销

(1. 营销方式和渠道；2. 营销队伍；3. 促销计划；4. 价格策略。)

1. 猫九电车营销推广方案

(1) 新闻发布会及媒体造势。开办新闻发布会，邀请各大媒体和学校相关人员参加，介绍猫九校园项目，提升猫九校园项目知名度，为下一步在各高校发展做好铺垫。

(2) 猫九电车站铺设。与校园快递站合作，将猫九电车站铺设在校园快递站旁，根据快递店位置与人流量投放适量电动车，提高猫九电车使用率。

(3) 不定期开展优惠活动。利用线上平台，不定期向用户发放优惠卷，提高猫九电车使用率，在保证盈利的状态下尽可能拓展用户群体。并投入大量推广人员，让用户使用猫九电车成为习惯。

(4) 线下采用地推方式推广。以宿舍为单位分发广告传单，每各宿舍派发 4 张传单，并由工作人员指导用户注册并使用电车。

2. 猫九超市营销推广方案

(1) 以校园共享电车为切入口，通过扫码租车、关注微信公众号小程序以及下载 App 迅速聚集校园学生用户群体。

(2) 宿舍楼采用熟人地推方式。校园创业团队通过联系各系主席团，带领推广人员到所在系宿舍进行推广。

(3) 优惠促销活动，培养用户使用猫九超市消费习惯。比如，关注下载大学生一站式服务平台，可以送钥匙链、水杯（印有大学生一站式服务平台二维码），满 5 元送价值 1 元的零食或小礼物一份，活动持续 7 天。

3. 实行店长奖励机制

(1) 每月利润 20% 分配给校园合伙团队。

(2) 实行为猫九店长等级奖励制度，每位店长销售额越多，等级越高，提成也越多。具体规则如下：

A. 每名店长 30 天全勤，每天营业额不低于 230 元，可拿到 900 元奖励金。

B. 店长等级奖励制度

等级按宿舍楼为单位可以累加，销售 1 元 =10 经验值。

LV1 青铜　5000 经验值，奖励 20 元；

LV2　白银　12000 经验值，奖励 35 元；

LV3　黄金　24000 经验值，奖励 48 元；

LV4　铂金　50000 经验值，奖励 72 元；

LV5　钻石　100000 经验值，奖励 188 元；

LV6　王者　180000 经验值，奖励 320 元；

达到王者等级后每增加 10000 经验值增加一颗星，奖励 50 元。

日常管理中实行此奖励机制，每栋宿舍楼猫九超市日平均利润可达 120—130 元 。节假日及特殊活动另行策划。

（3）王者奖金池

猫九会将快销品配送项目总利润的 1% 设为奖金池，奖金池作为对年底销量最高店长的奖金发放，通过此奖金池，促进店长与店长之间相互竞争，提高销售额。

4. 开学时段以及节日促销

开学时段以及节日促销活动表

时间	事件	推广产品	重点	备注
1 月	元旦游园	游园零食袋	提前宣传提供摊铺预约	
1 月 24 日	腊八节	八宝粥（促销）		
2 月	期末考	考试资料打包		
计算器	同上			
2 月中旬	聚会	饮料食物订购	提供大学城附近送货	
寒假				
3 月初	开学	旧书	保证七成新	
3 月 7 日	女生节	巧克力、玫瑰花、化妆品、爱心早餐、零食大礼包	提前宣传	
3 月 15 日	植树节	公益植树		起宣传品牌的作用
4 月 4 日	清明节	青团	根据不同地域不同风俗的学生进行推荐	
5 月	期中考	考试资料打包售卖	提供真实有效的试卷	同为学生筛选出的资料可信度高
5 月第二个星期日	母亲节	明信片	提前进行	为母亲献上节日的祝福

续表

时间	事件	推广产品	重点	备注
6月	游泳课开启	泳衣泳裤泳镜		
6月1日	儿童节	棒棒糖		回归童真
6月第三个星期日	父亲节	明信片	提前进行	为父亲献上节日的祝福
6月末	期末考	考试资料打包计算器	同上	
暑假				
9月初	新生入学	入学日用套装（洗浴用品、拖鞋、插排等）	邻近开学时建立新生QQ群，利用QQ空间的推广。采用攒积分活动到店兑换快消品作为推广。	1. 入学套装可以简化，比较大件的物品单卖 2. 洗浴用品可以自选搭配
	军训	军训用品：芦荟胶、喷雾瓶、冰袋、驱蚊水	选择产品需要考虑物品的便携性	1. 可与入学套装同时推出 2. 需要考虑物品的便携性
	老生开学返校	归校寝室套装（抽纸、卷纸、洗手液、垃圾袋）	提供大包装袋甚至超大包装袋	
9月4日	中秋节	月饼配茶	提供不同的月饼与茶的搭配	
9—10月	开学	老生旧书交易	收集7成新旧书	
11月	期中考	考试资料打包售卖	提供真实有效的试卷	同为学生筛选出的资料可信度高
12月	各大迎新晚会	迎新晚会布置材料（气球、彩带、打气筒等）	向各个学院学生会推荐并争取达成合作	
12月25日	圣诞节	圣诞福袋	福袋中除了平安果外，还可以在每份加入不一样的东西	该举措可以售出一部分闲置的日用品

2017年11月，猫九快销品配送数据已涵盖泰安市泰山职业技术学院、山东科技大学、山东农业大学本部及南校展开，共18栋男生宿舍楼。

五、财务计划

（1. 资金需求和使用；2. 预计销售收入和经济效益；3. 财务分析，包括对投资额、经营成本和销售收入发生变动的影响分析。）

1. 资金需求使用

投放项目	投放金额（万元）	备注
系统开发	40 万元	此项目包含软件开发以及 UI 设计，并提供系统升级以及维护
服务器租赁维护	10 万元	根据微信程序租赁服务器终端以及长期维护
电瓶车	234 万元	电动车每辆造价 3000 元，包含智能车锁以及 GPS 定位
备用电瓶	5.6 万元	备用电瓶每块 280 元，共配备 200 块备用电瓶
电车保险	10 万元	每年每辆车保险为 120 元
运输费用	3 万元	每辆车运送费用为 40 元
推广费用	7 万元	共推广 7 所高校，每所高校推广费为 10000 元
合计		300 万元

2. 预计盈利

（1）快销品配送

快销品配送	2017 年下半年	2018 年	2019 年
扩张楼数量（栋）	100	400	1000
销售额	660 万元	5280 万元	13200 万元
净利润	195 万元	1327.2 万元	3180 万元

（2）校园共享电车

校园共享电车	2017 年下半年	2018 年	2019 年
电车数量（辆）	480	1080	6000
营业额	63.4 万元	285 万元	1584 万元
电车成本/年	41 万元	92 万元	512.4 万元
运营成本	12.7 万元	57 万元	316.8 万元
净利润	30.2 万元	136 万元	754.8 万元

六、风险与对策

(1. 技术风险；2. 市场风险；3. 管理风险；4. 环境风险；5. 对策。)

1. 共享电车风险问题及规避

存在风险：车辆被盗，车辆损毁，车祸等意外危险 。

规避措施：

（1）共享电车安装 GPS 定位系统，防止车辆被盗。为每辆车每天更换 2 次电瓶，提供在 15 分钟内赶到突发事件到场救援的服务。

（2）猫九共享电车规避风险。投放数量根据搜集使用数据分析评估，适量增加。

（3）与用户签订保险合同。

2. 猫九快销品运营风险问题以及规避

（1）大学生团队成员流动率高。为规避这一风险，采用大学生共同管理的方式，达到相互监督的目的。每个学校设立一名第一合伙人，两名第二合伙人，并签订合同，设立奖励机制及晋升体系，以增强团队成员责任心，提高其工作积极性。

（2）食品质量风险，如食品变质、食品过期。与供货商合作签订合同，若发生食品安全问题，供货商负全部责任，供货商承担对即将过期和已过期商品的提前置换工作。设立食品监督员，检查食品安全证明，检查食品质量；对食品保质期进行严格监控记录，确保用户食用安全。

（3）学校风险：与校方签订免责协议，由猫九承担处罚或安全责任，并承担学院经济损失。

七、创业团队

(1. 主要成员，重点介绍成员经历和背景，能力与专长，拟任职务，如何注意分工和互补；2. 组织结构，包括企业的组织结构图、部门的功能、作用与职责；3. 团队欠缺与对策。)

猫九校园团队目前团队成员 39 人。

类别	组织结构	负责人
猫九校园总部	首席执行官（CEO）	王　阳
	项目部	李煜贤
	财务部	冯绍镇　满　颖
	行政部	钟继超

续表

类别	组织结构	负责人
猫九共享电车	负责人	王　阳
	运营管理	钟子豪
猫九校园零食配送	负责人	王　阳　李昱贤
	运营管理	徐福松
	供货部	施锡杰
山东各高校运营	泰山职业技术团队	李　优
	山东科技大学	刘桢鹏
	山东农业大学农大本部	王晓辉
	山东农业大学农大南校区	陈鸿宇
重庆市运营部	财务部	冯绍镇
	行政部	钟子豪
	重庆大学负责人	李俊豪
	重庆工商大学负责人	刘　宇

八、发展预测

（1. 本作品推向市场后三年预期发展形势；2. 创业目标。）

1. 2017 年，重点开拓泰安市场，巩固发展好泰安市 7 所高校；11 月，项目将在重庆大学城市场落地，导入到重庆各大高校；泰安、重庆稳定 20 所高校。

2. 2018 年，逐步向山东济南的长清大学城发展，预计扩展高校 50 所高校。

3. 2019 年年底，稳定山东、重庆两个市场，并对接武汉、杭州、成都市场，迅速扩张 300 所高校。

（二）“猫九校园——一站式高校服务生态体系”幻灯片展示

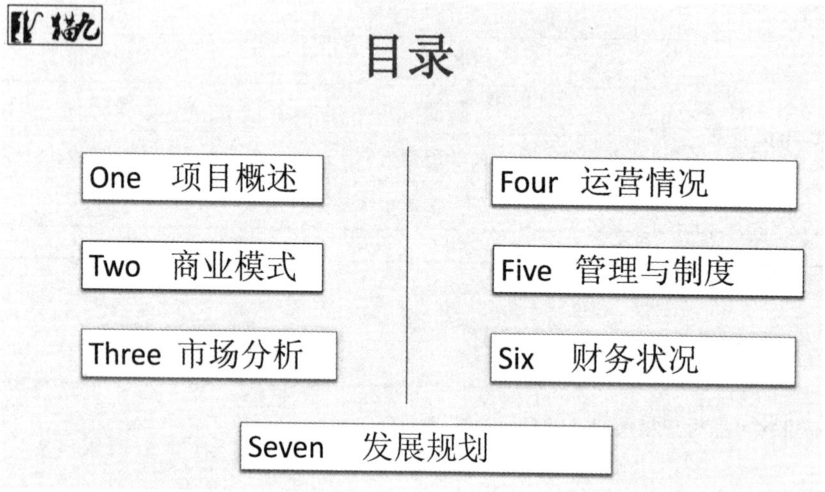

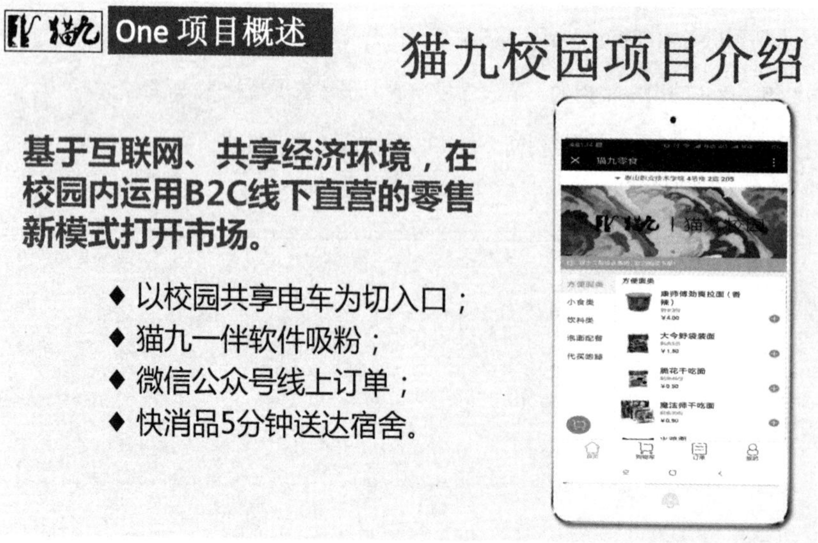

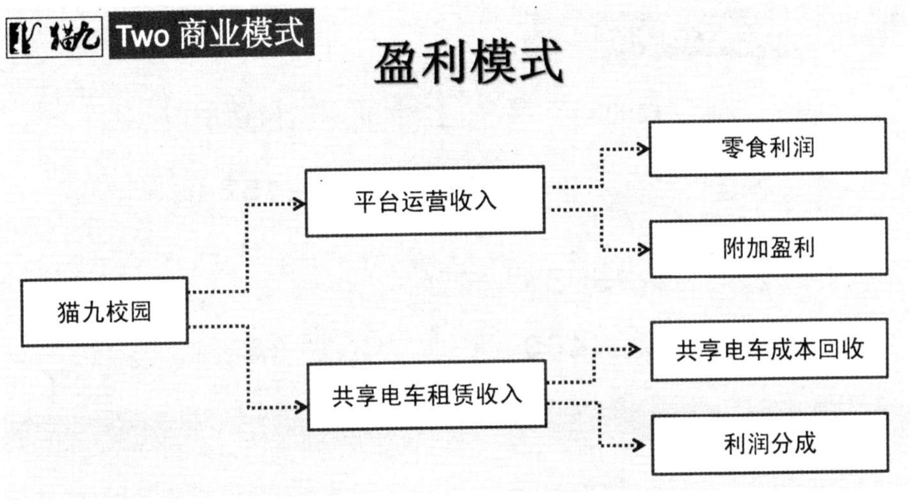
Two 商业模式
盈利模式
猫九校园
平台运营收入
共享电车租赁收入
零食利润
附加盈利
共享电车成本回收
利润分成

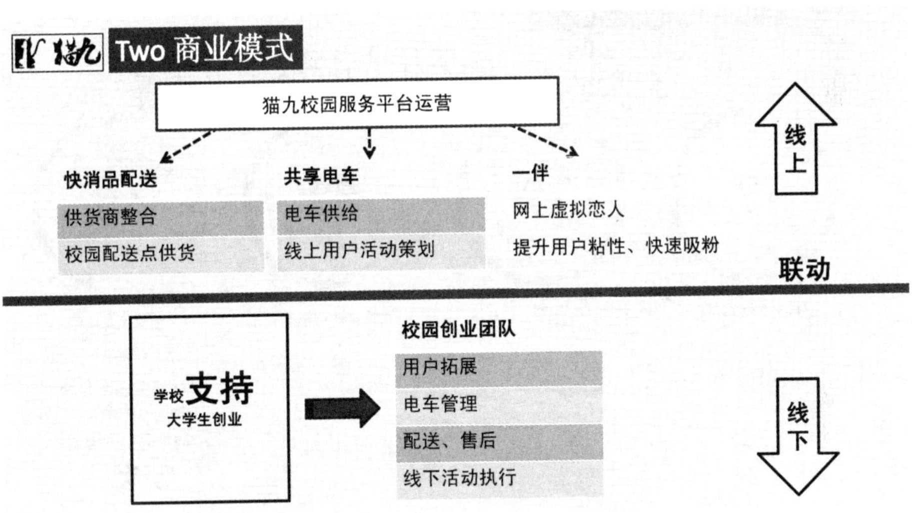
Two 商业模式
猫九校园服务平台运营
快消品配送
供货商整合
校园配送点供货
共享电车
电车供给
线上用户活动策划
一伴
网上虚拟恋人
提升用户粘性、快速吸粉
线上
联动
学校支持
大学生创业
校园创业团队
用户拓展
电车管理
配送、售后
线下活动执行
线下

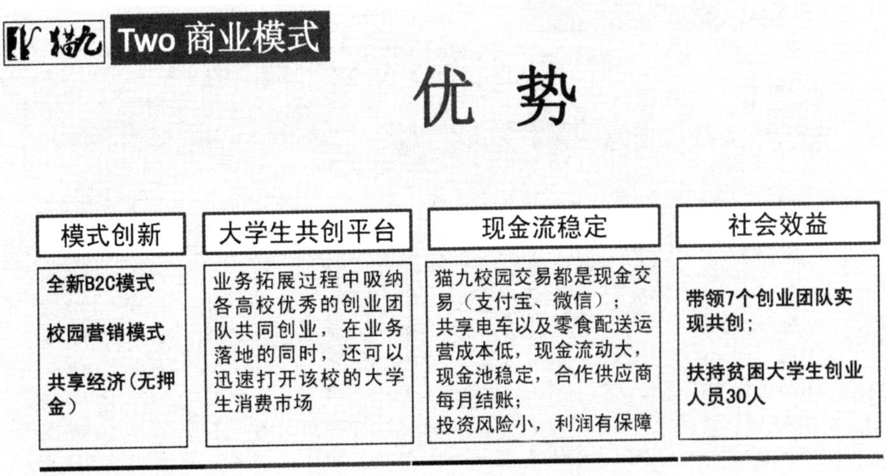
Two 商业模式
优 势
模式创新
全新B2C模式
校园营销模式
共享经济（无押金）
大学生共创平台
业务拓展过程中吸纳各高校优秀的创业团队共同创业，在业务落地的同时，还可以迅速打开该校的大学生消费市场
现金流稳定
猫九校园交易都是现金交易（支付宝、微信）；
共享电车以及零食配送运营成本低，现金流动大，现金池稳定，合作供应商每月结账；
投资风险小，利润有保障
社会效益
带领7个创业团队实现共创；
扶持贫困大学生创业人员30人

Three 市场分析

国内大学生上千亿的消费市场

2016年国内各类院校在校大学生约**3742**万人，年消费金额约**4524**亿元；

据艾瑞咨询数据，2016年，大学生互联网消费金融交易规模达到801亿元，预计2017年将达到**1412**亿元，同比增长**76.3%**；

按照大学生每月在快消品消费**400**元计算，大学生每年约有**1184**亿元的消费市场；

大学生选择电车共享出行的比例为**77%**，每月出行频率**12**次，全国电车共享每年约有**107**亿元的消费市场。

Three 市场分析

大学生 调研问卷数据

选择电车共享出行

77.92%的大学生选择电动车出行

大学生每周出行次数

79.15%的大学生的每周出行频率为3次

选择微信运营

53.88%的大学生选择微信运营，**31.61%**选择App，选择其他方式的占**14.51%**

电量不足问题

在使用过程中电量不足问题占比**45.75%**，使用费用过高问题占比**24.90%**，其他问题占比**29.34%**

Three 市场分析

电车盈利风险 评估

电车成本/辆（元）	盗损率	单车维修费率	电车分摊维修和丢失成本（元）	电车使用年限（年）	电车每年折旧费（元）	电车物流费（元）	电车成本（元）/每年	电车收益（元）	电车盈亏（元）
2000	5%	10%	339.18	3	340	30	709.18	2520	1810.82
2000	10%	10%	469.13	3	340	30	839.13	2520	1680.87
2000	15%	10%	614.37	3	340	30	984.37	2520	1535.63
2000	20%	10%	777.78	3	340	30	1147.78	2520	1372.22
2000	25%	10%	962.96	3	340	30	1332.96	2520	1187.04
2000	30%	10%	1174.6	3	340	30	1544.6	2520	975.4
2000	35%	10%	1418.8	3	340	30	1788.8	2520	731.2
2000	40%	10%	1703.7	3	340	30	2073.7	2520	446.3
2000	45%	10%	2040.4	3	340	30	2410.4	2520	109.6
2000	47.7%	10%	2248.9	3	340	30	2518.9	2520	0

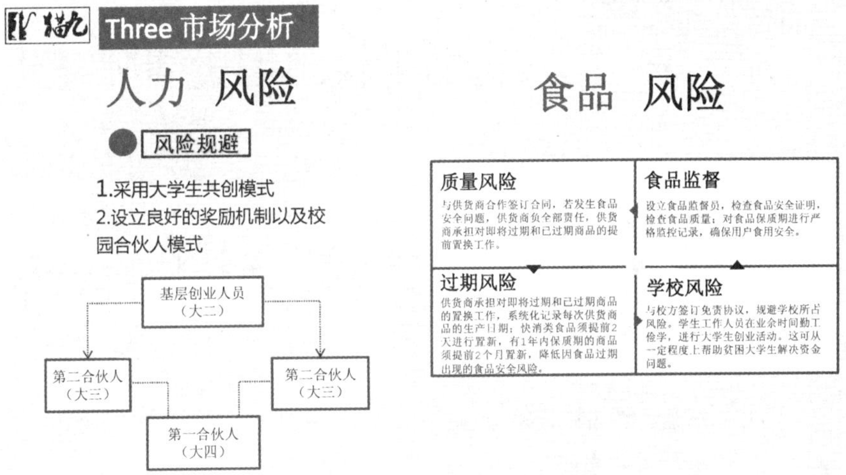
Three 市场分析
人力 风险
风险规避
1.采用大学生共创模式
2.设立良好的奖励机制以及校园合伙人模式
基层创业人员（大二）
第二合伙人（大三）
第二合伙人（大三）
第一合伙人（大四）
食品 风险
质量风险
与供货商合作签订合同，若发生食品安全问题，供货商负全部责任，供货商承担对即将过期和已过期商品的提前置换工作。
食品监督
设立食品监督员，检查食品安全证明，检查食品质量；对食品保质期进行严格监控记录，确保用户食用安全。
过期风险
供货商承担对即将过期和已过期商品的置换工作，系统化记录每次供货商品的生产日期；快消类食品须提前2天进行置新，有1年内保质期的商品须提前2个月置新，降低因食品过期出现的食品安全风险。
学校风险
与校方签订免责协议，规避学校所占风险。学生工作人员在业余时间勤工俭学，进行大学生创业活动。这可从一定程度上帮助贫困大学生解决资金问题。

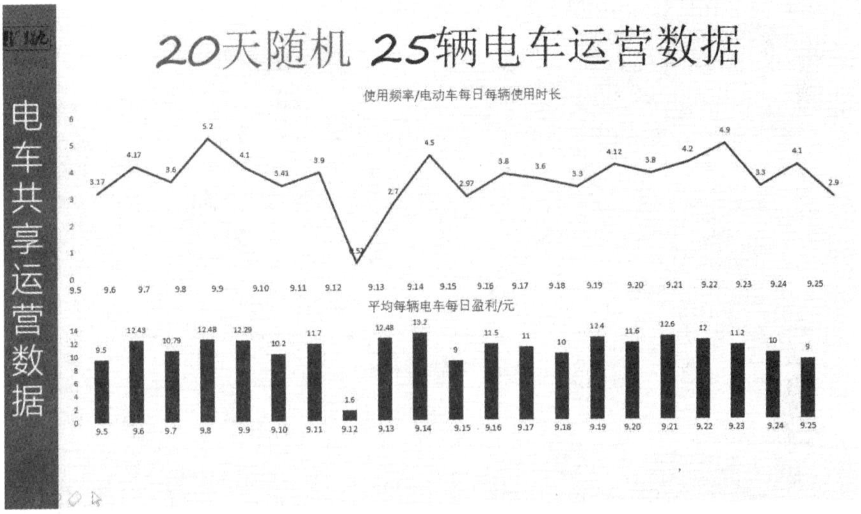
电车共享运营数据
20天随机 25辆电车运营数据
使用频率/电动车每日每辆使用时长
平均每辆电车每日盈利/元

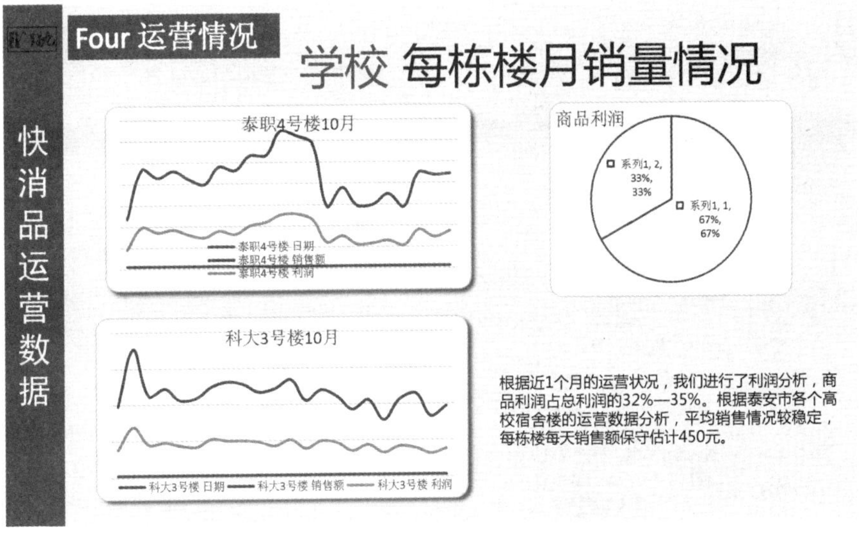
Four 运营情况
快消品运营数据
学校 每栋楼月销量情况
泰职4号楼10月
泰职4号楼 日期
泰职4号楼 销售额
泰职4号楼 利润
商品利润
系列1, 2, 33%, 33%
系列1, 1, 67%, 67%
科大3号楼10月
科大3号楼 日期
科大3号楼 销售额
科大3号楼 利润
根据近1个月的运营状况，我们进行了利润分析，商品利润占总利润的32%—35%。根据泰安市各个高校宿舍楼的运营数据分析，平均销售情况较稳定，每栋楼每天销售额保守估计450元。

快消品配送运营数据

Four 运营情况

9—10月份各学校总销量情况统计

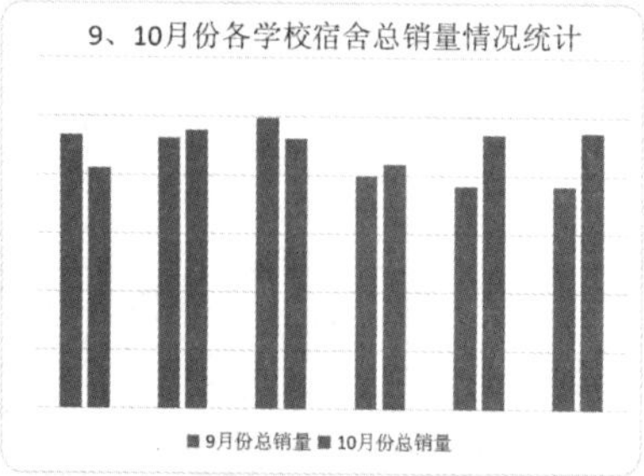

男生宿舍楼	宿舍楼层数	宿舍人数
泰职3号楼	6层	900+
泰职4号楼	6层	860+
泰职7号楼	6层	900+
山科大12号楼	6层	800+
山科大2号楼	6层	800+
山农大11号楼	5层	900+

根据后台统计，猫九校园每天的消费人数只占到宿舍楼总人数的6%—7%，还有很大一部分客户群体未被开发。

Four 运营情况

目前运营情况

山东地区现如今已经开展学校

学校	在校人数	预计开展宿舍楼	现已开展	带动就业人数
泰山职业技术学院	11000人	6栋	3栋	5人
泰山学院	13000人	7栋	5栋	8人
山东科技大学	12000人	12栋	6栋	10人
山东农业大学	14000人	9栋	5栋	8人
泰山医学院	15000人	18栋	3栋	5人

重庆地区现如今已经开展学校

学校	在校人数	预计开展宿舍楼	现已开展	带动就业人数
重庆师范大学	18000人	9栋	2栋	5人
重庆城市管理学院	14000人	7栋	5栋	8人
重庆电子工程职业学院	12000人	6栋	6栋	9人

Five 管理制度

猫九信息科技有限公司组织架构

公司顾问　左宗申　宗申集团董事长

公司顾问　尤启明　英飞尼迪集团

首席执行官（CEO）：王阳

财务部：冯绍镇

市场部负责人（满颖 、李优）

市场拓展	对接各学院校园负责人
培训	对校园合伙人进行培训，重点培训如何使用与完善平台
宣传策划	制定推广方案、提升用户粘性
活动执行	根据不同学院的实际情况，开展各种推广活动

外联部负责人（李昱贤）

对接市场资源	对接高校资源
	处理好政府以及高校关系
	与学校各创业社团进行对接

供应部负责人（钟子豪）

采购	与供应商对接进货、补货
仓库管理	规整仓库货品，做好入库出库记录，定期盘查仓库货物
物流	做好各校区物流配送

猫九 Five 管理制度 校园共创团队公司制度

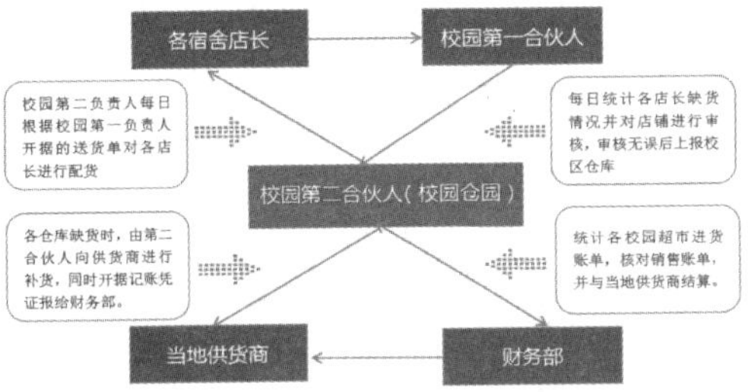

校园第一合伙人
1. 做好校园推广工作；
2. 统计好店长缺货信息，并定期核对宿舍及仓库的商品数量；
3. 根据服务部售后信息提出相应的解决方案，责任到人；
4. 管理好各学校店长。

校园第二合伙人
1. 严格核对电子单据，进行收货与发货；
2. 不得私自订购非公司指定供货商的货物；
3. 做好仓库管理工作，并定期对库存商品进行盘点。

序号	制度名称
1	泰安市猫九信息科技有限公司章程
2	猫九店长管理制度
3	猫九供应商管理制度
4	猫九共创团队销量奖励制度
5	猫九货源食品卫生安全管理制度
6	猫九共享单车租赁合同
7	猫九创客咖啡厅管理制度
8	猫九快消品服务规范
9	猫九配送流程
10	猫九售后服务制度
11	猫九新手指南
12	猫九财务管理制度
13	猫九后勤管理制度

猫九 Five 管理制度

猫九 Six 财务状况

猫九校园 融资情况

03 2018年A轮预计融资3000万

02 2017年11月获得中以基金天使轮300万投资，猫九校园企业估值达到2300万

01 2017年3月 获得以色列英飞尼迪投资集团80万种子轮投资

Seven 发展规划

未来发展规划

泰安、重庆稳定20所高校，2018年山东地区逐步向长清大学城发展，预计扩展50所高校

2018年底，稳定山东、重庆市场，并对接武汉、杭州、成都市场，迅速扩展300所高校

现阶段重庆地区已开展高校8所，2018年，重庆地区增加至30所高校

财务预测

猫九校园2018年利润预测

时间	预期营业额	预期收入	预期毛利润	人员工资
1-2月份	20万元	6万元	3万元	2万元
3-4月份	30万元	9万元	6万元	3万元
5-6月份	85万元	25万元	20万元	5万元
9-10月份	165万元	50万元	40万元	10万元
11-12月份	265万元	80万元	65万元	15万元

泰安市猫九信息科技有限公司

感谢您的观看！

（三）猫九参赛演讲词

各位评委老师大家好，我们是来自泰山职业技术学院的猫九团队！（五个人一起说）沐浴着泰山精神的芳华，猫九团队在这里诞生。首先请大家观看我们的视频短片。

接下来由我代表团队向大家介绍我们的创业项目：猫九校园。我将从这几个板块一一介绍。

首先是项目概述。我们的项目致力于打造最完善的校园一站式服务体系，那么我们就需要找到一个合适的切入口。在视频中我们看到，校园共享电车可以迅速打开高校市场，引流到各个服务板块，继而开展线上线下的有效运营。

接下来是我们的商业模式。在盈利模式上，分为线上平台运营收入，线下共享电车租赁收入。赢利点分为这四大块。

这是我们的运营模式流程图，猫九负责线上运营，各校负责线下执行，线上进行电车低成本推广、快消品配送低成本运营，两者结合取得了较高的回报率。平台最近增加了一个校园社交软件：一伴。目的是提升用户粘性、快速吸粉。线下，大学生共创团队，一起创业，实现梦想。

共享电车的优点是回报周期短，又聚集在大学生出行领域，出行大数据可用于商业引导。快消品配送市场前景巨大，没有行业垄断巨头，可以根据销售大数据做品牌化、定制化产品生产，实现自营。

我们的优势在于创新了校园营销模式。首先，我们的项目属于互联网服务业，采用适合校园直营的B2C模式；其次，借助电车共享引流，以快消品为核心，通过社交软件提升用户粘性，创造了一种新的营销模式，并以电车共享实现了共享经济；再次，现金流稳定，没有坏账。最后，公司盈利的同时还带动了7个团队、30名贫困大学生就业创业，取得了良好的社会效益。

下面是项目的市场分析。通过艾瑞数据得知，快消品和共享电车在国内大学中具有上千亿元的消费市场。通过对大学生进行问卷调研，我们得出大学生更喜欢选择电动车这一出行方式，每周出行频率很高；喜欢使用微信公众号；共享电车电量不足是需要重点解决的问题。

我们进行了电车盈利及风险评估，并对项目的盈利、人力、食品等风险都做了严谨的数据分析，风险较低。

接下来是我们的运营数据分析。我们的项目已经在山东、重庆落地，上海、成都正在运作之中。

这是我们随机抽取的20天25辆电车的出行数据、两个学校三栋宿舍楼的快消品消费数据、泰职10月份数据表，目前山东与重庆的运营情况都呈稳定趋势，足见项目的发展实力和潜力。

这是我们公司的营业执照、组织架构和一系列制度。

公司顾问是宗申集团董事长左宗申、英菲尼迪集团游启明，首席执行官是王阳。公司分为这四个部门，主要人员都是第一批新华网创客培训班学员。团队充分发挥了人员的专业性与协调性。

今年3月份，我们获得了新华网首届创客挑战赛全国冠军，猫九创业受到了新华网等20多家媒体报道，得到了政府的关注，并在学校进行了科研立项。有意思的是，我们团队创业的故事还被编入了中考试题。

这是我们公司的未来发展规划，期望得到各位专家的指导。

最后，我们团队之所以叫猫九，是因为猫在遇到危险的时候有九条命供它闯关，而我们创业也少不了有坎坷与艰难。然而，（接下来一人说一句）我们是大学生，我们朝气蓬勃，我们活力四射，海到无涯天作岸，山登绝顶我为峰！猫九团队，（一起说）勇敢出征！